Inklusion
ist machbar!

Inklusion ist machbar!

Das Erfahrungs-handbuch aus der kommunalen Praxis

Inhalt

Willkommen

Vorworte

Karl-Heinz Imhäuser
(Carl Richard Montag Förderstiftung, Vorstand)

Inklusion ist machbar! ist ein echtes Erfahrungshandbuch. In der Entstehung hatte es bei uns in den Montag Stiftungen lange den Arbeitstitel *Fieldbook*. Fieldbooks sind Bücher aus der Praxis für die Praxis, in denen Menschen ihre Erfahrungen aus einem Handlungsfeld für andere zugänglich machen. Mit dieser Idee ist das vorliegende Buch über einen Zeitraum von drei Jahren entstanden und gewachsen.

Die Idee eines Fieldbooks verbinde ich mit zwei für mich wichtigen Vorbildern: Zum einen mit dem Grundlagenbuch *Die fünfte Disziplin* von Peter M. Senge zur Entwicklung lernender Organisationen. Zu diesem Titel sind gleich zwei umfangreiche Fieldbooks erschienen. Sie beantworten die Frage „Wie setze ich die Theorie in die Praxis um?" und bieten Strategien und Handwerkszeuge für die Bereiche Wirtschaft, Bildung, den sozialen Sektor und das Gesundheitswesen. Das zweite Vorbild sind die Geschichten, die der Psychoanalytiker Milton H. Erickson über seine Fälle aus der Praxis erzählt: Jede Geschichte zeigt Einsichten in die komplexen Funktionen und Funktionalitäten menschlichen Handelns, die weit über den Einzelfall hinausgehen. Sie zeigen, dass es so gehen kann, weil es schon einmal so gegangen ist, weil die Welt diese Möglichkeiten enthält. Deshalb regen sie an, ermutigen, wecken Lust, es selber in gleichem Sinne zu tun. Diese Gedanken stehen auch hinter unserem Fieldbook *Inklusion ist machbar!*

In der Vorbereitung zeigte sich schnell, wie vielschichtig das Material ist, das uns die Akteurinnen und Akteure über ihr Erlebtes und Erfahrenes zur Verfügung stellten: Hunderte von Geschichten, Dokumenten, Beschreibungen und Analysen, Interviews und Reportagen. Mit anderen Worten: Die Praxis zur Umsetzung von Inklusion vor Ort ist komplex! Die Herausforderung lag darin, diese Komplexität so zu strukturieren und aufzubereiten, dass sie „lesbar" und für andere greifbar werden konnte; Erfahrungen, die über den Zeitraum der letzten sieben Jahre in mehr als dreißig Kommunen mit dem Praxishandbuch *Inklusion vor Ort* entstanden sind, systematisch zusammenzutragen, auszuwerten und so zu „verpacken", dass sie anderen zur Verfügung stehen: als Handwerkskoffer voller erprobter Handwerkszeuge.

Die Botschaft des Buches ist: Inklusion ist machbar. Wir leben hier und können jetzt etwas verändern. Neben allen Forderungen nach notwendigen Ressourcen und Voraussetzungen wird Inklusion bereits an vielen Orten umgesetzt. Dieses Fieldbook gibt Einblicke, wie das gehen kann und wie es aussieht, wenn Menschen damit anfangen. Wir bedanken uns bei allen, die uns diese Einblicke ermöglicht haben, den vielen engagierten Akteurinnen und Akteuren in den Kommunen, die mit ihrem Handeln ermutigen und weiteres Handeln anstoßen.

Mit diesem Band schließt sich der Kreis unserer Veröffentlichungsreihe mit dem Deutschen Verein für öffentliche und private Fürsorge e.V.: von dem Praxishandbuch *Inklusion vor Ort* über das Trainingshandbuch *Inklusion auf dem Weg* bis zu diesem Erfahrungshandbuch aus der kommunalen Praxis. Ein Kreis schließt sich, um sich gleichzeitig wieder zu öffnen: zu einer nächsten Runde der Umsetzung von Inklusion vor Ort in unseren Kommunen – hier und jetzt!

Gerburg Jahnke
(Kabarettistin und Regisseurin)

Nicht nur mitmachen, sondern dazugehören! Das scheint für mich der zentrale Gedanke zu sein, der die „neue" Inklusion definiert. Was für ein wunderbarer Unterschied!

Sich vorzustellen, es gibt nicht mehr die EINEN, die in Sicherheit und Reichtum leben und es sich leisten können, den ANDEREN ein Angebot zu machen. Und es gibt auch keine anderen mehr, die darauf angewiesen sind, so ein Angebot zu erhalten. Weil sie sonst in Gefahr, in Armut und in Einsamkeit geraten. Oder einfach ertrinken.

Sich vorzustellen, dass Emanzipation ersetzbar wird durch die Gleichstellung aller Frauen und Männer. Unabhängig von ihrer Hautfarbe und ihrem Glauben.

Sich vorzustellen, dass Kinder nicht nach dem Grad ihrer Behinderung oder ihres Bildungsstatus in Gruppen aufgeteilt werden, sondern schlicht Kinder sind, die lernen und wachsen. Und dazugehören.

Sich vorzustellen, dass Alter kein Anlass ist, aussortiert zu werden. Und nach Krankheit oder Kontostand in schlechte oder weniger schlechte Aufbewahrungsanstalten eingewiesen zu werden.

Merken Sie, wie großartig und menschlich diese Vorstellungen sind? Und wahrscheinlich denken Sie gleichzeitig darüber nach, wie man das alles umsetzen könnte. In einer Welt, in der Kapital und Macht alles beherrschen: unsere Körper, unsere Gedanken, unser Leben. Es gibt keine große Lösung, aber kleine Schritte, einer nach dem anderen. In eine andere Richtung. Und das Ziel ist: Vielfalt annehmen. Jeder Mensch ist ein Mensch!

So einfach ist das? Ja! Im Prinzip: Ja! Global denken ist sinnvoll, aber lokal handeln ist das, was wir sofort und vor unserer Haustür machen können.

Also, los! Die anderen warten schon auf Sie.

Grußworte

Christina Marx
(Aktion Mensch e.V., Leiterin Aufklärung)

Inklusion entsteht dort, wo das Leben spielt: in den Gemeinschaften, in denen Menschen wohnen, arbeiten und ihre Freizeit
verbringen. Also dort, wo sie sich im Alltag begegnen und austauschen – in den Städten und Vierteln, den Dörfern und Gemeinden. Hier liegt die Keimzelle für mehr Miteinander und Begegnung auf Augenhöhe. Inklusion kann nicht verordnet, sondern
muss im direkten Umfeld gelebt werden. Aus dieser Überzeugung
heraus hat die Montag Stiftung Jugend und Gesellschaft vor einigen Jahren ihr vielbeachtetes Praxishandbuch *Inklusion vor Ort*
veröffentlicht, mit dessen Hilfe seither viele Engagierte begonnen haben, sich tatkräftig für ein inklusives Gemeinwesen in ihrer Umgebung einzusetzen. Die Erfahrungen, die die Nutzer/in-
nen dabei gesammelt haben, nun in diesem Fieldbook gebündelt
nachlesen zu können, ist eine überaus interessante und hilfreiche
Fortführung dieses Ansatzes.

     Sich austauschen, Anregungen holen, Lösungsideen für
auftretende Probleme entwickeln und vor allem auch neuen
Schwung und Elan für den langen Weg mitnehmen, auf den sich
Kommunen begeben – das geht am besten natürlich persön-

lich, ist aber nicht immer möglich. Denselben positiven Effekt hat auch dieses Erfahrungshandbuch – noch dazu für eine viel größere Zielgruppe. Es ist sozusagen ein Netzwerktreffen zwischen Buchdeckeln, mit einem großen Fundus an Anregungen für die Bemühungen vor der eigenen Haustür. Seine Beispiele und Erfahrungsberichte inspirieren und machen Mut. Sie zeigen, wie es gelingen kann, Inklusion und Teilhabe vor Ort in der Gemeinschaft entstehen zu lassen. Dort, wo das Leben spielt.

In diesem Sinn: Nutzen Sie dieses Buch für Ihre praktische Arbeit und profitieren Sie von den gesammelten Erfahrungen.

Mark Terkessidis
(Journalist, Autor und Migrationsforscher)

Die einen sind strikt dagegen, die anderen sehen Gefahren für die Leistungen des Nachwuchses, wieder andere sind einfach überfordert: Inklusion macht offenbar Arbeit. Tatsächlich wissen die meisten gar nicht genau, was Inklusion genau ist und vor allem: wie man sie betreibt. Dieses Buch ist weder der goldene Schlüssel noch die schlichte Abhakliste, und dennoch eine klare Anleitung, was beachtet werden muss. Zudem gibt es viele Beispiele von solchen, die bereits auf dem Weg sind. Ja, Inklusion macht tatsächlich Arbeit, aber diese Arbeit lohnt sich: nicht nur für jene, die bislang in Sondermaßnahmen verwaltet wurden, sondern richtig verstanden für uns alle: Nur durch die Veränderung der ganzen Organisation entsteht eine kreative, zeitgemäße Neuorientierung. Packen wir's an.

Yvonne Vockerodt
(Beratung und Begleitung innovativer Bildungsprojekte, Hamburg)

Das Buch handelt von Menschen mit ihren Mutgeschichten und Lernerlebnissen – ausgelöst durch das persönliche Engagement innerhalb inklusiver Prozesse. Einen derart umfassenden Einblick in die Praxis gibt es bislang noch nicht. Die sorgfältige Zusammenstellung der Herangehensweisen macht deutlich, dass es um den je spezifischen Weg einer Kommune oder Organisation geht. Das Buch ermutigt damit zur „Wahlfreiheit" für die eigene Planung. Und das Buch schärft den kritischen Blick auf bestehende Ausgangslagen und (Verwaltungs-)Strukturen, indem es Potenziale für Veränderungsprozesse aufspürt. Die Beiträge zeigen, dass erfolgreiche Praxis durch Menschen ermöglicht wird, die sich auf die damit verbundenen Herausforderungen einlassen und – sei es innerhalb ihrer professionellen Funktion oder im Rahmen ehrenamtlicher Tätigkeit – Verantwortung übernehmen.

Aus den Partnerkommunen „Inklusion vor Ort"

Dagmar Sachse
(Stadt Oldenburg, Sozialdezernentin)

Mit dem Erfahrungshandbuch *Inklusion ist machbar!* liegen erstmals unterschiedliche Erfahrungen zu kommunalen Herangehensweisen vor. Die vielfältigen Ideen und Anregungen helfen, „einfach anzufangen". Aus Oldenburg tragen wir bei, dass es wichtig ist, eine Vision zu entwickeln und die vorhandenen Ressourcen zu nutzen. Dazu ein Wertekanon, auf den sich alle Beteiligten verständigen konnten und nach wie vor können. Zu guter Letzt „Inklusion weit(er) denken" – als Bereicherung für alle! Dieses Buch macht Mut – für den ersten Schritt auf dem Weg zur inklusiven Gesellschaft der Teilhabe und Anerkennung von Vielfalt.

Werner Kalthoff
(Stadt Lippstadt, Fachdienstleiter Soziales und Integration)

Durch die Verabschiedung der UN-Behindertenrechtskonvention ist das Thema Inklusion verstärkt in unserer Gesellschaft präsent. Vielfach bestehen allerdings Unsicherheiten, wie weit der Inklusionsgedanke greifen kann und soll. Müssen wir Inklusion nicht

dahingehend verstehen, allen Menschen von Beginn an die un-
eingeschränkte, selbstverständliche und gleichberechtigte Teilnahme und Teilhabe an allen gesellschaftlichen Aktivitäten auf allen Ebenen zu ermöglichen? Hier setzt das vorliegende Buch an:
Es zeigt konkrete Ansätze und in der Praxis erprobte Vorgehens-
weisen auf – für ein alltagstaugliches Gelingen eines wertschätzenden Miteinanders.

Uschi Biedenkopf
(Regionalverband Saarbrücken, ehemalige Jugendamtsleiterin,
jetzt: Koordinierungsstelle Demografischer Wandel)

In St. Arnual war die Zusammenarbeit zwischen Haupt- und Eh-
renamtler/innen ein Highlight. Ganz unterschiedliche Menschen,
die zunächst nichts mit dem abstrakten Thema Inklusion zu tun
hatten, haben sich darauf eingelassen, zeigten Interesse, Verständnis und echten „Mitarbeitswillen". In mir ist Optimismus gewachsen, dass man das Thema in die Fläche tragen kann. Es war
etwas Neues, hat Spaß gemacht und verlangt nun eine neue Stu-
fe. Ich freue mich darauf – und dieses Buch kann dazu beitragen.
In diesem lebendigen Format spiegelt sich die ungewöhnliche
Denkweise der Stiftung wider.

Einleitung

Ein Buch voller Erfahrungen und Ideen für Inklusion

„Inklusion ist machbar!": Das ist die Erfahrung von Menschen aus rund 30 Kommunen und Regionen, die sich seit vielen Jahren für Inklusion einsetzen. Überall werden dringend mehr Ressourcen und bessere Voraussetzungen für Inklusion gebraucht – und gleichzeitig gibt es genug zu tun. „Fangen wir schon mal an!" ist eine Botschaft, die hinter dem Titel dieses Buches steht – und hinter den Erfahrungen, die hier zusammenkommen.

Wie ist dieses Buch entstanden?

Seit acht Jahren arbeitet die Montag Stiftung Jugend und Gesellschaft mit verschiedenen Kommunen zusammen, um das Thema Inklusion gemeinsam umzusetzen. Aus dieser Zusammenarbeit entstand bereits das Buch *Inklusion vor Ort. Der Kommunale Index für Inklusion – ein Praxishandbuch*, das 2011 erschienen ist. Im Anschluss entstand die Idee, die Erfahrungen aus der Arbeit vor Ort in einem weiteren Buch zu veröffentlichen und damit für andere zugänglich zu machen. Dieses Buch liegt hiermit vor. Aus dem „Praxishandbuch" wurde ein „Erfahrungshandbuch".

Woher kommen die Erfahrungen?

Die Erfahrungen und Ideen, die hier geteilt werden, kommen aus ganz unterschiedlichen Bereichen. Eine wichtige Rolle spielen die Pilot- und Partnerkommunen aus den bisherigen Aktivitäten der Montag Stiftungen sowie viele weitere Partner, die Kontakte in dieses Netzwerk aufgebaut haben. Das Buch ist ein Versuch, von diesen vorhandenen Kontakten möglichst viel an Informationen und Materialien zusammenzutragen. Deshalb sind bestimmte Orte, mit denen eine enge und langjährige Zusammenarbeit besteht, in diesem Buch besonders stark vertreten. Es gibt unzählige weitere Orte in Deutschland und im deutschsprachigen Raum, an denen Inklusion genauso engagiert vorangetrieben wird – in Kommunen, an Schulen, in Nachbarschaften. Der hier gezeigte Ausschnitt kann dies nicht alles wiedergeben und erhebt natürlich auch keinen Anspruch auf Vollständigkeit.

Wie wurden die Erfahrungen eingeholt?

Die Montag Stiftung Jugend und Gesellschaft hat ihre Kontakte aus vielen Jahren Netzwerkarbeit angeschrieben und gefragt: Was habt ihr erlebt? Was sind eure Erfahrungen und was könnte für andere hilfreich, wissenswert, interessant sein? Der Rücklauf war enorm: Über ein Jahr sammelte die Redaktion den Input, führte Interviews, hakte nach. Über 300 Dokumente mit insgesamt fast 2.000 Seiten kamen zusammen, über 100 Menschen aus mehr als 30 Kommunen haben sich beteiligt. Eine ausführliche Liste der Mitwirkenden findet sich auf Seite 291.

Was zeigen die Erfahrungen?

Es wird deutlich, was Menschen praktisch und konkret „machen", um Inklusion umzusetzen. Dabei gibt es unzählige Ideen und Herangehensweisen. Ausgangspunkt ist immer die Vielfalt der Menschen vor Ort. Die Erfahrungen zeigen, was alles möglich ist, um dieses Zusammenleben in Vielfalt für alle möglichst gut und gerecht zu gestalten.

Was können die Leser/innen erwarten?

Dieses Buch ist ein Erfahrungsschatz von Vielen für Viele. Es sind unendlich viele Materialien zusammengekommen: Berichte,

→ Link zum Downloadbereich siehe Seite 287

Broschüren, Ratgeber, Protokolle, Tipps, Artikel, O-Töne, Interviews, Strukturen, Anregungen, Fragen und vieles mehr. Die Redaktion hat das gesamte Material bearbeitet, gekürzt und in verschiedenen Textformen lesbar gemacht. Nicht alles konnte hier abgebildet werden, deshalb wird das Buch ergänzt durch einen Downloadbereich, in dem eine große Menge an Materialien zusätzlich online verfügbar ist.

Wie kann man das Buch nutzen?

Ob als Lesebuch, Daumenkino, Bilderbuch oder Navigator, als Vorlage, Diskussionsgrundlage, Infopool oder Redeanlass – die Nutzung ist so vielfältig wie die geteilten Inhalte. Dabei ist das Buch weniger eine Anleitung, sondern eine bunte Quelle: mit Erfolgserlebnissen, kritischen Blicken und Stolpersteinen, die für jede/n unterschiedliche Anregungen bieten. Zum leichteren Finden von Inhalten enthält das Buch im Anhang ein ausführliches Inhaltsverzeichnis.

Wer ist „Wir"?

„Wie organisieren wir uns?", „Wie erreichen wir andere?" heißen Kapitel in diesem Buch. Hinter dem „Wir" stehen die Personen, die diese Erfahrungen gemacht haben. Das Buch enthält echte und authentische Erlebnisse, die tatsächlich stattgefunden haben. Die Überschriften enthalten Fragen, die sich die Menschen vor Ort stellen.

Wie geht es weiter?

Das Buch ist da, aber die Erfahrungen gehen weiter. Viele der hier gezeigten Ergebnisse sind schon wieder überholt und haben längst neue Entwicklungen hervorgebracht. An vielen Stellen sind neue Strukturen und Vernetzungen entstanden. Jede Leserin und jeder Leser ist eingeladen, an dieser Vernetzung und am Austausch teilzunehmen. Dazu stehen viele Kontakte im Buch und in den Materialien im Downloadbereich. Denn Inklusion passiert nicht von alleine, sondern wird „gemacht": von vielen Menschen, die es für richtig und wichtig halten, ihre Orte als Lebensorte für alle zu entwickeln und zu verändern.

Worum geht's?

Inklusion vor Ort

Worum geht's?

Inklusion ist, wenn Menschen in ihrer Einzig-artigkeit und Verschiedenheit mit gleichen Rechten und Möglichkeiten zusammenleben. Wer dabei was und wen als „anders" empfin-det, ist völlig unterschiedlich. Aber mit dieser Verschiedenheit leben, sie nutzen und schät-zen, wird zur Selbstverständlichkeit. Und zur Grundlage einer Gesellschaft, die ihr alltäg-liches Zusammenleben in Vielfalt annimmt und gestaltet. Inklusion ist auch das Gegenteil von Exklusion: Es gibt viele Hindernisse, die Menschen im Zusammenleben mit anderen ausgrenzen. Möglichst viele Hindernisse für möglichst viele Menschen zu erkennen und zu beseitigen, ist das Ziel von Inklusion vor Ort.

Was ist kommunale Inklusion?

Ob Stadt, Dorf, Gemeinde, Stadtteil, Landkreis, Kreis etc.: „Kommune" steht für die Gesamtheit der Bewohner/innen, Organisationen, Einrichtungen und Institutionen an einem Ort. Inklusion wird dabei nicht allein von „zuständigen" Stellen aktiv vorangebracht und mit Leben gefüllt, sondern von allen möglichen Menschen, die sich auf ganz unterschiedliche Weise engagieren, beteiligen und Verantwortung übernehmen.

Kommunen, die sich aktiv um das Zusammenleben kümmern, erhöhen die Lebensqualität für alle. Denn Inklusion ist nicht auf bestimmte Gruppen ausgerichtet. Alle Menschen sollen sich an ihrem Lebensort wohl fühlen, Chancen und Möglichkeiten haben, am gesellschaftlichen Leben teilhaben. Das ist längst auch ein Standortfaktor: Attraktive Orte ziehen Menschen an. Das ist für die langfristige Entwicklung von großem Vorteil.

→ Wie ist das, wenn man mit Inklusion anfängt? Interview, Seite 61

Ich glaube, dass eine inklusive Stadt wesentlich zukunftssicherer ist als andere Städte. Wir werden leichter mit Konflikten und Problemen umgehen können – auch mit Krisensituationen. (Lutz Brockmann)

Menschenfreundlichkeit kann einem Ort auch eine sehr positive Ausstrahlung geben. Eine übergreifende Inklusionsstrategie fördert insgesamt ein Klima der Zugehörigkeit und prägt somit das Bild und die Identifikation der Bürger/innen, der Organisationen und auch der Wirtschaftsunternehmen mit ihrer Stadt. (Frank Schmitz)

Ich bin sehr beeindruckt, wie viele sich mit ganz viel Engagement an unserem Inklusionsprozess beteiligt haben und weiter beteiligen. Teilhabe für alle Menschen zu ermöglichen, ist unser vornehmlichstes Ziel, und das geht nur mit den Menschen. (Dagmar Sachse)

Inklusion? Integration?

Bei Inklusion geht es um ein chancengerechtes Zusammenleben in Vielfalt – für alle. Dieses Verständnis von Inklusion setzt sich erst langsam durch. Viele Initiativen und Stellen stehen noch unter dem Begriff der Integration, mit einem unterschiedlichen Verständnis. Und Inklusion ist für viele immer noch der Begriff, der auf Menschen mit Behinderung bezogen ist. Unter beiden Begriffen arbeiten kommunale Stellen und Initiativen zusammen.

Inklusion meint die Überwindung jedweder Diskriminierung. Das ist nicht schwer zu verstehen. Aber die unterschiedliche Betroffenheit von Diskriminierung hat zu unterschiedlichen Ansätzen von Selbsthilfe, professioneller Unterstützung und Lobbyarbeit geführt, teils mit eigenen Begriffen und Formulierungen. Es gibt aber ein wachsendes Bewusstsein dafür, dass alle von Diskriminierung Betroffenen sich auf das gleiche Prinzip berufen, nämlich die unterschiedslose Gültigkeit der Menschenrechte, und dass die Verwirklichung diskriminierungsfreier Teilhabe eine gesellschaftliche Aufgabe ist. Dieses Verständnis zu verinnerlichen, geht nicht von heute auf morgen. Es ist ein Lernprozess, den wir alle gerade durchlaufen. Und jede und jeder durchläuft diesen Prozess auf eigene Weise, eher intellektuell oder eher praktisch und mehr oder weniger schnell. Das Ganze braucht Zeit und immer wieder Anlässe, um Erfahrungen zu sammeln und Erkenntnisse zu gewinnen. So kann die Einsicht wachsen, dass das eigene Engagement wie das der anderen vielfältige Beiträge sind, um eine inklusive Gesellschaft zu verwirklichen. (Veronika Kabis)

Integration heißt: „Ich darf mitmachen", Inklusion heißt: „Ich gehöre dazu". (Schüler einer Bonner Schule)

Themen vor Ort

Was bedeutet es konkret, wenn eine Kommune sich auf den Weg der Inklusion macht? Wo passiert etwas, wo fängt man an? In jeder Kommune kann es andere Themen und Schwerpunkte geben, die sich aus der Situation vor Ort ergeben. Das hängt auch von den Bedarfen (der Einwohner/innen) ab – oder vom Engagement einzelner Menschen vor Ort.

→ Anlässe und Anfänge, Seite 51

Wir hatten uns Schwerpunktthemen gesetzt in den drei Jahren: „Arm und Reich", „Alt und Jung", „die Zugezogenen und die immer schon Dagewesenen". Und vielen Menschen ist klar geworden, dass Inklusion sehr viel mehr bedeutet, als viele dachten. (Thomas Kruse)

Unsere Kommune als Wohn- und Lebensort
Beispiele zeigen, an welchen Themen Kommunen in der Praxis arbeiten. Das Praxishandbuch *Inklusion vor Ort* unterscheidet zehn verschiedene Themen. Sie sind für viele Kommunen der

Ausgangspunkt, um über konkrete Aufgaben und Konsequenzen von Inklusion nachzudenken. Je nach den Anforderungen vor Ort werden zusätzliche Themen ergänzt, Themen zusammengelegt oder bestimmte Schwerpunkte gesetzt.

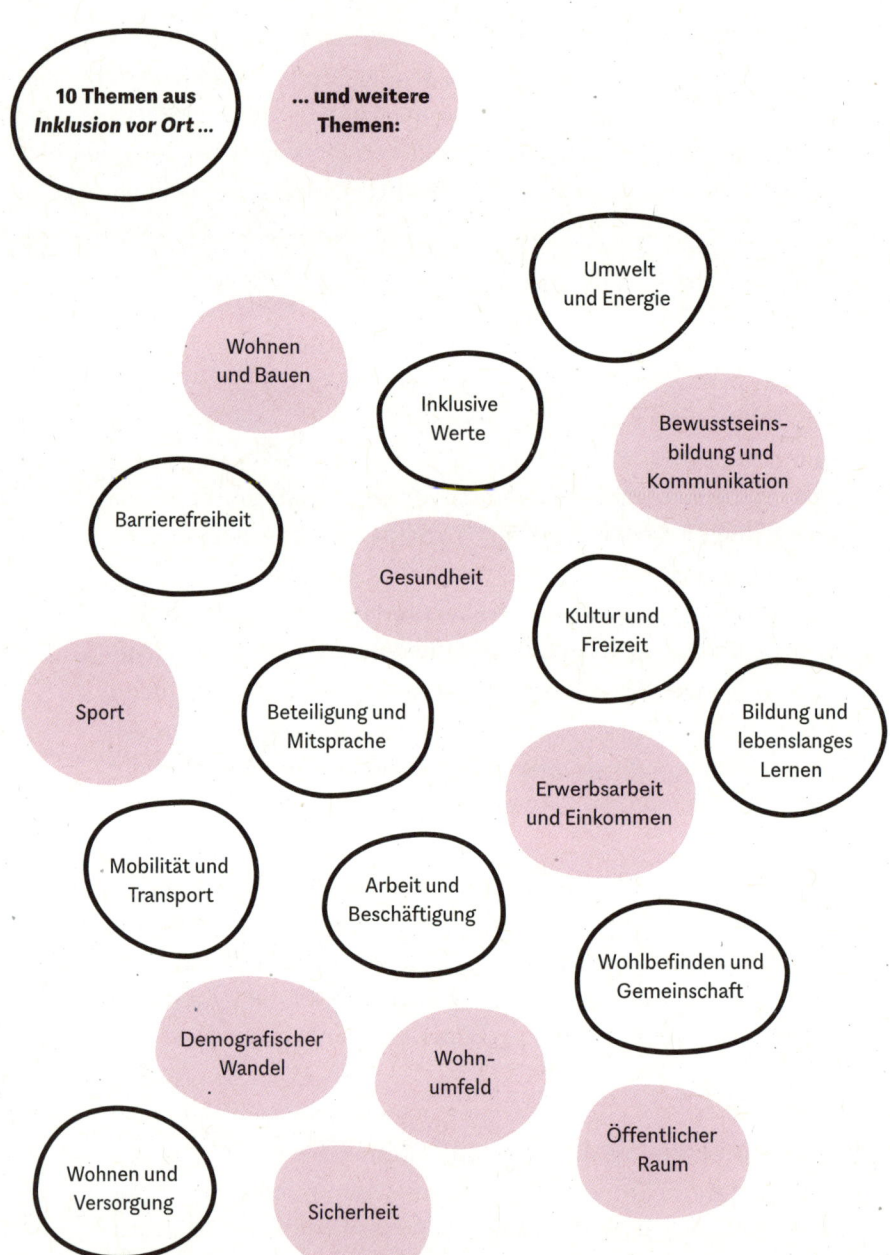

10 Themen aus *Inklusion vor Ort* …

… und weitere Themen:

Umwelt und Energie

Wohnen und Bauen

Inklusive Werte

Bewusstseinsbildung und Kommunikation

Barrierefreiheit

Gesundheit

Kultur und Freizeit

Sport

Beteiligung und Mitsprache

Bildung und lebenslanges Lernen

Erwerbsarbeit und Einkommen

Mobilität und Transport

Arbeit und Beschäftigung

Wohlbefinden und Gemeinschaft

Demografischer Wandel

Wohnumfeld

Öffentlicher Raum

Wohnen und Versorgung

Sicherheit

Können alle Menschen an ihrem Wohnort selbstbestimmt und in Würde leben?

*Die fünf Ebenen
einer Kommune,*
Seite 101

*Grenzen und
Stolpersteine,*
Seite 78

Inklusives Handeln vor Ort bedeutet immer auch Handeln in einem größeren, weltweiten Zusammenhang. Alles, was man lokal tut, hat Auswirkungen, die weit über den eigenen Ort hinausgehen. Das kann motivieren (*Ich* kann etwas anstoßen, etwas bewegen) – aber auch Grenzen setzen (Alleine kann *ich* das Klima nicht retten). Dazwischen lässt sich viel machen. Gerade weil Chancen und Herausforderungen in einem globalen Zusammenhang stehen, bedeutet das Engagement jedes und jeder Einzelnen sehr viel.

An Themen arbeiten

Um herauszufinden, was wichtige Themen vor Ort sind, gehen Kommunen verschiedene Wege. Der Kreis Steinburg hat sich in einem eintägigen Workshop auf eine „Reise" begeben, um gemeinsam die wichtigsten Themen vor Ort zu bestimmen. Die Fragestellungen zu den jeweiligen Lebensbereichen lauteten:

1. Welche einschränkenden Faktoren nehmen wir in diesem Lebensbereich wahr? Welche konkreten Beispiele gibt es? Welche Erklärungen haben wir dafür?
2. Welche fördernden Faktoren nehmen wir wahr? Welche konkreten Beispiele gibt es? Welche Erklärungen haben wir dafür?
3. Welche Ideen zur Verbesserung dieses Lebensfeldes haben wir?
4. Welche Fragen müssen wir stellen?

*Anlässe und
Anfänge,*
Seite 51

In Monheim am Rhein wurden verwaltungsintern Vorschläge für wichtige Themen vor Ort gesammelt und in einem partizipativen Prozess ergänzt. Dazu gab es eine Auftaktveranstaltung mit über 80 Personen, bei der in Arbeitsgruppen an relevanten Handlungsfeldern gearbeitet wurde. In Eitorf startete der Inklusionsprozess mit der UN-Behindertenrechtskonvention (UN-BRK). Die Artikel der Konvention dienten als Ausgangspunkt, um über eigene Themen nachzudenken. Auch die Fragen aus dem *Index für Inklusion* geben viele Anregungen. Je mehr Menschen beteiligt sind, desto besser werden die Anforderungen vor Ort erfasst – und desto mehr Mitstreiter/innen gibt es später für die Umsetzung.

Inklusive Werte

Inklusion ist eine Haltung, die sich an bestimmten Werten ausrichtet. Diese Werte orientieren sich an den Allgemeinen Menschenrechten – aber sie sind nicht „festgelegt". Das Nachdenken darüber, welche Werte die Basis für den geplanten Weg sein
sollen, ist bereits ein wichtiger Teil des Prozesses. Im schulischen
Index für Inklusion stehen die dort abgebildeten Werte unter der
Leitfrage: Wie wollen wir zusammen leben?

→ *Leitbild, Stra-
tegie und Ziele
entwickeln,*
Seite 85

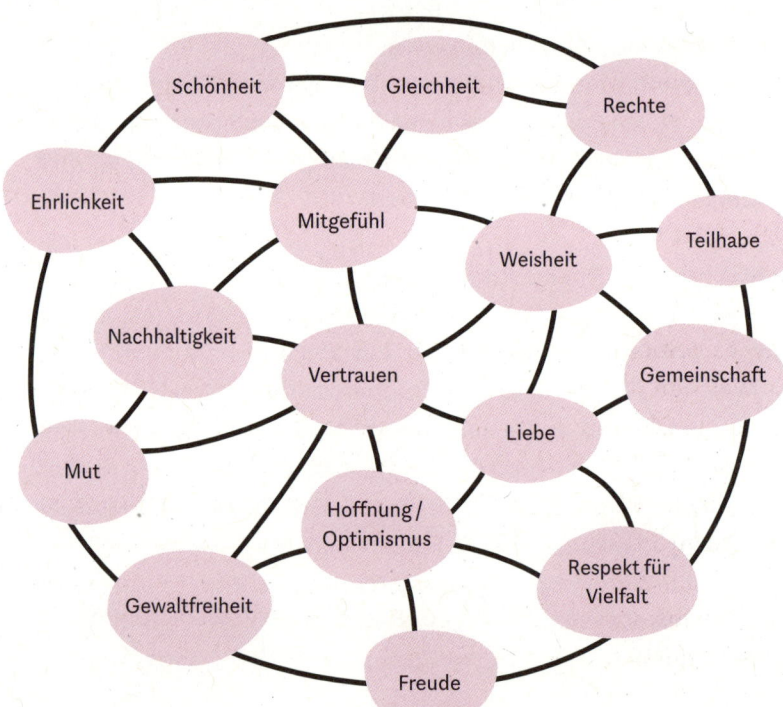

**Die Werte aus
dem schuli-
schen *Index für
Inklusion*** [1]

[1] *Index für Inklusion,* Seite 33

„Werte geben Orientierung und regen zum Handeln an. Sie treiben uns an, geben uns eine Richtung, definieren ein Ziel. Alles Handeln (...) basiert auf Werten. Jede Aktion sagt etwas aus über unsere Haltung, ob wir es merken oder nicht. Wir sagen damit: Das ist der richtige Weg." [1]

Werte gemeinsam entwickeln

[2] *Oldenburger Wertefächer*

An welchen Werten soll sich der Inklusionsprozess vor Ort orientieren? In Oldenburg war die Entwicklung eines Wertefächers ein wichtiger Teil des Prozesses. Der in Arbeitsgruppen gemeinsam entwickelte Wertefächer enthält acht Werte, zu jedem Wert ist eine kurze Situation beschrieben, die zum Nachdenken, Schmunzeln, Nachfragen und Testen anregen soll. Es gibt zwei Ausgaben: den „Inklusions-Check für alle" und den „Inklusions-Check für Unternehmen & Institutionen". [2]

Zu Ergebnissen sind wir miteinander gekommen – langsam, Schritt für Schritt, Gedanken für Gedanken, mit Pausen und Zeit zum Nachdenken und Fragenstellen. Keine Frage war überflüssig, kein Querdenken störte. Über die ausführliche inhaltliche und auf vielen Ebenen stattfindende Auseinandersetzung mit jedem einzelnen Wert und jedem einzelnen Wort sind wir zu einem tieferen Verständnis gekommen, was Inklusion für uns bedeutet. (Liliana Mora Motta)*

Inklusion und Menschenrechte

„Die Verwirklichung individueller Menschenrechte ist ohne soziale Teilhabe, Solidarität und Inklusion kaum denkbar. Die Menschenrechte schützen den einzelnen Menschen vor der Macht oder Willkür des Staates. In den Menschenrechtsabkommen sind die Ansprüche auf Selbstbestimmung, Schutz vor Diskriminierung, Inklusion, Partizipation und Zugang zum Recht rechtsverbindlich formuliert und verankert. Jedem Menschen soll ein freies, selbstbestimmtes Leben in der Gemeinschaft ermöglicht werden. Jede Person soll ihre Menschenrechte in Anspruch nehmen und ihre Rechte durchsetzen können." [3]

[3] Deutsches Institut für Menschenrechte, *Menschenrechte*

Inklusion und Demokratie

Demokratie und Menschenrechte sind eng miteinander verwoben. Sie können nur miteinander verwirklicht werden. Wie Inklusion ist auch Demokratie ein Prozess, der sich durch gesellschaftliches, politisches und individuelles Handeln immer wieder erneuern muss – auf allen Ebenen. Die konstituierenden Merkmale von Demokratie als Regierungsform, Gesellschaftsform und Lebensform beinhalten immer auch Partizipation sowie die gleichwertige Anerkennung der Unterschiedlichkeit und die Achtung vor dem Anderen. Eine inklusive Haltung ist die Basis für demokratische Prozesse. „Eine Demokratie muss sich Unterschiedlichkeit leisten können und wollen, wenn sie die Grundgedanken der Demokratie selbst ernst nehmen will. Dazu trägt erheblich inklusives Handeln bei." [4]

[4] Reich, „Demokratie und Didaktik", Seite 39

[5] Vereinte Nationen, *Sustainable Development Goals*

Inklusion als globales Ziel der Vereinten Nationen

Die internationale Staatengemeinschaft hat sich auf globale Ziele für nachhaltige Entwicklung verständigt.[5] Die Agenda umfasst 17 Ziele (Sustainable Development Goals, SDGs), die eng miteinander verbunden sind. Der Anspruch, „inklusiv" zu sein, ist in mehreren Zielen verankert. Ziel 11 lautet: „Städte und Siedlungen

1. Keine Armut

2. Kein Hunger

3. Gesundheit und Wohlergehen

4. Hochwertige Bildung

5. Geschlechtergleichheit

6. Sauberes Wasser und Sanitäreinrichtungen

7. Bezahlbare und saubere Energie

8. Menschenwürdige Arbeit und Wirtschaftswachstum

9. Industrie, Innovation und Infrastruktur

10. Weniger Ungleichheiten

11. Nachhaltige Städte und Gemeinden

12. Nachhaltige/r Konsum und Produktion

13. Maßnahmen zum Klimaschutz

14. Leben unter Wasser

15. Leben an Land

16. Frieden, Gerechtigkeit und starke Institutionen

17. Partnerschaften zur Erreichung der Ziele

Ziele für nachhaltige Entwicklung (© United Nations/ globalgoals.org)

inklusiv, sicher, widerstandsfähig und nachhaltig machen". Ziel 10 lautet: „Senkung der Ungleichheit innerhalb von und zwischen Ländern". Die Agenda 2030 wurde im September 2015 von allen Mitgliedstaaten verabschiedet.

Umsetzung von Inklusion in Deutschland

Was die Umsetzung von Inklusion angeht, liegt Deutschland im internationalen Vergleich zurück. Insbesondere das separierende Schulsystem widerspricht den verabschiedeten Konventionen. So wurde 2015 im Rahmen der Prüfung des Staatenberichts Deutschlands zur Umsetzung der UN-BRK vom UN-Ausschuss deutlich festgestellt, dass Deutschland seine Sondersysteme abbauen muss, um glaubhaft ein inklusives Bildungssystem zu schaffen.

Begegnen sich alle Menschen mit Respekt und Wertschätzung?

Die Normalität von Vielfalt

Kultur, Religion, Herkunft, Geschlecht etc. sind bekannte Zuschreibungen, wenn es um das Thema Vielfalt geht. Dabei gibt es unendlich viele Punkte, in denen sich Menschen unterscheiden. Vielfalt ist menschlich, hat viele Facetten, ist Realität und normal.

Wir suchen nach Merkmalen und Kategorien, um zu verstehen und zu beschreiben, was Vielfalt – auch in einer Kommune – bedeutet. Und welche Kategorien es sind, die zu Ausgrenzung und Benachteiligung führen. Wichtig ist, dass jeder Mensch Teil dieser Vielfalt ist. Es geht deshalb nicht darum, mit der Vielfalt von anderen „umzugehen" – es geht darum, ganz selbstverständlich Teil von Vielfalt zu sein und mit anderen in Vielfalt zusammenzuleben.

Alle können zu einem guten Leben in unserer Stadt beitragen: Wir sehen nicht nur auf die wirtschaftlich Schwächeren, sondern auch auf die wirtschaftlich Stärkeren. Wir kümmern uns nicht nur um die Älteren, sondern auch um die Jüngeren. Uns sind die Geflüchteten wichtig und genauso die Menschen, die schon lange hier leben. Es geht um Solidarität und die Akzeptanz, dass jeder Mensch, wie er oder sie auch ist, einzigartig und wichtig ist und respektiert wird. (Susanne Jungkunz)

Ziel ist es nicht nur, Vielfalt „wertzuschätzen", sondern sich mit den Benachteiligungen auseinanderzusetzen, die die Menschen erfahren. Schließlich sind auch Aspekte wie soziale Ungleichheit oder

Armut Dimensionen von Vielfalt. Wir schätzen ja nicht die Armut, sondern den Menschen. (Donja Amirpur)

Die Oldenburger Vielfaltsmatrix

Die Oldenburger Vielfaltsmatrix wird eingesetzt, um bei Planungen jeder Art alle Menschen der Stadt im Blick zu haben und niemanden zu vergessen – und: um zu lernen, in einer Perspektive von Vielfalt zu denken, die in den meisten Kommunen eben (noch) nicht Routine ist.

Mehrfach wurden wir gefragt: „Warum zählt ihr denn immer alle auf? Das trennt doch wieder, und ihr vergesst trotzdem jemanden." Unsere Antwort ist dann: „Ja, das ist zwar richtig, irgendwann. Noch sind wir nicht so weit, noch müssen wir jedes Mal neu prüfen: Haben wir an alle gedacht?" (Susanne Jungkunz)

	Alter	Behinderung / Erkrankung	Herkunft	Ökonomischer Status	Familie / Lebensform	sex. Identität / Geschlecht	Bildungsstand	
	○	○	○	○	○	○	○	Bürger/innen
	○	○	○	○	○	○	○	gemeinnützige Unternehmen, Vereine, Verbände
	○	○	○	○	○	○	○	Wirtschaftsunternehmen
	○	○	○	○	○	○	○	Kirchen und Religionsgemeinschaften
	○	○	○	○	○	○	○	Aus-, Fort- und Weiterbildungsbereich
	○	○	○	○	○	○	○	Politik
	○	○	○	○	○	○	○	Verwaltung

Was verbindet uns, was trennt uns?

Was verbindet Menschen untereinander – und was empfindet wer gegenüber wem wo und wann und wie stark als „trennend" oder „anders"? Wir sehen äußerliche und „innere" Merkmale. Und: Es trennt und verbindet uns viel mehr als das, was in den Köpfen an Zuschreibungen vorhanden ist.

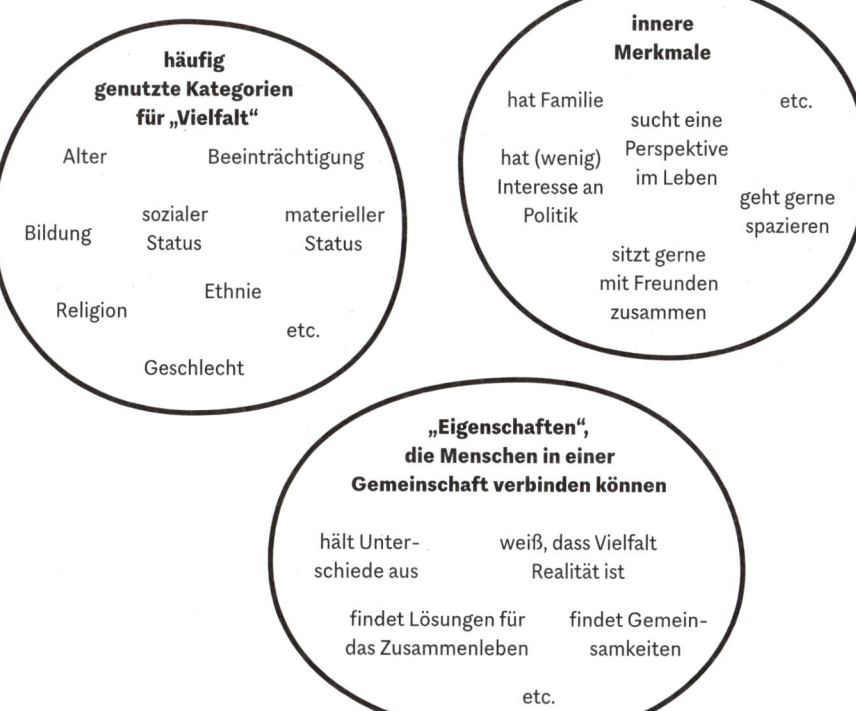

häufig genutzte Kategorien für „Vielfalt"

Alter — Beeinträchtigung

Bildung — sozialer Status — materieller Status

Religion — Ethnie — etc.

Geschlecht

innere Merkmale

hat Familie — etc.

sucht eine Perspektive im Leben

hat (wenig) Interesse an Politik

geht gerne spazieren

sitzt gerne mit Freunden zusammen

„Eigenschaften", die Menschen in einer Gemeinschaft verbinden können

hält Unterschiede aus — weiß, dass Vielfalt Realität ist

findet Lösungen für das Zusammenleben — findet Gemeinsamkeiten

etc.

Diversity Management

Diversity Management ist ein in Unternehmen und Organisationen weit verbreiteter Begriff, und es gibt verschiedene Verständnisse und Definitionen. Allen liegt zugrunde, dass Vielfalt etwas Positives ist und darin ein großer Nutzen liegen kann für die Organisationen und alle Beteiligten.

   „Demografische Entwicklung, Globalisierung, Wertewandel, sinkende Erwerbstätigenzahlen, ein wachsender Anteil erwerbstätiger Frauen, mehr Menschen mit Migrationshintergrund – das sind die Herausforderungen, denen sich Unternehmen und Institutionen heute stellen müssen. Ihr Erfolg hängt davon ab, wie sie sich in globalisierten Wirtschaftsströmen und im Wettbewerb um qualifiziertes Personal behaupten können. Diversity Management hilft, auf diese Trends zu reagieren. Mehr noch: Es zeigt Wege auf, sie zu nutzen." [6]

[6] *Charta der Vielfalt*

Leiten, Führen, Steuern,
Seite 112

Viele Ansätze, Ideen und Praxisbeispiele aus dem Diversity Management können Inspiration und Lernfeld für inklusive Prozesse sein – und umgekehrt. Viele sehen Diversity Management als wichtige Führungs- und Managementkompetenz an. Aber es gibt auch Kritik an dem Begriff: Das „Managen" von Vielfalt hört sich so an, als ob jemand von außen Vielfalt nutzbringend steuert – ohne selbst Teil davon zu sein. Tatsächlich geht es in Unternehmen ja darum, einen wirtschaftlichen Nutzen aus der Vielfalt der Mitarbeitenden zu ziehen.

Auch im kommunalen Bereich geht es um einen Nutzen: für die Gemeinschaft und die Menschen, die in ihr zusammenleben. Und es geht um das Managen, um das Organisieren dieses Zusammenlebens. Aber der Fokus ist ein anderer: Inklusion schaut auf Barrieren, die für Menschen in einer Kommune immer wieder neu entstehen. Der Blickwinkel ist nicht aus der Kommune auf die Vielfalt, sondern innerhalb der Vielfalt auf die Kommune: Die Menschen stehen im Mittelpunkt, jede/r einzelne.

Erfahrungen mit Diversity Management
Ein Interview mit Gülcan Yoksulabakan-Üstüay, Referentin für Diversity Management am Aus- und Fortbildungszentrum für den öffentlichen Dienst in Bremen.

Du berätst Organisationseinheiten, führst Qualifizierungsmaßnahmen und Diversity-Trainings durch. Warum braucht die öffentliche Verwaltung so etwas? Weil die öffentliche Verwaltung für die Bevölkerung da ist – und die ist nun mal sehr divers, insbesondere in Großstädten wie Bremen. Dieser Diversität kann nur durch Vielfalt im Personal begegnet werden – und das ist in Bremen ja durchaus gewollt. Gleichzeitig muss diese Vielfalt – nach innen und nach außen – begleitet werden, um wirken zu können.

Wo liegen aus deiner Sicht die größten Hürden? Erstens in mangelnder Reflexion der Organisationsstrukturen, zweitens in der fatalen Präferenz vieler Menschen für Konformität und Homogenität, drittens darin, dass der öffentliche Dienst als Organisation generell zur Gleichbehandlung neigt.

Worum geht's?

35

Was meinst du mit mangelnder Reflexion der Organisationsstrukturen? Häufig wird Diversity Management darauf reduziert, mehr Diversität ins Personal zu bekommen – also Junge und Alte, Männer und Frauen, unterschiedliche ethnische Zugehörigkeiten. Unberücksichtigt bleibt dabei dann oft, dass sich mit den Menschen, die wir holen, möglicherweise auch die Strukturen verändern müssen. Bisher passen wir hauptsächlich Menschen an das System an, in dem sie arbeiten; wir sollten aber häufiger die Organisationsstrukturen hinterfragen und gegebenenfalls anpassen.

Gib mal ein Beispiel. Wenn ich mehr Menschen einstellen will, die familiäre Verpflichtungen haben, dann muss ich die Arbeitszeiten anpassen. Wenn ich will, dass sie mehr Führungsverantwortung übernehmen, muss ich die Leitungsjobs so gestalten, dass das auch möglich wird – z.B. auch Leitungsstellen in Teilzeit oder geteilte Führungen.

Und Homogenität und Konformität? Viele glauben immer noch, dass alles einfacher ist, wenn alle möglichst gleich sind und „gleich ticken". Vielleicht haben sie manchmal sogar recht. Aber erstens geht das in der Regel gar nicht und zweitens: Innovativer und auf Dauer effektiver ist das bestimmt nicht. Trotzdem beherrscht es häufig noch die Gefühlslage und wirkt sich aufs Handeln aus.

Ist denn Gleichbehandlung durch Staat und Verwaltung nicht etwas Positives? Grundsätzlich ja. Aber wenn ich Ungleiches gleich behandele, muss das Ergebnis nicht unbedingt gerecht sein. Wenn möglich und nötig, sollte Verwaltung stärker auf das einzelne Individuum achten, Chancengleichheit schaffen und dadurch Gerechtigkeit herstellen. Und das sowohl gegenüber den Bürger/innen als auch nach innen.

Wie kann man den Nutzen von Diversity messen? Ich glaube, dass z.B. die Selbstverständlichkeit, mit der Menschen Angebote der Verwaltung annehmen – auch und gerade Menschen, die davon sonst eher ausgeschlossen sind –, ein Maßstab sein könnte. Wahrscheinlich muss man viel stärker mit qualitativen Befragungen nach „Kunden"-Zufriedenheit arbeiten und sich dabei auch um die kümmern, die wir nicht erreichen oder die sich abwenden. Was läuft nicht gut? Was hält sie ab? Vielleicht muss auch die Form der Befragung vielfältiger werden: nicht nur schriftlich und nicht immer nur auf Deutsch. Diversity nach innen hingegen lässt sich leichter messen. Welche Vielfalt haben wir? Sind diverse Mitarbeitende auf allen Hierarchieebenen vertreten oder nimmt die Vielfalt nach oben hin überproportional ab? Ein weiteres hilfreiches Instrument sind sogenannte Diversity Checks, mit ihnen lässt sich vor allem das Diversity-Klima messen und darstellen.

Stehen Diversity und typische Verwaltungsmentalität im Widerspruch zueinander? Nicht unbedingt. Je stärker der Dienstleistungsgedanke ausgeprägt ist, desto naheliegender ist auch der Diversity-Gedanke. Aber das ist nun mal sehr unterschiedlich. Wenn es im Stadtamt um Ordnungswidrigkeiten geht, kommen die Leute nicht freiwillig und den Mitarbeitenden fällt es schwer, sich als „Dienstleister" zu verstehen. Gute Bibliotheken sind da anders aufgestellt, sie wollen die Menschen mit ihren Angeboten erreichen und werben um sie als Kundschaft; folglich hat es für sie unmittelbaren Nutzen, sich differenziert auf die Zielgruppen einzustellen. (Das Interview führte Hilke Wiezoreck.)

Diversity als Unternehmenskultur

Es werden immer mehr Unternehmen, insbesondere Mittelständler, merken, dass sie Diversity größer schreiben müssen. Die Unternehmen müssen sehen, dass es einen Vorteil bringt, wenn man eine Vielfalt an Mitarbeitenden beschäftigt. Wir haben dadurch intern eine sehr tolerante Umgangskultur. Es geht darum, dass wir gemeinsam miteinander kommunizieren können. Um Kund/innen mit ihren eigenen Ansprüchen besser zu verstehen, ist es gut, eine Belegschaft zu haben, die ein Abbild der ganzen Bevölkerung ist. Das ist Vielfalt, das spiegelt die Gesellschaft wider und die Nähe dessen, was die Firma repräsentiert. Deshalb sind wir auch als Arbeitgeber attraktiv und bekommen sehr viele Bewerbungen. (Dirk Thole)

Inklusion bedeutet für mich ...

Inklusion ist etwas anderes als das Weg-Integrieren von Minderheiten – Inklusion fordert eben auch, dass die Mehrheitsgesellschaft sich verändert.
(Steffen Schwab)

Inklusion soll – nicht nur in der Schule, sondern in allen Bereichen des Zusammenlebens – Benachteiligung kompensieren, Ausgrenzung aufheben und durch gleichberechtigte Teilhabe ersetzen.
(Joachim Barloschky)

Inklusion bedeutet, dass die Rahmenbedingungen an die individuellen Bedürfnisse der Kinder und Jugendlichen angepasst werden – und nicht umgekehrt.
(Daniel Thomsen)

Eine Aussage ist mir besonders in Erinnerung geblieben: „Am meisten leide ich darunter, dass man mich nicht behandelt wie jeden anderen auch."
(Klaus Raschke)

Inklusion ist für mich in erster Linie ein Bewusstsein über die ungleiche Verteilung von Ressourcen und Privilegien. (Constanze Schnepf)

Inklusion bedeutet, alle können am Leben teilhaben. (Susanne Jungkunz)

Inklusion ist keine Blümchenveranstaltung. Es bedeutet nicht, etwas Gutes zu tun, sondern etwas ganz Pragmatisches: das Zusammenleben von Menschen für alle bestmöglich zu gestalten – in einer Vielfalt, die ohnehin Realität ist. (Karl-Heinz Imhäuser)

Mein Inklusionsbegriff bezieht sich auf den wertschätzenden Umgang mit Vielfalt und die Herstellung von Chancen- und Bildungsgerechtigkeit für alle Menschen in unserer Gesellschaft. (Miriam Remy)

Warum ersetzen wir die Wörter Integration und Inklusion nicht einfach durch „Zusammenleben"? (Hatice Akyün)

Inklusion bedeutet für mich die gleichberechtigte Teilhabe aller Menschen an der Gestaltung eines gemeinsamen Miteinanders. (Liliana Mora Motta)

Woran erkennt man Inklusion vor Ort? Was bedeutet es konkret für die Menschen, die in der Praxis inklusiv arbeiten? In kleinen Geschichten und Zitaten haben wir persönliche Erfahrungen gesammelt. Das Erlebnis Inklusion ist genauso vielfältig wie die Gesellschaft, in der wir leben.

So einfach ist das

Ich habe eine gehörlose Schwester, eine enge pakistanische Freundin, in meiner Werbeagentur arbeiten u.a. eine Kroatin sowie eine Mitarbeiterin mit Schwerstbehinderung, mein Sohn wächst im „Wechselmodell" (zwei Familien) bei seinem Vater und bei mir auf.

Für mich war diese Vielfalt an Menschen mit all ihren Eigenschaften nie etwas Besonderes. Ich beherrsche die deutsche Gebärdensprache nicht (denn in den 70ern war sie verpönt), also haben meine Schwester und ich als Kinder eine eigene Gebärdensprache entwickelt, mit der wir uns perfekt austauschen können. Mir ist noch zu gut in Erinnerung, wie andere Kinder hinter dem Rücken meiner Schwester über ihre Hörgeräte lästerten, weil sie dachten, auch ich würde die Bemerkungen nicht hören.

Heute begegnet mir oft die Aussage: „Dass du dich engagierst, ist klar, du bist ja persönlich betroffen." Falsch. Ich bin nicht betroffen, ich fühle mich bereichert. Ich versuche, den Menschen zu sehen, nicht das vermeintlich „Andere", das, was uns trennt, sondern das, was uns verbindet. Und wie immer, wenn man Menschen begegnet: Es passieren Fehler. Weil Fehler menschlich sind.

Beim ersten Treffen in der Fachstelle Inklusion habe ich losgeplappert, wie effektiv ich Meetings an Stehtischen finde –

bis ein Mitarbeiter der Stadt, der im Rollstuhl sitzt, antwortete: „Ich finde die Idee nur so mittelmäßig." Fettnapf. Aber wir haben uns nur kurz angesehen und dann herzlich gelacht. Oder als ich, als Technik-Unwissende, unseren muslimischen IT-Betreuer mit den Worten begrüßte: „Der Messias, da ist er." Auch darüber konnten wir gemeinsam lachen. Hemmungen im Umgang miteinander sind ebenso fehl am Platz wie übertriebene Rücksichtnahme. Achtsam sein ist das Zauberwort. Voneinander lernen, einander achten, miteinander leben. Nicht immer lassen sich alle Vorhaben problemlos umsetzen, immer wieder stößt man auf Hindernisse. Doch der Austausch, das Miteinander ist eine große Bereicherung. Visionen zulassen, Ideen entwickeln und keine Angst haben vor Fehlentscheidungen. Etwas tun. So einfach ist das. (Sabine Lönne)

Fahrend in einem bequemen Wagen

[7] Brecht, Werke, Seite 363 f.

Auf einer regnerischen Landstraße
Sahen wir einen zerlumpten Menschen bei Nachtanbruch
Der uns winkte, ihn mitzunehmen, sich tief verbeugend.
Wir hatten ein Dach und wir hatten Platz und wir fuhren vorüber
Und wir hörten mich sagen, mit einer grämlichen Stimme: Nein
Wir können niemand mitnehmen.
Wir waren schon weit voraus, einen Tagesmarsch vielleicht
Als ich plötzlich erschrak über diese meine Stimme
Dies mein Verhalten und diese
Ganze Welt.
(Bertolt Brecht) [7]

Drei Geschichten aus Südtirol

In Südtirol bin ich zu einer Auftaktveranstaltung eines neu gegründeten Inklusionsbündnisses eingeladen. Gespannt warten wir auf die Vorträge. Doch es gibt nur kurze einleitende Worte – und dann drei persönliche Geschichten. Diese Geschichten erzählen etwas anderes, als wir alle erwartet haben – und doch wird an alltäglichen Situationen ganz einfach nachvollziehbar, was eine Grundhaltung zu Inklusion bedeutet.

1. *Die erste Geschichte liest uns ein bekannter Südtiroler Literat vor: Es ist ein Brief von einem Mann, der seit Langem ohne festen Wohnsitz ist und auf der Straße lebt. Er beschreibt, dass nur wenige Menschen ihn wahrnehmen, und was es bedeutet, wenn Menschen an ihm vorüberhasten, in der Hand gefüllte Einkaufstaschen, und er sich nichts mehr wünscht als Wärme, Essen, vielleicht neue Schuhe und: Begegnungen. Erst ein Sozialarbeiter kümmert sich schließlich um ihn und versucht, für ihn in einem langwierigen Prozess eine Perspektive zu entwickeln. – Mit einer solchen Geschichte haben wir nicht gerechnet. Wir kennen diese Situation – denn wir sind diejenigen, die vorbeigehen. Das ist Inklusion?*

2. *Die zweite Geschichte erzählt uns ein junger Lehrer aus einem kleinen Dorf selbst: Er war noch vor drei Jahren eine Frau. Er merkte, dass er im falschen Körper war, und wollte die Widersprüchlichkeiten nicht länger ertragen. Eine Geschlechtsumwandlung war die einzige Möglichkeit. Doch: Wie konnte in einem kleinen, eher konservativen Dorf, in einer kleinen Schule so etwas kommuniziert und gelebt werden? Die damals noch junge Lehrerin ließ sich beraten. Es musste planmäßig vorgegangen werden. Denn sie wollte als zukünftiger Mann in diesem Dorf bleiben und als Lehrer in genau dieser Schule weiter unterrichten. Dazu mussten alle Bescheid wissen und die Verwandlung oder Selbstfindung akzeptieren. Mit welcher Sensibilität der junge Mann seine Geschichte schilderte und immer wieder betonte, wie wichtig es ihm war, dass alle Verständnis für seine Situation und seine Entscheidung hatten und sie nachvollziehen konnten. Er erzählt von Elternabenden, Gesprächen mit Kindern, Nachbar/innen und einer unendlichen Geduld. Aber es war machbar! Sein Umfeld nahm den neuen Mann, Kollegen und Lehrer an. Er änderte seinen Namen und war präsent wie eh und je.*

3. *Die dritte Geschichte ist ein Brief, den eine Schülerin an ihren Schulleiter geschrieben hat – an einer der berühmtesten Inklusionsschulen in ganz Südtirol: Darin erzählt die Schülerin von ihrer großen Verzweiflung, als Kind türkischer Abstammung drangsaliert und gemobbt zu werden. Sie fühlt sich einsam, sucht Rat bei Mitschüler/innen und Lehrenden, und – ihr wird nicht geholfen. Sie beschreibt in dem Brief konkrete Szenen und verdeut-*

licht die Unerträglichkeit ihrer Situation. Der Schulleiter, der uns den Brief selbst vorliest, ist berührt: Wie kann so etwas passieren? Was läuft falsch – an unserer Schule? Was läuft falsch in unserer Gesellschaft? In unserem Verhalten – bei mir?

Es ist dasselbe Muster, das sich in allen drei Geschichten abbildet: Das vermeintliche „Anderssein" konfrontiert, weckt Vorurteile und kostet im Umgang manchmal Überwindung – gleichzeitig fühlt man sich befreit, wenn diese Erfahrung durchlebt ist: Räume zu schaffen für Erfahrungen und Reflexionen, Mut, Toleranz, respektvolles und ehrliches Miteinander-Umgehen – das sind Grundvoraussetzungen, um Aussonderung und Diskriminierung zu verhindern. Nichts anderes ist Inklusion. (Barbara Brokamp)

Barrieren sehen – und abschaffen
Wie es dazu kommt, dass nicht immer alle die Teilhabechancen von allen im Blick haben, möchte ich an einem Beispiel zeigen: Es gab vor einigen Jahren in den Montag Stiftungen ein Netzwerktreffen von Kommunen. Die Mitarbeiter/innen der Stiftung waren stolz darauf, dass sie nun in barrierefreien Räumen untergebracht waren. Doch als eine barrierefreie Toilette gebraucht wurde, fiel

auf, dass sie noch nicht fertiggestellt war! Es war klar: Der Blick auf die Barrieren kann verloren gehen, wenn die handelnden Personen die Bedingungen nicht als Barriere erleben. Es braucht nicht nur den Willen, Barrierefreiheit umzusetzen, es braucht auch Menschen, die barrierefreie Strukturen einfordern und darauf drängen, dass sie geschaffen und weiter ausgebaut werden. (Constanze Schnepf)

In Vielfalt zusammenleben bedeutet auch, sensibler zu werden für die Barrieren, die Menschen ausgrenzen oder behindern. Nicht alleine die Menschen, die Barrieren erleben, müssen dafür sorgen, dass diese Barrieren beseitigt werden. Es ist eine Aufgabe für alle.

In unserem Verein sind alle willkommen!

Wir hatten unsere erste Versammlung mit Ehrenamtlichen und Multiplikator/innen im Stadtteil. Das Thema: Was bedeutet Inklusion und was hat das mit uns Vereinsvertreter/innen zu tun? So kamen wir auf die Willkommenskultur in Vereinen zu sprechen. „Das haben wir doch alles schon. Wir sind doch offen und jede/r kann zu uns kommen und mitmachen", war die einhellige Meinung. Da meldete sich der Vorsitzende einer der Vereine und erzählte seine eigene Geschichte:

Als er vor vielen Jahren neu aus einem anderen Stadtteil nach St. Arnual zog, wollte er sich in einem Verein engagieren. Er ging zum Sommerfest des örtlichen Obst- und Gartenbauvereins. Auf dem Vereinsgelände waren Tische und Bänke aufgebaut und viele Leute saßen schon dort und unterhielten sich, tranken ihr Bier, aßen ihre Wurst. Nachdem er sich alles angeschaut hatte, ging er zu einem der Tische, um sich zu setzen: „Ist hier noch frei?", fragte er. Die Leute schauten ihn kurz an und sagten: „Nee, da kommen noch welche." Am nächsten Tisch: „Da sitzen die Musiker, die spielen gerade." Am dritten Tisch: „Hier ist für den Vorstand reserviert." „So bin ich damals willkommen geheißen worden", sagte unser Vereinsvorsitzender. „Ich hätte mir gewünscht, dass sich jemand mit mir unterhält und mir etwas über den Verein erzählt. Ich bin dann zur Freiwilligen Feuerwehr und war dort zehn Jahre lang aktives Mitglied. Später habe ich es dann doch noch geschafft, in den Obst- und Gartenbauverein einzutreten und bin dort jetzt Vorsitzender. In dieser Funktion achte ich heute darauf, dass jeder, der fremd auf unserem Fest auftaucht, angesprochen wird und etwas über den Verein erfährt. Seht ihr, es gibt schon noch etwas zu tun bei der Willkommenskultur in unseren Vereinen." (Thomas Kruse)

Kinderarmut = Exklusion

„Es werden so viele schöne Worte
über Freiheit geredet,
aber nichts in der Welt macht so unfrei wie Armut."
(Martin Andersen Nexö)

Wenn Inklusion einen Menschenrechtsanspruch hat, muss Armut bekämpft werden. Armut verhindert Teilhabe, Armut ist Mangel an Möglichkeiten. Nichts macht so unfrei wie Armut. Armut wirkt sich auf alle Bereiche des Lebens und auf das gesellschaftliche Klima aus. Kinderarmut ist nichts anderes als Elternarmut, als allgemeine Armut in Deutschland. In Bremen lebt ca. ein Drittel aller Kinder unter Armutsbedingungen, z.B. von Arbeitslosengeld II (ALG II), Asylbewerberleistungsgesetz oder wegen eines zu geringen Nettoeinkommens – mit all den Auswirkungen auf Teilhabe, Bildung, Gesundheit etc.

In meiner Kita mit 110 Kindern von 2 bis 6 Jahren sind es ca. 80 Prozent, im ganzen Ortsteil Tenever (11.000 Einwohner/innen) sind es ca. 50 Prozent aller Kinder, die unter diesen Armutsbedingungen leben. Von ALG II verhungert man nicht – aber man kann nicht teilhaben am materiellen und kulturellen Reichtum unseres Landes. ALG II bedeutet z.B. laut Regelsatz 237 Euro pro Monat für ein Kind von 0 bis 6 Jahren, davon stehen für Nahrungsmittel 88,08 Euro zur Verfügung: das heißt 2,94 Euro pro Tag für Frühstück, Mittag-, Abendessen, Zwischenmahlzeiten, Getränke und Süßigkeiten. Wer selbst schon einmal einkaufen war, kann ermessen, was das bedeutet.

Ausgrenzung durch Armut manifestiert sich auch in Bezug auf die Nutzung öffentlicher Verkehrsmittel, Lehr- und Lernmittel, Kleidung, Kino- oder Konzertbesuch, räumliche Gegebenheiten zum Lernen etc. Was an Benachteiligung durch Armut gegeben ist, durch Nichtchance einer gleichberechtigten Teilhabe, muss kompensiert werden. Am besten nicht nur durch zusätzliche Maßnahmen, sondern auch durch die gesamte Regelversorgung, die gerecht und besser sein muss. (Anne Knauf)*

* Die hier genannten Zahlen sind aus dem Jahr 2017.

Wer ist/wird hier behindert?

Der Veranstalter eines Kabarettauftritts hatte für mich ein Zimmer in einem sehr mondänen Hotel gebucht. Ich betrat die Lobby. Der junge Mann an der Rezeption war in Papierkram versunken. Ich sprach ihn an: „Entschuldigung, mein Name ist Rainer Schmidt. Für mich wurde ein Zimmer für eine Nacht gebucht." Geübt griff er nach einem Formular, erhob sich, entdeckte mich, stutzte und ließ dann ganz langsam das Formular sinken. Er hat keine Ahnung, ob und wie ich das ausfüllen kann – ohne Arme? Ich: „Ich soll bestimmt den Meldeschein ausfüllen." Er: „Ach nö, ist nicht so wichtig." Ich: „In anderen Hotels muss ich den immer ausfüllen." Er: zögernd. Ich: „Ich kann ja wenigstens unterschreiben." Er: „Echt?" Dann nahm er das Formular wieder zur Hand, hob es ganz langsam an und wollte es gerade mit Kugelschreiber vor mir ablegen, da kam ihm offensichtlich eine Idee und er sagt: „Ach, wissen Sie was, machen Sie einfach einen Kringel". Ich habe dann mit Rainer Kringel unterschrieben. Keine Ahnung, warum ich in diesem Hotel meinen Namen ändern sollte. Fazit: Das Leben kann so lustig sein, wenn man anders aussieht als der Durchschnitt. Wie gesagt, ich lasse mich kaum diskriminieren. (Rainer Schmidt)

Wie verhält man sich gegenüber Menschen mit Behinderungen? Das ist eine echte Barriere für sogenannte Nichtbehinderte. Sie erleben diese Barriere auch deshalb, weil ihnen Begegnungen fehlen, weil sie in einem separierenden Schulsystem abgeschottet werden von Kindern mit „Behinderungen" (und anderen Kindern, die von einer gesetzten Norm scheinbar abweichen), von denen sie genau das lernen könnten – und noch viel mehr.

Wie anfangen?

Erste Schritte und Hilfsmittel

Inklusion ist kein Projekt, sondern eine Aufgabe, die alle Bereiche einer Kommune betrifft. Wie fängt man so etwas an? Was ist der erste Schritt – und wo geht er los? Eine wichtige Botschaft der Menschen, die ihre Erfahrungen in diesem Buch versammeln, lautet: Hauptsache anfangen. Es gibt überall Punkte, an denen begonnen werden kann, etwas zu verändern. Vieles ist auch schon vorhanden, um daran anzuknüpfen und weiterzumachen. Und es gibt Hilfsmittel, die dabei unterstützen, für sich und zusammen mit anderen zu prüfen, nachzudenken und zu planen, was Inklusion ganz konkret bedeutet: für den eigenen Ort, all seine Lebensbereiche und für einen selbst.

Anlässe und Anfänge

Inklusion kann überall anfangen. Deshalb gibt es viele Beispiele, konkrete Anlässe und Ausgangspunkte, die sich in der Praxis von Kommunen so ergeben haben: Netzwerk- und Kulturarbeit, Inklusion an Schulen, Vernetzung von Bildungseinrichtungen, kommunale oder kirchliche Initiativen, Vereine, ein Ratsbeschluss etc. Oft sind es schon ganz kleine Veränderungen, die viel bewirken und an die sich weitere Schritte ganz logisch nach und nach anschließen.

Man kann die Welt nicht von heute auf morgen verbessern. Aber wenn sich Menschen auf den Weg machen – das war meine Erfahrung –, dann gehe ich mit. Mit gewissen Dingen muss jeder von uns leben, aber wir können etwas tun. Wir können über den Weg etwas bewirken. (Joachim Guttek)

[8] Inklusions-Netzwerk Osterholz-Scharmbeck, *Arbeitshilfe*, Seite 4

Rezept für Inklusion

Mischen Sie zu gleichen Teilen:
- *Offenheit*
- *Toleranz*
- *Respekt*
- *Akzeptanz*
- *Geduld*
- *Kommunikations-bereitschaft*
- *Lust am Ausprobieren*

Alles sorgfältig und langsam verrühren und bei angenehmer Wohlfühltemperatur gut durchziehen lassen. Ganz wichtig bei der Zubereitung: Achten Sie darauf, dass alle, die zum Essen mit am Tisch sitzen, schon bei der Zubereitung mit beteiligt sind.

Viel Spaß beim gemeinsamen Genießen!
[8]

Inklusion

Am Anfang war ...

... ein Anlass

Ein Ereignis, das den Ausschlag gibt und Menschen inspiriert. Dann kommt es darauf an, dass einzelne Personen, Initiativgruppen, Vertreter/innen von Kommunen oder Verwaltungen oder anderen Gruppierungen aktiv werden. Hier sind ein paar konkrete Beispiele für Anlässe und Anfänge:

... ein Ratsbeschluss

Das Anliegen, Ratsbeschlüsse – in der Regel zur Entwicklung von Aktionsplänen – herbeizuführen, hat sehr unterschiedliche Hintergründe. So ist es der Dynamik der UN-BRK zuzuschreiben, dass vor Ort – oft zunächst nur für den Bereich der Behindertenpolitik oder den Bildungsbereich – gezielte Aktionspläne oder Inklusionspläne beschlossen werden. Die Themen und Bereiche werden erweitert und die Forderung nach Ratsbeschlüssen, um endlich wirksam aktiv zu werden, werden lauter. Wie die Ratsbeschlüsse jeweils zustande kommen, ist in den Kommunen ganz unterschiedlich und hängt von vielen Faktoren ab. Es ist ein Prozess, die politischen Vertreter/innen für Inklusion und die Entwicklung eines Aktionsplanes zu gewinnen. Wenn der Ratsbeschluss dann vorliegt, hängt es von der Initiative, den Menschen vor Ort ab, ob es bei einem Papierbeschluss bleibt oder nachhaltige Maßnahmen entwickelt werden.

Landeshauptstadt Potsdam: Die Stadtverordneten beschließen, einen Lokalen Teilhabeplan für die Landeshauptstadt aufzustellen. Der Plan „Teilhabe für alle" wird nach einem breiten Beteiligungsprozess vorgelegt und die beschlossenen Maßnahmen angegangen. Das Büro für Chancengleichheit und Vielfalt entwickelt Leitlinien, um der Beauftragtenarbeit eine einheitliche Orientierung zu geben und u.a. alle Formen von Ungleichheit und ihre Überkreuzungen zu berücksichtigen.

Monheim am Rhein: Mit einem Ratsbeschluss bekundet die Stadt den ausdrücklichen Willen, einen breit angelegten inklusiven Veränderungsprozess zusammen mit der Einwohnerschaft zu eröffnen. Vor allem sollen die schon vorhandenen Maßnahmen, Ansätze und Planungen strukturiert und koordiniert werden. Drei Monate später findet im Bürgerhaus eine Veranstaltung mit 80 Personen statt, um ein gemeinsames Verständnis von Inklusion zu entwickeln und erste Schritte zu planen. Seit 2014 ist es das erste strategische Ziel der Stadt, sich als Stadt für alle zu verstehen, in der Inklusion umfassend umgesetzt wird. Ein Aktionsplan ist erarbeitet.

Oldenburg: Im Rat der Stadt gibt es einen einstimmigen Beschluss: „Oldenburg will Inklusion – Kommunaler Aktionsplan soll erarbeitet werden!" Weiter heißt es: „Eine inklusive Gesellschaft sieht alle Menschen, gleich welcher Fähigkeiten oder Bedarfe, welcher Herkunft, Weltanschauung oder sexueller Identität, als individuell, besonders und gleichberechtigt an. Der Weg zu einer inklusiven Gesellschaft muss dabei als Prozess gesehen werden, der viele Jahre in Anspruch nehmen wird. Oldenburg will Inklusion in der ganzen Stadt und betrachtet die Inklusion als Querschnittsaufgabe des kommunalen Handelns. Alle Entscheidungen von Rat und Verwaltung werden daher zukünftig zugunsten einer inklusiven Ausgestaltung der kommunalen Strukturen und Angebote gefällt."

Wenn ich zurückschaue, dann ist der Ratsbeschluss ein Highlight. Er hat die Grundlage gelegt für alles, was dann kommt. Alle beziehen sich darauf, ob Verwaltung oder Politik, unabhängig von der Fraktion. Es war gut, nicht nur zu sagen, wir wollen Inklusion, sondern: Wir wollen, dass die Verwaltung sich inklusiv ausrichtet und wir wollen, dass es in vielen Handlungsfeldern passiert. (Andrea Hufeland)

... ein Abschied

Dedinghausen ist ein Stadtteil von Lippstadt – und ein Dorf. Als ein älteres Ehepaar, das sich im Dorf sehr engagiert und wohlfühlt, das Dorf verlassen muss, weil die Versorgungssituation (z.B. die medizinische/ärztliche) für sie nicht mehr angemessen ist, sagt ein engagierter Dorfbewohner: „Das kann so nicht weitergehen!" Zusammen mit weiteren engagierten Menschen initiiert er einen Dorfentwicklungsprozess „Ein Dorf für Alle", die Ideen für die Projekte werden auf einer Dorfkonferenz mit allen Teilnehmenden entwickelt und in Projektgruppen umgesetzt.

→ *Beteiligung vor Ort: Dorfkonferenz Dedinghausen,* **Seite 176**

... eine Zukunftswerkstatt

Anlass für die erste Zukunftswerkstatt der Stadt Bornheim ist die Initiative eines Beigeordneten, alle Bildungsaktiven in der Stadt an einem Tisch zu versammeln („Die Stadt als Bildungslandschaft"): Schulen, Kitas, Eltern/Stadtschulpflegschaft, Schul- und Jugendamt, bildungspolitische Sprecher/innen aller Ratsfraktionen. Daraus entwickelt sich die Tradition der jährlichen Zukunftswerkstätten mit Erweiterung der Beteiligungen – z.B. Stadtschülervertretung, Elterninitiative Inklusion, Stadtbücherei ... – und einer Vielfalt gemeinsamer Themen und Anliegen. Mit der 5. Zukunftswerkstatt „Inklusion in Aktion" fällt dann der Startschuss für die Erarbeitung des „Aktionsplans inklusive Bildung in der Stadt Bornheim".

→ *Prozessbeispiel Zukunftskonferenzen,* **Bornheim, Seite 243**

... ein Fachtag

Prozessbeispiel *Gesamtstädtischer Prozess, Oldenburg, Seite 227*

Vertreter/innen von Vereinen, Verbänden, Unternehmen, Politik und Verwaltung, Träger sozialer Einrichtungen und Kirchen sowie interessierte Bürger/innen kommen nach dem Ratsbeschluss in Oldenburg zu einer Auftaktveranstaltung, dem Fachtag Inklusion zusammen. Unter dem Motto „Inklusion in den Köpfen und vor Ort" werden Ideen für eine „inklusive Übermorgenstadt" (damalige Leitidee der Stadt Oldenburg) gesammelt – es ist der Beginn eines breiten partizipativen Inklusionsprozesses.

... inklusive Menschenrechtsarbeit

→ Prozessbeispiel *Inklusives Rathaus, Verden, Seite 235*

In der Verwaltung der Stadt Verden findet im Rahmen von Fortbildungen eine intensive Beschäftigung mit dem Thema Menschenrechte statt. Sie führt dazu, dass die Fachbereichsleiter/innen sich vornehmen, über den Tellerrand zu schauen und die Trennung der Fachbereiche untereinander aufzuweichen. Eine „Projektgruppe Inklusives Rathaus" wird von der Fachbereichsleiter/innen-Runde mit dem Mandat ausgestattet, die inklusive Entwicklung der Verwaltung vor dem Hintergrund einer „wechselseitigen Kompetenzvermutung" zu gestalten.

... Netzwerkarbeit im Stadtteil

In Altona gibt es viele Angebote, die aber für die Bevölkerung nicht immer ausreichend sichtbar sind. Es fehlt ein Zentrum, leicht erreichbar und offen für alle, sowie eine Freiwilligenagentur – denn viele Bewohner/innen wollen sich engagieren. Nun gibt es das „Netzwerk altonavi", das die Anwohner/innen über Angebote und Nahversorgung in Altona informiert. Es sammelt offene Fragen und ermittelt Lücken in der Versorgung. Es überlegt, wie es besser gehen kann. Das Netzwerk sucht nach guten Lösungen und bezieht Ideen, Menschen und Ressourcen aus allen Lebensbereichen mit ein.

... eine Entdeckung

In einer Werkstatt für Menschen mit Behinderungen (Gemeinnützige Werkstätten Köln GmbH) entdecken Kölner Künstler/innen das Potenzial einiger Mitarbeiter/innen. Es entsteht die Idee, den neu entdeckten Künstler/innen professionelle Atelierbedingungen zu bieten. Als eine der Neuentdeckten, Doro Hoffmann, auch noch für einen renommierten Kunstpreis nominiert wird, ist der Grundstein für das inklusive Projekt gelegt: Zunächst wird eine Keramikwerkstatt aufgebaut, dann die Kreative Werkstatt ALLERHAND. Im Mai 2014 wird das Kunsthaus KAT18 von den Gemeinnützigen Werkstätten GmbH eröffnet. Es bietet den Künstler/innen ein Atelier bzw. eine Werkstatt, Ausstellungen, Begegnungen, ein Café und eine Vernetzung im Stadtteil und in der Kölner Kunstszene – inzwischen unter der Schirmherrschaft der Oberbürgermeisterin.

... ein Modellprojekt

Die Landesjugendämter Rheinland und Westfalen-Lippe initiieren mit Förderung durch das Ministerium für Familie, Kinder, Jugend, Kultur und Sport des Landes Nordrhein-Westfalen ein Modellprojekt mit dem Titel „Inklusion in der Jugendförderung". Das Modellprojekt hat zum Ziel, Strukturen, Arbeitsweisen und konkrete Praxen der Jugendförderung in Städten und Kreisen unter der Leitorientierung Inklusion in sechs kommunalen Jugendämtern systematisch zu entwickeln. U.a. werden an den Modellstandorten (Städte Bonn, Dortmund, Gütersloh, Köln und Siegen sowie der Oberbergische Kreis) inklusive Praxisprojekte mit Kindern und Jugendlichen – auch in Kooperation mit freien Trägern – entwickelt und durchgeführt. [9]

[9] Frey/Dubiski, *Abschlussbericht*

... ein Verein

Durch einen Impuls des Regionalverbandes Saarbrücken entsteht die Idee, Inklusion in St. Arnual als Thema aufzugreifen. Stefan Brand, Vorsitzender der Arbeitsgemeinschaft St. Arnualer Ortsvereine und Kirchengemeinden e.V. und Stadtverordneter Saarbrücken, und Stephanie Schaum, Beisitzerin, berichten von den Anfängen:

> *Die 20 sport- und kulturtreibenden Vereine, die Parteien, die Kirchengemeinden, alle können sehr gut miteinander und hatten bereits ein Netzwerk aufgebaut. Da kam uns die Idee der Inklusion entgegen, gemeinsam etwas Neues anzufangen.* (Stefan Brand)

Wir haben mit kleineren Veranstaltungen begonnen, um das Thema Inklusion intern zu definieren. Das war notwendig, denn bei Inklusion denken viele zunächst einmal an behinderte Kinder in Schulen. Aber dass es doch wesentlich vielfältiger ist – das musste uns erst klar werden. Daraus haben sich verschiedene Tätigkeitsfelder ergeben, die wir dann bearbeiten wollten. (Stephanie Schaum)

... eine Musikschule

In Hürth gibt es die für alle offene Josef-Metternich-Musikschule, ein „Kompetenzzentrum für musikalische Bildung und gemeinsames lebenslanges Musizieren". Der engagierte Schulleiter setzt sich seit vielen Jahren für Inklusion ein und hat zusammen mit seinem Team viele Projekte durchgeführt. Er bringt das Thema immer wieder auf die Tagesordnung und findet schließlich Verbündete. Inzwischen ist Inklusion auch zu einem Anliegen der Stadt geworden.

Die ersten Schritte

Drei Beispiele zeigen, wie Anfänge in Kommunen konkret aussehen können – beschrieben von Menschen, die direkt dabei waren.

→ Prozessbeispiel *Gesamtstädtischer Prozess, Hennef,* Seite 224

Hennef: Nicht irgendwann – jetzt!

In Hennef gab den Anstoß der Verein *„Eine Schule für alle e.V."*. Die Vorsitzende, Lucia Schneider, schubste und drängelte, rührte und polterte, klingelte, klopfte und rief den politischen Entscheidern und Verwaltungsfachleuten zu: *„Lasst uns loslegen mit der Arbeit an der Veränderung unserer Gesellschaft, lasst uns mit Inklusion beginnen! Nicht irgendwann – jetzt!"*

→ **Strukturmodell**
Beispiel einer
Stadt: Hennef,
Seite 154

Dann folgte der erste Schritt: Das Thema Inklusion wurde auf die Tagesordnung der kommunalen Arbeitsgemeinschaft „Jugendhilfe und Schule" gesetzt. Ein halbes Jahr später folgte der Grundsatzbeschluss des Jugendhilfeausschusses zur Erweiterung der Arbeitsgemeinschaft „Jugendhilfe und Schule" um die Themen Integration und Inklusion. Einige Monate danach schloss die Montag Stiftung mit dem Verein „Eine Schule für alle e. V.", dem StadtSportverband, dem Verein „Betreute Schulen e. V." sowie der Stadt Hennef eine Kooperationsvereinbarung: Hennef wurde zur Pilotkommune im Projekt „Kommunaler Index für Inklusion".

Parallel dazu hatte der Ausschuss für Wirtschaft und Tourismus eine Leitbilddiskussion angestoßen und eine Diskussionsvorlage mit dem Titel „Kernthesen für ein Leitbild und Leitziele der Stadt Hennef" eingebracht. Hierin wurden Ziele für die zentralen Themenfelder „Förderung von Bildung und Kultur", „Stärkung des Miteinanders der Generationen", „Stärkung der Dörfer und der Dorfgemeinschaften" sowie „Stärkung der Vereine als integrative soziale Kraft" formuliert. Inklusion wurde als zentrales Querschnittsziel für das Leitbild der Bildungslandschaft Hennef und darüber hinaus für alle Lebensbereiche in Hennef definiert.

Im Juni 2011 schlossen Grundschulen und weiterführende Schulen eine Bildungsvereinbarung im Rahmen des neu gegründeten Bildungsnetzwerkes Hennef mit dem Leitgedanken, kein Kind auf dem Weg von der Grundschule in die weiterführenden Schulen zurückzulassen. Denn die Lehrenden aller Hennefer Grund- und weiterführenden Schulen sahen hier besonderen Handlungs- und Verbesserungsbedarf. Es geht bei der Bildungsvereinbarung um die Einführung eines Beratungssystems im Übergang von der Grundschule zu den weiterführenden Schulen.

Mit der Weiterentwicklung der inklusiven Schulentwicklungsplanung wurde eine externe Beratungsfirma beauftragt. Der inklusive Schulentwicklungsplan lag im Sommer 2014 vor. Die Einrichtung der neuen Gesamtschule Hennef West wurde von Beginn an inklusiv konzipiert. Sie soll zusammen mit dem Städtischen Gymnasium einen inklusiven Schulcampus bilden, auf dem alle Kinder und Jugendlichen gemeinsam lernen können. Die Stadt Hennef hat in den Um- und Ausbau des Schulcampus mehr als sechs Millionen Euro investiert, davon etwas über eine Million für den inklusiven Umbau und Ausstattungskosten für die Therapieräume. Inklusion ist nicht zum Nulltarif zu haben. Und die Haltung allein setzt Inklusion noch nicht in konkrete Projekte um, die unabdingbar wichtig sind für den Umbau von einer exklusiven zu einer inklusiven Gesellschaft. (Judith Norden)

Oldenburg: Und jetzt auch noch Inklusion

Durch die UN-Behindertenrechtskonvention (UN-BRK) ergeben sich Herausforderungen nicht nur an das kommunale Handeln insgesamt. Auch innerhalb der Verwaltung bedarf es klarer Zielperspektiven und eines gemeinsamen Verständnisses von Inklusion. Im Beschluss des Rates der Stadt, „Oldenburg will Inklusion", wird die inklusive Ausrichtung der Stadtverwaltung besonders hervorgehoben. Daraus ergaben sich folgende Fragen:

- Wie kann in der Verwaltung ein inklusionsfreundliches Klima geschaffen werden?
- Was bedeutet das für die immerhin ca. 2.000 Beschäftigten in weit mehr als 20 Ämtern und größeren Organisationseinheiten der Stadtverwaltung?
- Welche Herausforderungen, aber auch welche Chancen sind damit für die Mitarbeiter/innen der Stadtverwaltung verbunden?

Als erstes Amt beschäftigte sich das Amt für Teilhabe und Soziales mit seiner dazu gebildeten Fachstelle Inklusion mit diesen Fragestellungen. Das Amt befand sich ohnehin in einem Prozess der Neuausrichtung. Sowohl bei den Führungskräften als auch bei den Mitarbeiter/innen herrscht(e) also eine „Aufbruchstimmung". Dabei forderte die Neuorganisation bereits ein hohes Maß an zusätzlichem Engagement. Und jetzt auch noch Inklusion! Es musste gelingen, die Mitarbeiter/innen trotz ihres Arbeitspensums auf dem Weg zu einer inklusiven Verwaltung mitzunehmen.

Für den Einstieg planten wir einen gemeinsamen Workshop, den wir intensiv vorbereiteten. Um die Teilnahme möglichst vieler Mitarbeiter/innen zu erreichen, habe ich den Workshop als Pflichtveranstaltung gekennzeichnet – das sorgt natürlich zunächst für Skepsis. Doch das Konzept ging auf.

Bereits zu Beginn der Veranstaltung wurde aus Skepsis gespannte Aufmerksamkeit: Gemeinsam stellten ein externer Prozessbegleiter und unsere Leiterin der Fachstelle Inklusion in einem Einstiegsvortrag die Kernpunkte der UN-BRK dar. Sie machten deutlich, wie viele Ressourcen und Qualifikationen bereits vorhanden sind, um den Herausforderungen der Konvention gerecht zu werden. Bereits zum Ende des Vortrags stellte ich fest: Das Eis war gebrochen. Inklusion kann Spaß machen.

In Kleingruppen gab es dann rege Diskussionen – auch über notwendige Veränderungen. Im Mittelpunkt standen die folgenden Themen: Als Mitarbeiter/innen der Verwaltung bringen wir viele Ressourcen und Qualifikationen mit. Was haben wir als Mitarbeiter/innen und Bürger/innen von der Entwicklung Oldenburgs zur inklusiven Kommune? Welche Konsequenzen hat die UN-Behindertenrechtskonvention für uns in der Verwaltung? Was müssen wir verändern?

Die Ergebnisse wurden gemeinsam reflektiert und Perspektiven für die weitere Arbeit am Thema aufgezeichnet. Nach einer Auswertung durch die Fachstelle Inklusion wurden Maßnahmenvorschläge priorisiert und den zuständigen Ämtern und Fachdiensten zur Verfügung gestellt.

Mein Fazit: Für die Umsetzung der inklusiven Ausrichtung bringen wir alle bereits sehr viele Ressourcen mit. Viel Praxiserfahrung und gerade auch die umfassende Ausbildung in einer kommunalen Verwaltung tragen entscheidend dazu bei – aber auch ein gesunder Menschenverstand. Was wir alle in diesem Prozess gelernt haben, ist, dass es nicht immer nur um höhere Finanzmittel, also um „mehr Geld" geht, sondern häufig darum, einen Umdenkungsprozess in Gang zu bringen: Barrieren in den Köpfen zu beseitigen.

Natürlich muss auch bei uns noch viel getan werden: ob bauliche Maßnahmen, vereinfachte Verfahrensweisen, leichtere Sprache, Erreichbarkeit und Öffnungszeiten oder die zeitlichen Ressourcen der Mitarbeiter/innen. Aber vieles konnte bereits in Angriff genommen werden. Wir haben uns auf den Weg gemacht zu einer inklusiven Verwaltung, zu einem inklusiven Amt; und um dies auch nach außen deutlich zu machen, wurde aus dem Sozialamt das Amt für Teilhabe und Soziales! Mitarbeiter/innen,

Führungskräfte und vor allem die Fachstelle Inklusion können stolz auf die Entwicklung der letzten Jahre sein. (Inge Voigtländer)

→ **Strukturen schaffen, Seite 153**

Nicht überall gibt es eine Stelle wie die „Fachstelle Inklusion", an der übergreifende Planungen für eine inklusive Verwaltung oder eine inklusive Kommune zusammenlaufen und gebündelt werden können. Eine solche Stelle zur Initiierung und Begleitung des Prozesses ist jedoch hilfreich bis unverzichtbar. Es zahlt sich aus, wenn für solche zentralen Ressourcen Mittel investiert werden.

Die Verwaltung hat die Umsetzung geschickt vorbereitet, indem sie gesagt hat: Wir wollen viel, aber wir fangen erst einmal mit Maßnahmen an, die nicht so viel Geld kosten. Zum Beispiel die Maßnahme Sensibilisierung der Verwaltung: Das ist keine Maßnahme, die im Haushalt eine große Rolle gespielt hat. Aber es war wichtig, dass man nicht direkt Großprojekte startet, sondern mit der Haltungsfrage anfängt und die Kultur entwickelt: Was wollen wir hier überhaupt? (Andrea Hufeland)

Verden: Wie ist das, wenn man mit Inklusion anfängt?
Lutz Brockmann, Bürgermeister der Stadt Verden, erzählt im Interview von seinem Einstieg in das Thema Inklusion – und was er heute darüber denkt.

Herr Brockmann, Verden hat sich auf den Weg gemacht. Ist es schwer, mit Inklusion anzufangen? Das Schwere habe ich so nicht wahrgenommen. Ich muss es aushalten, dass ich für eine inklusive Gesellschaft werbe, die es (noch) nicht gibt. Dass ich auf der einen Seite Mut mache und etwas befürworte, was ich gleichzeitig aber nicht direkt einlösen kann. Ich kann ja nicht verordnen: Wir sind jetzt inklusiv! Aber das ist etwas ganz Normales: Wenn man Zukunft gestaltet, muss man diese Schere aushalten.
Wie ging es Ihnen in diesem Prozess? Ich kannte das Wort Inklusion zunächst nicht in dem Sinne – und das Wort Enkultu-

ration überhaupt nicht. Ich bin über das Thema Menschenrechte und die Frage, wie man junge Menschen politisch stabil macht gegen Rechtsextremismus, an Inklusion herangekommen. Ich fand es nachvollziehbar und konsequent, dass Schutz vor Rechtsextremismus innere Werte und Haltung erfordert. Dann kam der Moment: Was heißt das eigentlich alles – und auch: Was kann man vielleicht nicht umsetzen? Wir können nicht jedes Kind aufnehmen in jeder Einrichtung, wir können nicht alle Gebäude gleichzeitig umbauen. Aber trotzdem ist der Weg wichtig, um neue Fehler zu vermeiden.

Was war ausschlaggebend? Ich bin als Mensch von der Idee begeistert. Es ist richtig, sich als Stadt inklusiv zu entwickeln. Denn es macht Zukunft sicherer, wenn eine Gesellschaft Zusammenhalt entwickelt. Als Bürgermeister war es ein „Huch"-Moment: Wie vermitteln wir das in die Ratsgremien, dass sie den Prozess mitgehen und dahinterstehen? Das Thema ist groß und kann Angst machen. Die Vermittlung ist aber gut gelungen. Inzwischen haben wir dies auch im Leitbild verankert.

Welche Wirkungen hatte der Prozess auf Sie und auf die Stadt? Bei mir und in vielen Köpfen hat sich das Thema breit verankert. Inklusion durch Enkulturation ist vielleicht die wichtigste Orientierung im Leben, für diese Haltung müssen wir uns als Stadtverwaltung auf den Weg machen. Aber auch ein Stück Demut, dass wir nicht alles gleichzeitig machen können. Die Vielfalt als Chance ist in den Köpfen angekommen, sodass wir wirklich eine Stadt sind, die auf dem Weg zu einer inklusiven Kommune ist.

Welche Schwierigkeiten gab/gibt es? Die Prozesse sind manchmal nicht die schnellsten, das kann zäh sein. Und die Antragsverfahren für die Fördermittel sind viel Papierkrieg! Sich immer die Frage zu stellen: Geht der Prozess weiter, wie geht er weiter? Mehr Kontinuität wäre besser und eine Verankerung im Alltag. Der Fortschritt ist manchmal nur langsam zu spüren.

Was könnte anders laufen? Das Land Niedersachsen fördert inklusive Prozesse, das könnten alle Bundesländer machen. Der Bund selbst könnte den Anspruch erheben, sich inklusiv zu entwickeln. Es wäre mehr Schwung drin, wenn Bund und Länder auf allen Ebenen sagen: Wir machen uns auf den Weg zu einem inklusiven Land.

Was haben Sie gelernt? Die Wertschätzung gegenüber jedem Menschen und die Akzeptanz der Unterschiedlichkeit. Was auch bedeutet, dass man nicht allen Menschen gerecht werden kann – und trotzdem ist durch diese Haltung das Gemeinsame möglich.

Welche Bedeutung hat Inklusion heute für Sie? Es gibt eine schöne Aussage von Prof. Dahrendorf, sinngemäß: Der Wohlstand einer Region ist nicht abhängig von den natürlichen Ressourcen, sondern von der Fähigkeit zur Zusammenarbeit. Diese Fähigkeit zur Zusammenarbeit in einer Stadt wird durch Inklusion deutlich gefördert. Das Nutzen aller Talente, auch das Achten auf Warnsignale – dadurch ist eine Stadt deutlich zukunftssicherer, egal, was passiert. Es ist die wichtigste Investition der Zukunft zur Standortförderung und Entwicklung. Inklusion investiert in die Köpfe und in die Herzen.

Was ist Ihr Fazit und Ihre Botschaft? Ich möchte meinen Kollegen Bürgermeisterinnen und Bürgermeistern sagen: Es ist leichter, als sie glauben, sie sollen einfach anfangen! (Das Interview führte Jan Voß.)

Der *Index für Inklusion*

Der *Index für Inklusion* ist eines der wichtigsten Hilfsmittel für alle inklusiven Prozesse. Es ist ein Buch mit wertvollen Hinweisen zur Gestaltung von Veränderungsprozessen und mit seinem Herzstück, dem Fragenkatalog: Mit diesen Fragen können unterschiedliche Themen rund um das Thema Inklusion bearbeitet werden. Die Fragen helfen dabei, über konkrete Aspekte von Inklusion nachzudenken.

Viele Menschen, die mit den Indexfragen gearbeitet haben, sagen: Man lernt, andere Sichtweisen besser zu verstehen, über sich selbst und andere nachzudenken – und man versteht besser, was Inklusion konkret bedeutet. Fragen sind eine Einladung zum Dialog. Dabei geht es um den beidseitigen (oder vielseitigen) Austausch – und nicht darum, die richtigen Antworten zu geben.

Das Interesse und die Bereitschaft, sich einzubringen, stieg in dem Maße, in dem das Thema Inklusion auf einer praktischen Ebene mit konkreten Fragen diskutiert werden konnte – weg von der „grauen Theorie". Dann ist Inklusion einfach fassbarer für die Menschen. (Helmut Pöppelmann)

Das Schöne und Nutzbringende an der Arbeit mit den Fragen des Index ist immer die Diskussion – sie führt zu Erkenntnis und über Änderungsbedarfe zu Änderungsnotwendigkeiten und damit zu neuen Entwicklungen und Dynamiken. (Joachim Barloschky)

Die Idee und der Titel „Index für Inklusion" stammen von den britischen Pädagogen Mel Ainscow und Tony Booth, die im Jahr 2000 den ersten *Index for Inclusion* für Schulen herausgegeben haben. Für den kommunalen Bereich gibt es seit 2011 den *Kommunalen Index für Inklusion: Inklusion vor Ort.* Mit diesem Buch haben fast alle Kommunen gearbeitet, die ihre Erfahrungen hier beigetragen haben. Wir stellen die wichtigsten Ausgaben des *Index für Inklusion* im Folgenden kurz vor und geben Ideen weiter, wie mit den Fragen in der Praxis gearbeitet wird.

Verschiedene Ausgaben

Seit dem Erscheinen des ersten schulischen *Index for Inclusion* hat sich viel getan: Es gibt zahlreiche Übersetzungen sowie Adaptionen für andere Anwendungsbereiche. Dabei ist der Gedanke, für jeden Einsatzbereich einen eigenen *Index* zu entwickeln, eher „uninklusiv". Inklusion bedeutet auch, zusammenzuarbeiten und Anwendungsbereiche gezielt eher zu verbinden als zu trennen. Eine Jugendeinrichtung muss sich nicht andere Fragen stellen als ein Sportverein. Die Fragen sind keine fixe Checkliste, sondern ein Angebot an Denkanstößen. Sie können dazu führen, sich selbst Fragen zu stellen – und die Anstöße aus dem *Index für*

Inklusion weiterzudenken. Im Folgenden eine kleine Auswahl von Ausgaben, die für Kommunen interessant sein können:

Inklusion vor Ort. Der Kommunale Index für Inklusion – ein Praxishandbuch: Das Standardwerk für Kommunen. Die Fragen sind speziell auf kommunale Themen ausgerichtet. Dazu gibt es eine ausführliche und gut verständliche Einführung zum Thema Inklusion in Kommunen sowie zahlreiche praktische Hinweise zur Anwendung der Fragen und der Arbeit in Gruppen.

Index für Inklusion. Ein Leitfaden für Schulentwicklung: Die aktuelle Ausgabe des englischen Originals und ersten *Index für Inklusion* von Mel Ainscow und Tony Booth in einer für deutschsprachige Bildungssysteme adaptierten, komplett neu bearbeiteten Ausgabe. Ein Lese- und Inspirationsbuch für alle, die sich für Inklusion interessieren – nicht nur im schulischen Bereich.

Da kann ja jede(r) kommen – Inklusion und kirchliche Praxis: Herausgegeben von der Abteilung Bildung im Landeskirchenamt und dem Pädagogisch-Theologischen Institut der Evangelischen Kirche im Rheinland als Orientierungshilfe, das Thema Inklusion auf die Kirche zu beziehen.

Index für Inklusion in Kindertageseinrichtungen. Gemeinsam leben, spielen und lernen: Der neu überarbeitete Index für den Elementarbereich, herausgegeben von der Gewerkschaft Erziehung und Wissenschaft, wurde um Erfahrungen in Deutschland mit Veränderungsprozessen in Kindertageseinrichtungen und theoretische sowie praktische Hinweise ergänzt.

Frisch machen. Inklusion in Jugendwerkstätten – Inspiration für die Arbeit gegen Ausgrenzung: Indexfragen wurden von einer Arbeitsgruppe im Rahmen des Inklusionsprojektes der Jugendhilfe Köln ausgewählt, angepasst und in drei Jugendwerkstätten der Jugendhilfe Köln e.V. erprobt. Herausgeber: LAG Jugendsozialarbeit NRW.

Unter Dach und Fach – Index für Inklusion zum Wohnen in der Gemeinde: Herausgegeben von der Bundesvereinigung Lebenshilfe e.V. Set mit Anwenderhandbuch, Handbuch in Leichter Sprache, 127 Karteikarten mit Fragen und Erläuterungen, vier Postern, CD-ROM mit Kopiervorlagen und einem Film auf DVD.

Mit dem *Index für Inklusion* arbeiten

Die Arbeit mit dem *Index für Inklusion* ist flexibel: Jede/r kann die Art der Anwendung selbst anpassen – so, wie es für den eigenen Bereich, eine konkrete Situation oder eine bestimmte Gruppe am besten passt. Hier sind einige Beispiele.

Fragen für alle: Inklusion auf Bierdeckeln

Der Kreis Soest hat Fragen aus *Inklusion vor Ort* genutzt, um das Thema in den Alltag der Menschen zu bringen und zum Nachdenken und Diskutieren anzuregen. Dazu wurden 20 Fragen ausgewählt und auf Bierdeckel gedruckt. Über eine Internetseite konnten sich alle Interessierten über die Aktion informieren und die Bierdeckel bestellen.

> *Wir waren begeistert von dem aussagekräftigen Fragenkatalog. Es waren Fragen, die wir am liebsten jedem stellen würden und die aus unserer Sicht wunderbar zum Diskutieren über das Thema Inklusion geeignet sind. Die Fragen sind so einfach und alltäglich, dass wirklich jede/r mitreden kann.* (Wilhelm Günther und Daniela Heimann)

Die Politik hat die Aktion unterstützt und der Kreis Soest die dafür erforderlichen finanziellen Mittel zur Verfügung gestellt. Über eine weitere Verbreitung wird nachgedacht: zum Beispiel, um anderen Kommunen oder auch Vereinen anzubieten, die Bierdeckel mit ihrem eigenen Logo, eigenem QR-Code und einem Hinweis auf die eigene Webseite drucken zu lassen.

Beispiele für Fragen:

1. Begegnen sich alle Menschen mit Respekt und Wertschätzung?
2. Was ist eigentlich für Sie „Inklusion"?
3. Wird jeder so akzeptiert, wie er ist?
4. Bin ich nur schön, wenn mein Körper gesund ist?
5. Sind wichtige Informationen für alle zugänglich und barrierefrei?
6. Können alle Menschen Geschäfte des täglichen Bedarfs erreichen?

Auch in Bonn gab es eine Getränkedeckelaktion: Im Rahmen des Protesttags für die Gleichstellung der Menschen mit Behinderung findet jährlich eine große Veranstaltung auf dem Münsterplatz statt. Organisatorin ist die Behinderten-Gemeinschaft Bonn e.V. als Behindertenbeauftragte der Bundesstadt Bonn. Die Beratungsstellen der Bundesstadt Bonn, die an der Veranstaltung teilnehmen, haben die Aktion aus Soest übernommen und adaptiert.

Die Deckel wurden auf einer bekleideten Schaufensterpuppe befestigt – jeweils mit unterschiedlichen, teilweise auch Bonnspezifischen Indexfragen. Daneben stand eine Schaufensterpuppe mit Blanko-Getränkedeckeln, die von interessierten Menschen selber beschriftet werden konnten. Das erregte Aufmerksamkeit – die Getränkedeckel waren gut gefüllt mit Gedanken, Fragen, Wünschen, Forderungen. Beide Puppen werden den „Marsch durch die Institutionen" antreten, zunächst in die Stadtbibliothek und dann ins nächste städtische Gebäude. Die Restbestände der Untersetzer werden in den Rats- und Ausschussgremien benutzt – und gelesen! (Ute Silkens)

Fragen in Einfacher deutscher Sprache

In Oldenburg entstand die Initiative, Indexfragen gezielt in Einfache deutsche bzw. Leichte Sprache umzuformulieren. Das Büro für Leichte Sprache Oldenburg wurde damit beauftragt, für die regelmäßigen Netzwerktreffen jeweils die gewählte Frage zu übersetzen.

Frage aus dem *Index für Inklusion*:
Gibt es Hilfsangebote für Menschen, die die Geschäfte des täglichen Bedarfs und zentrale Einrichtungen nicht eigenständig erreichen und nutzen können?

Frage in Einfacher deutscher Sprache:
Manche Menschen können nur mit Hilfe einkaufen gehen.
- Oder zur Behörde
- oder ins Museum
- oder andere Angebote nutzen.
- Gibt es Hilfs-Angebote für diese Menschen?

▶ **Sprachliche Barrieren überwinden, Seite 197**

Die Übersetzung der Indexfrage bietet Chancen und Risiken. Menschen, die Fremdworte, Fachbegriffe oder schwierige Satzkonstruktionen nicht verstehen, bekommen so eine Idee, um was es geht. Sie werden eingeladen, sich zu beteiligen und ihre Haltungen und Erfahrungen mitzuteilen. Ein Risiko besteht darin, dass offene Assoziationen eingeschränkt werden. Unter Umständen werden die Gedanken der Gesprächsteilnehmenden durch klare Aussagen und konkrete Beispiele gelenkt. Gespräche kreisen dann eher um diese konkreten Inhalte, als dass sie eine freie Reflexion auslösen. Bei der Übersetzung von Indexfragen gilt es, eine Balance herzustellen zwischen der Offenheit von Fragen auf der einen Seite und der gleichberechtigten Teilnahme am Dialog aller Beteiligten auf der anderen Seite. (Heike Lübben und Marion Lundborg)

Fragen für die Arbeit im Team

Das tjg. theater junge generation in Dresden hat den *Index für Inklusion* genutzt, um die eigene Teamentwicklung zu unterstützen. Auf einer zweitägigen Teamtagung wurden dazu sowohl Fragen aus *Inklusion vor Ort* als auch eigene Fragen eingesetzt. Bei einem gemeinsamen Spaziergang haben die acht Teilnehmenden sich zu zweit jeweils zu drei zufällig ausgewählten Fragen ausgetauscht. Die selbst erstellten Fragen waren dabei gezielt zugeschnitten auf das eigene Arbeitsumfeld (Auswahl):

Themenbereich 1: Arbeitsbedingungen

- Werden Entscheidungen gemeinsam vorbereitet, abgestimmt und dokumentiert?
- Werden Krisen und Misserfolge gemeinsam und konstruktiv ausgewertet und Schlussfolgerungen daraus gezogen?
- Werden Weiterbildungsbedürfnisse der Mitarbeiter/innen aller Ebenen wahrgenommen, ausgewertet und berücksichtigt?
- Wird der Austausch von Informationen innerhalb von Teams und Abteilungen und über Teams und Abteilungen hinaus gefördert?
- Werden im Dialog unterschiedliche Perspektiven und Sichtweisen aktiv einbezogen und wertgeschätzt?

Themenbereich 2: Selbstverständnis

- Was war das letzte Buch (oder: Begegnung mit der Bildenden Kunst, Theatererlebnis), das dich besonders begeistert, berührt oder inspiriert hat?
- Welchen Teil deiner Arbeit magst du am liebsten?
- Welches tjg.-Projekt hat dich zuletzt begeistert? Was war daran so gelungen?
- Was vermisst du an deiner Arbeit?

Themenbereich 3: Utopien

- In welcher anderen Theaterabteilung würdest du gerne mal arbeiten?
- Wenn du drei Monate vom Tagesgeschäft befreit wärst, woran würdest du arbeiten?
- Stell dir vor, du würdest dein eigenes Theater gründen und könntest dem tjg. fünf Inszenierungen klauen. Welche würdest du mitnehmen?
- Stell dir vor, du sollst eine Theaterausstellung konzipieren. Was würdest du ausstellen? Wo läge der thematische Fokus der Ausstellung?

Als Kommunikationsanlass hat das sehr gut funktioniert. Vor allem bei den Inklusionsfragen kam auch der Frust über Strukturen im Arbeitsalltag hervor. Generell war die Mischung aus den allgemeineren Inklusions- und den spezielleren Utopie- bzw. Selbst-

verständnisfragen ganz brauchbar. Irgendwann haben sich die Paare aufgelöst und wir haben in größeren Grüppchen geredet. Danach gab es eine Auswertungsrunde. Der Fragenkatalog ist ein super Tool, vor allem, wenn man noch nicht so viel Erfahrung mit der Organisation von Reflexionsprozessen hat. (Kathi Loch)

Fragen im interkulturellen Kontext

Miriam Remy nutzt den *Index für Inklusion* für Schulungen im interkulturellen Kontext. Die Arbeit mit den Fragen basiert dabei auf einem Programm aus interaktiven, ganzheitlichen Übungen, die bei den Teilnehmenden vor allem auch ein Bewusstsein schaffen für ein sehr komplexes Thema – und ihre eigenen Sichtweisen, Erwartungen und Perspektiven.

→ **Weiterbildung im interkulturellen Kontext, Seite 128**

Das Programm beschreibt Miriam Remy ausführlicher im Kapitel „Menschen und Ressourcen". Dort finden sich auch weitere Anregungen zur Methodik und zur allgemeinen Funktion von Fragen im Rahmen solcher Weiterbildungsveranstaltungen. Hier stellen wir eine Auswahl von Fragen vor, mit denen Miriam Remy arbeitet – dabei wandelt auch sie die Fragen je nach Kontext ab, setzt besondere Schwerpunkte, formuliert Fragen um und neu. Im Folgenden sind auch Fragen aus dem schulischen *Index* von 2017 ergänzt. Alle Fragen lassen sich wunderbar auch auf kommunale Kontexte übertragen.

Beispiele:

- Wird anerkannt, dass jede Person – nicht nur Mitglieder „ethnischer Minderheiten" – eine oder mehrere Kulturen hat?
- Wird den Kindern und Jugendlichen vermittelt, was Rassismus bedeutet und wie sie die Beziehungen zwischen verschiedenen Menschen und Ländern beeinflussen?
- Gibt es ein Bewusstsein dafür, dass innerhalb jeder Religion verschiedene Sichtweisen existieren und Vorschriften unterschiedlich streng eingehalten werden?
- Haben die Erwachsenen, Kinder und Jugendlichen ein Bewusstsein dafür, dass sich Menschen sehr unwohl fühlen, wenn ihre Kultur, Religion oder Identität nicht respektiert wird?

- Spiegelt die Zusammensetzung des Kollegiums die sprachliche, soziale und kulturelle Vielfalt in den Einzugsbereichen der Schule wider?

Tipps für Sprache und Verständlichkeit:
- Zu Beginn jeder Veranstaltung wird darauf hingewiesen, dass jede Person jederzeit ein bestimmtes Signal geben kann, um anzuzeigen, dass sie etwas nicht verstanden hat, etwas zu schnell ging oder etwas wiederholt werden soll.
- Indexfragen einfach und gut verständlich umformulieren, zum Beispiel, wenn die Teilnehmenden bei einer Übung die Frage nicht lesen können, sondern sie nur hören.
- Fragen auf ein Flipchart oder farbige Karten schreiben, um die Verständlichkeit zu erhöhen.

> *Durch die Fragen gibt es einen ernsthaften Austausch über unterschiedliche Erfahrungen und Wahrnehmungen innerhalb der Gruppe. Dabei werden von den Teilnehmenden Gemeinsamkeiten und gemeinsame Anliegen jenseits von bestimmten gesellschaftlich und medial aufgeladenen Kategorien wie „Religion", „Hautfarbe", „Herkunftsland der Eltern", „Nationalität" etc. entdeckt.* (Miriam Remy)

Veränderung mit dem *Index für Inklusion*
Die Schottener Soziale Dienste gGmbH bildet alle 70 Leitungskräfte im Umgang mit dem *Index für Inklusion* fort. Sie können dann den *Index* in der sozialraumorientierten Entwicklung ihrer Angebote für Veränderungsprozesse einsetzen.

Fragen an der Wand
In der Inklusiven Nähstube in Wiener Neudorf hängen stets einige Indexfragen an der Wand. Die Besucher/innen lassen sich inspirieren und die Fragen und Gedanken dazu in ihren allgemeinen Alltagsaustausch einfließen. Auch in der Musikschule in Wiener Neudorf hängt immer eine „Frage der Woche" im Eingangsfoyer. Der erste Schritt ist oft genau das: anfangen, nachzudenken.

Allgemeine Tipps zum Umgang mit den Indexfragen

- Gerade zu Beginn ist eine einfühlsame Einführung in die Welt des Fragens von Bedeutung. Häufig erleben sich Menschen zum ersten Mal in der Rolle der „Sprechenden", erleben, dass ihnen zugehört wird, dass ihre Meinung wichtig und interessant ist.
- Indexfragen haben nur dann eine inklusive Wirkung, wenn sie in entsprechender Atmosphäre bearbeitet werden.
- Die Teammitglieder oder Moderator/innen, die die Fragen vorbereiten, wirken durch die Art und Weise ihres Auftretens.
- Die unterschiedlichen Interpretationen der Begriffe, die in der Indexfrage auftauchen, sind absolut zulässig – ein „Das ist so aber nicht gemeint!" hat hier keinen Platz.
- Ziel ist, dass die Teilnehmenden möglichst bei sich bleiben, von ihrer Sichtweise, ihren Erfahrungen, ihren Meinungen sprechen (sogenannte Ich-Botschaften) und nicht verallgemeinern: „So ist es" oder „Das macht man so ...".
- Wenn inklusionsbegeisterte Akteur/innen missionarisch auftreten und in dem Kontext Indexfragen anregen, können sie moralisierend wirken, „erzieherisch" oder „pädagogisch" – darum geht es gerade nicht!
- Wenn Fragen nur als Kontrolle benutzt werden, werden Antworten erwartet – so kommt kein Dialog zustande.
- Die gewählten Indexfragen sollten Anknüpfungspunkte bieten zu aktuell relevanten Themen der Teilnehmenden.

→ Weitere Anregungen und Methoden vgl. *Inklusion vor Ort*, Seite 32 ff. und Seite 153 ff.

Indexfragen dürfen gerne weiterentwickelt, umgeändert, differenziert werden. Wenn aus der Diskussion Ideen zur Veränderung entstehen, werden diese auch ernst genommen und verlaufen nicht im Sande. (Barbara Brokamp)

Wie anfangen?

73

Entwicklung und Ver- änderung

Veränderungsprozesse beginnen damit, dass Menschen etwas anders – das heißt besser – machen wollen, als es ist. Manche dieser Prozesse entstehen „an der Basis" vor Ort und werden zu einer starken Bewegung, andere münden in Beschlüsse durch politische Gremien, die dann wiederum eine eigene Kraft entwickeln können. Aus welcher Richtung eine Initiative auch kommt: Wirkliche Veränderung kann es nur geben, wenn langfristig möglichst viele Menschen aus unterschiedlichen Bereichen diesen Weg mitgehen.

Der Index für Inklusion *unterscheidet zwischen Kulturen, Strategien/Strukturen und Praktiken. Um wirksam und nachhaltig etwas zu verändern, müssen wir an allen drei Stellen ansetzen.* (Barbara Brokamp)

Veränderung passiert überall, auch wenn man sie nicht plant. Sie zu planen hilft aber, Kulturen, Strategien/Strukturen und Praktiken gezielt anzupassen. (Wiebke Lawrenz)

Inklusion als Prozess

Inklusion ist kein Weg, der von A nach B führt und dann beendet ist. Es ist ein Weg, der unterwegs immer wieder neue Ziele erschließt und der so immer weitergeht. Jeder Schritt umfasst dabei bestimmte Planungsphasen, die am Ende in die Folgeschritte überleiten. „Inklusion" ist dabei weniger das Ziel, sondern das Koordinatensystem, an dem sich der Weg immer wieder neu ausrichten und orientieren kann.

So ist Inklusionsplanung ein vieljähriger Arbeitsprozess, dessen Schritte allgemein in fünf Etappen ablaufen:
1. Vorbereitung ⟶ 2. Entwicklung ⟶ 3. Umsetzung ⟶ 4. Monitoring ⟶ 5. Evaluierung und Fortentwicklung

Haltung kann man nicht erzwingen, sie muss sich entwickeln. Die Menschen müssen sie für sich selbst entwickeln. Man kann diese Entwicklung begleiten, aber nicht verordnen – es ist ein ständiger Prozess. (Christiane Morré)

Das Alte und das Neue

Veränderung ist kein Wert an sich. Eine Veränderung anstoßen heißt nicht, dass das Neue automatisch besser ist als das, was vorher war – oder dass das Bestehende schlecht ist. Entwicklung und Veränderung sind in allen Lebens- und Arbeitsbereichen ganz normal. Deshalb gehört es auch auf dem Weg zur Inklusion dazu, das Bestehende immer wieder neu zu prüfen und gemeinsam weiterzuentwickeln.

Veränderung bewusst und gezielt zu gestalten, ist in Organisationen und Unternehmen ein fester Bestandteil von strategischer Entwicklung. „Change Management" bedeutet dort, Potenziale und Notwendigkeiten für Veränderung zu erkennen, zu planen und mit allen Beteiligten bestmöglich umzusetzen.

Auch bei Inklusion spielt es eine wichtige Rolle, Veränderung gemeinsam mit möglichst vielen anzugehen – von der Bestandsaufnahme und Ideenfindung bis zur Umsetzung und Kommunikation. Dabei ist es wichtig, sich auf das Bewährte und weiterhin Wertvolle zu beziehen, es bleibt die Grundlage für weitere Entwicklungen. Hier erklären sich auch viele Ängste vor Neuerungen: die Angst, Bewährtes einfach über Bord zu werfen. Bewährtes kann auch in einem Prozess der Erneuerung etwas Positives sein, kann gewürdigt und bewahrt werden. Umgekehrt muss es für Neuerungen auch eine Zeit der Konsolidierung geben.

Das Gleichnis von den Zwergen auf den Schultern von Riesen beschreibt das Verhältnis der jeweils aktuellen Wissenschaft und Kultur zur Tradition und zu den Leistungen früherer Generationen.[10] Dort erscheinen für die Jüngeren die Werke der Alten als Riesen und sie selbst als Zwerge. Die Zwerge profitieren von den Leistungen, dem Wissen und den Erfahrungen der Vergangenheit: Indem sie dem vorgefundenen Werk ihren eigenen Beitrag hinzufügen, entsteht wiederum Fortschritt. Auf diese Art sitzen die Zwerge auf den Schultern der Riesen und können mehr und weiter sehen – weil sie von den Riesen emporgehoben werden.

[10] Vgl. Schmidt, *Liebesaffären zwischen Problem und Lösung*, Seite 419

„Wenn der Wind der Veränderung weht, bauen die einen Mauern und die anderen Windmühlen." *(Chinesisches Sprichwort)*

„Ich glaube an das Pferd. Das Automobil ist nur eine vorüberge-hende Erscheinung." *(Kaiser Wilhelm II., letzter Deutscher Kaiser)*

Typen von Veränderung

Aufschichtung: Neue Institutionen und Programme werden ge-schaffen, ohne bestehende Strukturen infrage zu stellen.

Verdrängung: Der Aufbau neuer Strukturen wird mit dem Rück-bau bisheriger kombiniert. Alles, was mit dem Bisherigen zu tun hatte, wird zugunsten des Neuen abgeschafft.

Umwandlung: Bei der Umwandlung findet eine Transformation in bestehenden Strukturen statt. Das Muster wird in seiner Wei-terführung verändert.

Flickenteppich: Auf Dauer hat ein Flickenteppich (viele kleine Aktionen) keinen Bestand, wenn er nicht gut zusammengehalten wird durch eine Gesamtidee, eine Rahmung. Aber jeder einzelne Flicken kann inspirieren, mit jedem Flicken kann begonnen wer-den, und manchmal kann ein einzelner Flicken den Gesamtein-druck des Teppichs verändern.

Sozialer Fortschritt

„Fortschritt" wird in der Regel technologisch verstanden: Neue Erfindungen verändern unser Leben und unsere Gesellschaft. Die Herausforderungen unseres Zusammenlebens sind dadurch jedoch nicht zu lösen. Der Wirtschaftswissenschaftler Uwe

Schneidewind ist der Ansicht: 98 Prozent der technischen Inno-
vationen, die wir brauchen, um die sozialen, ökologischen und
ökonomischen Herausforderungen des 21. Jahrhunderts zu be-
wältigen, haben wir schon erfunden. Ein großer Teil der For-
schungsgelder, die weltweit allein in technische Innovationen
gesteckt werden, tragen nicht dazu bei, unsere Zukunft zu verbes-
sern. Was wir brauchen, ist ein Wandel in unseren Institutionen
und in unserem Denken, um mit den Folgen unseres Fortschritts,
die wir selbst organisiert haben, zurechtzukommen. Deshalb
muss Innovation heute zunehmend auch bedeuten, soziale He-
rausforderungen zu lösen. Inklusion ist eine solche Innovation.
Wege und Möglichkeiten einer inklusiven Veränderung global wei-
ter voranzutreiben, ist daher zu Recht ein anerkanntes Ziel der
internationalen Staatengemeinschaft. (Karl-Heinz Imhäuser)

Grenzen und Stolpersteine

Veränderungsprozesse bedeuten immer auch: an Grenzen sto-
ßen, Umwege gehen, Rückschritte erleben, kleinen und großen
Stolpersteinen auf dem Weg begegnen. Das als normal anzusehen, ist nicht immer einfach, aber es hilft! Jeder Mensch, der
an Veränderung mitarbeitet, kennt das. Ein wichtiger Teil dieser
Arbeit ist es, gemeinsam Lösungen für alle bekannten und unbe-
kannten Herausforderungen zu finden.

Vielfalt heißt auch Fehlerfreundlichkeit. Es ist in Ordnung, Fehler
zu machen. Fehlerfreundlichkeit ist ein ganz wichtiges Element
von Inklusion. Es wird niemand bestraft oder schief angeschaut,
wenn Dinge nicht klappen, sondern im Gegenteil – wir lernen
aus den Fehlern und werden den Weg weitergehen. Es gibt die-
sen Spruch: „Auch wer stolpert, ist einen Schritt weitergekommen."
Das ist ein gutes Motto. Immer auf dem Weg zu sein und auch im
Stolpern das Gute zu sehen, weiterzumachen und sich nicht ent-
mutigen zu lassen! (Christiane Morré)

[11] Knapp,
*Der unendliche
Augenblick,*
Seite 24

„Veränderung bringt nicht nur Ungewissheit, sondern setzt Kräfte und Ideen frei. [...] In Übergangszeiten wächst der Boden, auf den wir unsere Füße setzen können, mit jedem behutsamen Schritt, den wir gehen. Die Zukunft, die uns erwartet, steht noch nicht fest, aber jede Erfahrung, die wir jetzt machen, gibt uns eine neue Grundlage." [11]

Typische Stolpersteine in Veränderungsprozessen
- fehlende Ressourcen (Zeit, Personal, Geld),
- Bürokratie (Anträge, Fördermittel, Papierkram),
- langsame Prozesse – viel Arbeit, Fortschritte dauern,
- betriebswirtschaftliches Denken vs. „ideelle" Ziele,
- Personalpolitik (wenig Flexibilität bei Einstellungen),
- fehlende oder qualitativ schwankende Angebote für Training und Weiterbildung,
- Widerstände vs. Motivation,
- Kommunikationsschwierigkeiten,
- Interessenkonflikte verschiedener, bisher separat arbeitender Initiativen,
- parallele Prozesse, die sich gegenseitig „in die Quere kommen" (zum Beispiel schulische Inklusion vs. kommunale Inklusion).

Erfahrungen in Prozessen ...

... mit Konflikten: Für die Konfliktlösung war es wichtig, die gesamten Dorfstrukturen mitzunehmen. Sich die Zeit zu nehmen, um den Konflikt zu klären, auf die einzelnen Positionen einzugehen. Das Miteinandersprechen hat sich bewährt: Sonst holt der Konflikt einen früher oder später wieder ein. (Kerstin Collavo-Kasprik)

... mit zähen Prozessen: Gerade am Anfang eines Prozesses können die Aufgaben groß und die direkt erreichbaren Ergebnisse klein wirken. Die Motivation ist da, man will etwas bewirken – aber die Fortschritte werden nur langsam sichtbar. Dann ist es wichtig, sich nicht entmutigen zu lassen. Solche Phasen sind nichts Ungewöhnliches – und man erlebt sie nicht nur im Zusammenhang mit Inklusion. Nachhaltige Veränderung braucht immer wieder auch Zeit und Geduld, ein Reflektieren von möglichen Hindernissen im Prozess und die Fähigkeit, scheinbar kleine Schritte als kleine Gewinne zu sehen. (Angela Gredler)

... mit mangelnden personellen Ressourcen: Der menschliche Faktor kann Entwicklungen vorantreiben, aber auch hemmen. Es gibt Phasen, in denen es besonders wichtig ist, als Team vollständig und motiviert zu sein. Auch in den Einrichtungen, mit denen wir zusammenarbeiten, müsste die Personaldecke so sein, dass der Kopf frei ist und eine strukturierte Weiterarbeit an dem Thema möglich ist, dass trotz der Alltagsbewältigung auch Fortbildungen und Netzwerktreffen möglich sind. (Christiane Morré)

... mit fehlender Orientierung: Es ist nie zu spät für einen neuen Weg, man kann ihn ja noch verändern. Aus Fehlern kann man lernen. Deshalb finde ich Qualitätsmanagement als Instrument wichtig. Eine regelmäßige Überprüfung ist notwendig, sonst schlafen Dinge ein oder gehen in andere Richtungen. (Franz Holsten)

... mit zu wenig Beteiligung: Es ist ein Fehler, wenn man nicht die richtigen Leute mitnimmt bei einem Prozess. Wenn wir über Inklusion für eine Stadt sprechen, betrifft das nicht nur die Stadtverwaltung, sondern die ganze Stadt. Dann brauche ich eben auch viele Akteur/innen. (Joachim Guttek)

Wird Inklusion von allen als kontinuierlicher Prozess verstanden?

[12] Stadt Gütersloh, *Handlungsempfehlungen*, Seite 2 f.

Tipps [12]

Haben Sie Mut, Inklusion anzugehen!

Die praktischen Erfahrungen haben gezeigt, dass viele Befürchtungen und Sorgen in der konkreten Arbeit gar nicht eintreten und andere sich situativ sehr schnell lösen lassen. Haben Sie Zutrauen in Ihre Erfahrungen. Ihre Arbeit bleibt grundsätzlich die gleiche und Sie werden Ihre Erfahrungen genauso einsetzen und nutzen können wie bisher. Nehmen Sie neue Herausforderungen dabei positiv an.

Haben Sie Geduld, bleiben Sie gelassen und akzeptieren Sie Rückschläge!

Ihnen werden schnell zahlreiche Fragen begegnen, auf die Sie nicht immer sofort eine Antwort haben. Das hat damit zu tun, dass Sie sich in ein relativ neues Feld begeben. Sie werden also kaum „fertige" Lösungen finden, sondern müssen diese für Ihre Zwecke individuell entwickeln oder übertragen. Das braucht Zeit, braucht manchmal Mut und birgt Risiken. Kalkulieren Sie das von vornherein ein und betrachten Sie Korrekturen nicht als Scheitern, sondern als Lernerfolg.

Leben Sie mit Widersprüchen!

Sie werden nicht alle Fragen und Unklarheiten auflösen und beseitigen können. Manches wird Ihnen widersprüchlich vorkommen, vielleicht sogar in Ihrem eigenen Tun. Seien Sie nicht zu streng mit sich, Sie werden mit diesen Widersprüchen umgehen können.

Jede Verbesserung von Teilhabe ist gut!

Inklusion muss als ständiger Prozess verstanden werden. Die Frage, inwieweit Inklusion bzw. Teilhabe (hinsichtlich bestimmter Bereiche oder Aspekte) erreicht ist, kann nie abschließend mit „ja", sondern immer nur mit „mehr" oder „weniger" beantwortet werden. Daraus folgt, dass Sie sich Ihre Messlatte nicht auf irgendeine Zielmarke legen sollten, sondern für sich jeweils bewerten, ob Sie eine Verbesserung der Teilhabe im Vergleich zu einem früheren Zeitpunkt erreicht haben.

Inklusion planen und gestalten

Veränderungsprozesse sind komplex – viele Faktoren beeinflussen sie. So unvorhersehbar sie auch sind, sie müssen geplant und gestaltet werden. Wie das geschieht, hängt stark von der Größe und der Art des Vorhabens, den vorhandenen Strukturen und den beteiligten Menschen ab.

Stationen auf dem Weg

Jede geplante Veränderung verläuft in bestimmten Schritten, die so oder ähnlich überall stattfinden, die aber nie „gleich" ablaufen. Es hängt immer von der konkreten Situation vor Ort ab – und dem Verlauf des Prozesses.

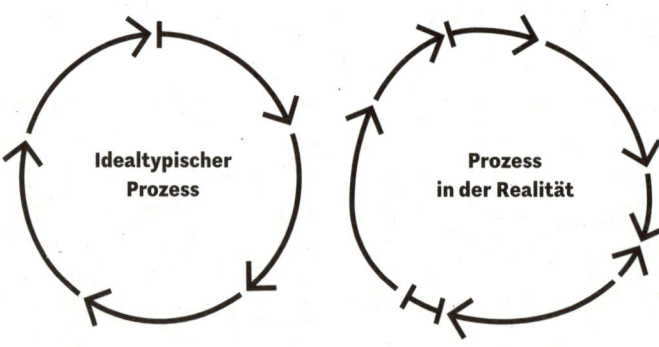

Idealtypischer Prozess

Prozess in der Realität

[13] *Inklusion auf dem Weg*, Seite 232 f.

Typischerweise umfasst ein Veränderungsprozess fünf Schritte: „1. Die Situation beleuchten, 2. Ziele definieren und Vorhaben priorisieren, 3. Handlungsschritte planen, 4. Umsetzung durchführen und begleiten, 5. den Prozess und die Ergebnisse auswerten." [13] Da jeder Prozess von anderen Rahmenbedingungen geprägt wird, ist die Abfolge dieser Schritte individuell. Situationen und Menschen im Prozess verändern sich und erfordern ein ständiges Überdenken und Anpassen der Schritte und Maßnahmen. Phasen können wiederholt werden, mal länger, mal kürzer sein, parallel verlaufen oder übersprungen werden. Manchmal werden Prozesse auch abgebrochen und neu begonnen. Wichtig ist, das Unvorhersehbare als natürlichen Teil eines geplanten Prozesses anzusehen.

12 Schritte [14]

[14] *Inklusion vor Ort*, Seite 130

Inklusion vor Ort beschreibt zwölf Schritte, die helfen, einen Veränderungsprozess zu organisieren. Dabei gilt: Jeder Veränderungsprozess ist variabel – die Punkte müssen nicht nacheinander „abgearbeitet" werden. Aber sie können helfen, nichts Wichtiges zu vergessen, Stolpersteine frühzeitig zu entdecken und gemeinsam inklusive Werte zum Leben zu erwecken.

1. Orientieren: Was ist unsere inklusive Leitidee?
2. Kommunizieren: Wie finden wir eine gemeinsame Sprache?
3. Sich einlassen: Was wollen wir überhaupt?
4. Organisieren: Wie werden wir handlungsfähig?
5. Bestand aufnehmen: Wie sieht es zurzeit bei uns aus?
6. Ziele beschreiben: Was wollen wir erreichen?
7. Zwischenbilanz ziehen: Sind wir auf Kurs?
8. Ideen finden: Wie können Lösungen aussehen?
9. Pläne schmieden: Wie gehen wir vor?
10. Umsetzen: Ärmel hochkrempeln ... und los!
11. Nachbereiten: Was haben wir geschafft?
12. In die Zukunft denken: Das Ende des Alten ... ist der Beginn des Neuen!

13 Qualitätskriterien kommunaler Inklusionsplanung [15]

[15] Patt, *Kommunale Strategien*, Seite 205 ff.

1. Inklusionsplanungen werden von Beginn an partizipativ, transparent und dialogisch entworfen.

2. Die kommunale Inklusionsplanung braucht die Ausrichtung und stete Rückbindung an inklusiven Werten, ein formuliertes inklusives Leitbild auf der Grundlage sprachlicher Verständigung und Definition.

3. Kommunale Inklusionsplanung braucht das (kommunal-)politische Bekenntnis des Souveräns sowie die Eindeutigkeit des Auftrags.

4. Die Planung wird inspiriert von Visionen als Entwurf des zukünftig Möglichen.

5. Der Inklusionsplan beschreibt anspruchsvolle, wirksame und realisierbare Zieletappen, beginnend in einem Bereich in kleinen Schritten.

6. Die Inklusionsplanung erfasst und betrachtet alle Dimensionen, Ebenen und Lebensbereiche des Gemeinwesens.

7. Der Maßnahmenplan ist in zeitlichen Etappen konkretisiert.

8. Die bestehenden Potenziale und guten Erfahrungen werden erfasst und alle Barrieren für Teilhabe werden identifiziert und analysiert.

9. Die verfügbaren und neu zu aktivierenden Ressourcen sind beschrieben.

10. Die Verantwortlichkeiten und die Beiträge der Beteiligten sind konkretisiert und verbindlich festgeschrieben.

11. Die Etappen und Formen der Evaluation und Fortschreibung sind vereinbart.

12. Die Projektstruktur, die Prozesssteuerung und das Monitoring sind installiert.

13. Das „Mehr-Ebenen-Konzept", das die Verbindung vertikaler (Gemeinde-Kreis-Land-Bund) sowie horizontaler Verantwortungs- und Planungsebenen aller kommunalen Gestaltungsbereiche herstellt.

Es ist gut, einen Plan zu machen. Aber im Moment des Einstiegs in den Plan beginnt bereits das Moment der Sensibilität für seine Anpassung, Optimierung, Verwerfung, Neufindung, Umschreibung, Abänderung ... (Karl-Heinz Imhäuser)

Leitbild, Strategie und Ziele entwickeln

Ein Leitbild beschreibt die Grundprinzipien und das Selbstverständnis für das Handeln in einer Organisation oder Verwaltung. Im Sinne einer „Corporate Identity" gibt es eine Orientierung in Bezug auf die gemeinsam zugrunde liegenden Werte. An einem Leitbild können sich alle Mitarbeiter/innen orientieren und ihr Handeln ausrichten. „Gute Leitbilder orientieren, motivieren, werben, indem sie Mission, Vision und Werte nachweislich überzeugend formulieren." [16]

[16] Online-Verwaltungs-lexikon

Prozessbei-spiel *Leitbild und Führungs-leitlinien, Oldenburg,* Seite 231

Die Entwicklung eines Leitbildes ist ein Prozess, dessen Wirksamkeit davon abhängt, wie partizipativ es entwickelt wurde. Leitbilder verlieren ihre Bedeutung und Funktion, oder sie haben sogar eine negative Wirkung, wenn sie von den Führungskräften zum Beispiel der Verwaltung nicht als wichtiger Bestandteil ihrer Arbeit wahrgenommen werden oder nur leere Worthülsen darstellen. Es ist sinnvoll, die Wirksamkeit eines Leitbildes regelmäßig zu reflektieren und zu überprüfen – und sich dafür auch feste Termine zu setzen. Ein Leitbild bleibt nicht für immer gültig.

Eine Strategie ist der Plan eines Vorgehens, um langfristige Ziele zu erreichen. Vorhandene Kräfte werden gut eingesetzt, auch um Hebelwirkungen zu erzielen. Die Strategie ist auch abhängig von den Leitideen. Die beschlossenen Ziele und die gewählten Maßnahmen zur Umsetzung entsprechen in inklusiven Kontexten den oben genannten Werten.

Ich würde jedem mit auf den Weg geben, sich vorher Gedanken zu machen: Was will ich in dieser Stadt, in meiner Kommune, meiner Einrichtung erreichen? Man muss sich über die Ziele im Klaren sein, sie gut ausarbeiten, formulieren und dann die notwendigen Akteur/innen dazu holen. Man muss sich Menschen holen, die an so einer Aufgabe Spaß haben und sie auch organisieren wollen. Wenn die Menschen erkennen, da ist Struktur im Prozess und es geht voran, ich weiß immer, wo ich stehe, ist das sehr hilfreich. Eine gute Struktur kann ich erst finden, wenn ich weiß, was ich will. (Joachim Guttek)

Veränderung nachhaltig gestalten

Dr. Stefan Doose leitet im Kreis Ostholstein die Koordinierungsstelle Aktionsplan Inklusion, „Ostholstein, erlebbar für alle". Er nennt die Punkte, die es aus seiner Sicht braucht, um eine Veränderung auf Kreisebene so zu gestalten, dass sie Hand und Fuß hat:

→ Prozessbeispiel *Aktionsplan, Kreis Ostholstein,* Seite 251

- eine verwaltungsinterne, bereichsübergreifende AG bilden;
- übergeordnete Steuerungsstrukturen entwickeln;
- den Landrat erreichen, damit er Schirmherr wird;
- die Kommunen ins Boot holen;
- Expert/innen für Barrierefreiheit identifizieren;
- Impulse bekommen: Wie haben andere das gemacht? Dann: Wie wollen wir das hier machen?;
- eine interne Person für die „Inklusionsfachstelle" identifizieren, die mit Leidenschaft dabei ist, sowie eine externe Prozessbegleitung;
- die Verwaltung mit Denkaufgaben versehen, viel in den direkten Kontakt gehen;
- Einzelgespräche mit Kreistagsabgeordneten führen;
- Bürger/innen sowie betroffene Personen einbinden, also ehrenamtlich sich Engagierende zu möglichen AGs einladen;
- Transparenz über die Vorgänge = strategische, professionelle Öffentlichkeitarbeit, Medienkontakte, Medieneinladungen, Aktionen mit Medienbeteiligung, Anlässe schaffen etc., auch für die Bewusstseinsbildung;
- Schüler/innen, Studierende einbinden;
- Aktionsplan für Kommunen, für den Kreis, für das Land – nur in überschaubaren Zeiträumen festlegen;
- wissen, dass Zufälle dazugehören.

Bausteine einer stadtteilbezogenen Strategie der Vielfalt

Aus einer Rede von Veronika Kabis, Leiterin Zuwanderungs- und Integrationsbüro der Landeshauptstadt Saarbrücken:

> *Aus meiner Sicht gehören zu einer Erfolg versprechenden, stadtteilbezogenen Strategie zum Beispiel folgende Bausteine:*
> *Erstens: Es gibt Orte, an denen es unerlässlich ist, den Umgang mit der Vielfalt konsequent einzuüben. Das sind vor allem*

die Orte, an denen Menschen – und vor allem Kinder und Jugendliche – im Stadtteil aufeinandertreffen, miteinander lernen oder ihre Freizeit gestalten: Schule, Kitas, Sportvereine, Jugendzentrum, Gemeinwesenarbeit. Überall dort, wo pädagogisch gehandelt wird, braucht es eine bewusste, auch professionelle Auseinandersetzung mit Konzepten, die auf Inklusion zielen. Das kann beispielsweise der Ansatz der vorurteilsbewussten Erziehung sein. Sie regt das kritische Denken von Kindern und Jugendlichen über Vorurteile, Einseitigkeiten und Diskriminierung an.

Zweitens: Gleichzeitig gilt es, den Blick auf Chancengleichheit zu richten. Wenn es etwa um Schule oder Kita geht, kann das heißen, die Mehrsprachigkeit der Kinder zu fördern oder Konzepte für die Elternarbeit mit eingewanderten Familien zu entwickeln. Generell heißt es, in der jeweiligen Einrichtung so etwas wie einen Selbst-Check zu machen und sich zu fragen: Sind wir ausreichend sensibel dafür, über die Unterschiede im Sinne der Gleichbehandlung hinwegzusehen – und sind wir gleichzeitig aufmerksam genug, den spezifischen Bedarf einzelner Kinder zu sehen? Und wenn wir einen solchen Bedarf erkennen: Welche Lösungen können wir anbieten? Erreichen wir z. B. eingewanderte Familien in ausreichendem Maße, oder müssen wir bessere Wege finden, um auf sie zuzugehen? Meist geht es in dieser Frage übrigens mehr um die richtige Haltung als um besonders ausgeklügelte Methoden.

Drittens: Die Vielfalt zu gestalten ist eine Daueraufgabe – der aktuelle Zuzug von Geflüchteten ist eine besondere Herausforderung innerhalb dieser Daueraufgabe. Hier heißt es: die Geflüchteten willkommen zu heißen, sie zu unterstützen bei der ersten Orientierung und beim Fußfassen. Ich weiß, dass hier schon viel passiert. Wie immer, wenn man mit Menschen arbeitet, gilt es aber auch, das rechte Maß zu wahren: das heißt, auch ihre Autonomie zu respektieren. Und keinen Frust zu bekommen, wenn die Geflüchteten nach ihrer asylrechtlichen Anerkennung vielleicht schneller weiterziehen, als man sich das wünschen mag: etwa in andere Regionen Deutschlands, wo Familienangehörige leben oder in denen es mehr Arbeit gibt als hier im Saarland. Migrationsarbeit kann auch eine im wahrsten Sinne des Wortes „flüchtige" Arbeit sein.

Viertens: Ein spezieller Ansatz, der auf Stadtteilebene gut funktionieren kann, ist die Beschäftigung mit der Geschichte des

Stadtteils und dem Beitrag der Einwanderer zu dieser Geschichte. Nicht als Arbeit im wissenschaftlichen Elfenbeinturm, sondern als ein Geschehen, das viele Menschen einbindet: In Gesprächen, bei gemeinschaftlichen Recherchen oder in Erzählcafés wird die Einwanderungsgeschichte des Stadtteils erschlossen und sichtbar gemacht. Wann haben sich die ersten Italiener im Almet oder auf dem Wackenberg niedergelassen? Leben von den aus bosnischen Bürgerkriegsregionen Geflüchteten heute noch welche im Stadtteil? Wer kann darüber etwas erzählen? Es geht dabei nicht darum, Menschen über ihre persönliche Biografie „auszuquetschen", sondern wertschätzend ihren Beitrag zur Geschichte dieses Stadtteils als einen Schatz zu heben und die Menschen miteinander ins Gespräch zu bringen. Meist stellt man bei solchen Projekten übrigens fest, dass die Einwanderungsgeschichte eines Stadtteils Jahrhunderte zurückreicht. Man vergisst das nur so leicht.

Fünftens: Es ist wichtig, sich klar zu positionieren gegen Diskriminierung und Rassismus. Insbesondere gegen den organisierten Rechtsextremismus müssen klare Zeichen gesetzt werden.

Zwischen Stammtischparolen und dem organisierten Rechtsextremismus liegt allerdings ein weites Feld, in dem Kommunikation noch möglich und notwendig ist. Das Verschweigen, Tabuisieren und Ignorieren von Ängsten hilft da nicht. Antirassismus wird dann zu einer wohlfeilen Haltung, die dazu führt, dass man dem Dialog mit verunsicherten Menschen bequem aus dem Weg geht. Besser ist Kommunikation und Beziehungsarbeit im Stadtteil, wie sie etwa die Gemeinwesenarbeit praktiziert.

Denn machen wir uns nichts vor: Vielfalt ist auch anstrengend, sie kann befremden und manchmal auch überfordern. Es wäre naiv zu glauben, dass das Miteinander in einer heterogenen Gesellschaft ganz von alleine funktioniert. Da braucht es viel Vermittlung und Unterstützung. (Veronika Kabis)

Finanzieren: Fundraising

Text: Andrea Rokuß

Wie lassen sich Projekte im Rahmen von Inklusion finanzieren? Voraussetzung für die Implementierung von Fundraising ist die Gemeinnützigkeit, d.h. Projekte (Dorfprojekte, Stadtteilprojekte) können nur in Form eines gemeinnützigen Vereins Spenden akquirieren. Und: Genauso wie in inklusiven Prozessen richtet sich der Fokus nicht nur auf die (potenziellen) Spender/innen, sondern auch auf die Akteur/innen in den spendensammelnden Organisationen. Es reicht nicht aus, wenn sich eine Person auf den Weg macht und Menschen oder Stiftungen um Unterstützung bittet – die ganze Organisation/Kommune muss dahinterstehen und mitgenommen werden.

Aber wie sprechen wir wen um was wann an? Eine gute Projektidee führt nicht sofort zu Spenden – eine gut geplante und konzeptionelle Herangehensweise ist Voraussetzung für ein erfolgreiches Spendeneinholen. Wie bei allen Projekten bietet sich auch hier erst eine Bestandsaufnahme an, auf der basierend Strategien entwickelt werden können. Die Maßnahmenplanung oder auch die Auswahl an Instrumenten leitet sich daraus dann fast automatisch ab.

Beziehungspflege

Eine Gelingensbedingung ist die Beziehungspflege zu den Spender/innen. Egal ob bei der Bitte um Einzelspenden oder bei Stiftungsanträgen – eine persönliche Ansprache, z.B. in Form von persönlichen Voranfragen bei Anträgen, ist aus unserer Erfahrung meist Erfolg versprechend.

Wie anfangen?

90

Werden Partnerorganisationen gezielt ermutigt, ihre Ressourcen für geplante Veränderungen einzubringen?

Kompetenzen

Ob ehrenamtlich oder hauptamtlich – gute Fundraiser/innen identifizieren sich mit dem Projekt und haben Kompetenzen, die ihre Tätigkeit unterstützen: Sie sind kommunikativ, teamfähig und empathisch, verfügen über Betriebswirtschaftskenntnisse und die Fähigkeit, andere um Geld zu bitten. Marketingwissen und Textsicherheit sind von Vorteil.

Unterstützung durch Stiftungen

Auf der Webseite des Bundesverbandes Deutsche Stiftungen können Sie für Ihr Projekt passende Stiftungen recherchieren. Stiftungen unterstützen gerne innovative Projekte, die eine Anstoßfinanzierung benötigen. (Hinweis: Für einen Antrag um Unterstützung muss die Stiftung fördernd tätig sein. Operative Stiftungen unterstützen ausschließlich eigene Projekte. Auf den Internetseiten der Stiftungen finden Sie nähere Informationen zu den jeweiligen Anforderungen.)

Bürger/innenbeteiligung und Zeitspenden

In inklusiven kommunalen Prozessen ist die Bürger/innenbeteiligung und -unterstützung eine wesentliche Gelingensbedingung. Hierbei sollte der Fokus nicht nur auf die Zeitspendengewinnung gelegt werden, sondern auch auf den Aspekt der Partizipation. Eine wertschätzende Unterstützung/Koordinierung der Ehrenamtler ist von Vorteil – entweder von Seiten der gemeinnützigen Organisationen vor Ort oder der kommunalen Verwaltung. Für gemeinnützige Organisationen gibt es für diese Koordination sowie auch für inklusive Projekte die Möglichkeit, Mittel z.B. bei Aktion Mensch zu beantragen. Bei diesen Anträgen wie auch bei den meisten Stiftungsanträgen ist ein (Grob-)Konzept inkl. eines Finanzierungsplans erforderlich und sinnvoll.

Die Akquirierung von Fördermitteln

Die Akquirierung von EU-Mitteln bzw. von staatlichen Fördermitteln vom Land über den Bund bis zur EU ist aufwendig und komplex. Es ist ratsam, dafür vorhandene Strukturen in der kommunalen Verwaltung zu nutzen.

Finanzierungsmanagement

Viele Kommunen sind Mitglied in der „Kommunalen Gemein-schaftsstelle für Verwaltungsmanagement", die unter anderem Kommunen dabei unterstützt, ganzheitliche Strategien und Lö-sungen im Finanzierungsmanagement zu erarbeiten.

Die Beziehungspflege beherrscht der ehrenamtlich tätige Verein „Hilfe für psychisch Kranke e.V." in Bonn schon seit Jahren – der Verein hat sich für die Strategie Stiftungsfundraising entschieden und ist damit sehr erfolgreich. Obwohl ein kleiner, regional tätiger Verein, wird er mittlerweile von Stiftungen aus ganz Deutschland unterstützt:

Ich konzentrierte mich zu Beginn auf die Bonner Region. Doch habe ich auch viel recherchiert: Wer engagiert sich wofür? Passt das zu uns? Ist ein Anruf oder ein persönliches Gespräch erfor-derlich? Das hört sich einfach an, jedoch steckte und steckt darin viel ehrenamtliches Engagement und viel Zeit für Beziehungspfle-ge – eine wichtige Bedingung, damit Fundraising gelingt. Das leis-te ich alleine ehrenamtlich. Bei sehr komplexen Projektanträgen begleitet mich ein Fundraisingbüro. Mein Ansatz war von Be-ginn an, regionale Partner zu finden. Doch schon bald wagte ich mich mit der Ansprache potenzieller Unterstützer über die regio-nalen Grenzen hinaus – und hatte Erfolge, aber auch Misserfolge und Absagen. Mittlerweile kommen unsere Unterstützer auch aus anderen Regionen Deutschlands. Was für uns für unsere Vereins-arbeit wichtig ist – Teilhabe und Teilnahme von Menschen mit psy-chischen Erkrankungen – ist mir auch für unsere Zusammenarbeit mit unseren Förderern wichtig. Ich lasse sie an unserer Arbeit teilhaben und lade sie zu unseren Schulveranstaltungen ein. Das berührt die teilnehmenden Menschen sehr und schafft Bindungen über den Tag und die Veranstaltung hinaus. (Uwe Flohr)

Handeln: Aktionspläne

Aktionspläne sind ein zentrales Planungs- und Strategie-Instrument in Veränderungsprozessen. Sie helfen als Leitfaden und Planungsgrundlage in der fortlaufenden Prozessdokumentation und werden schließlich zur Vorlage für die Verabschiedung durch die Stadt mit der Vorgabe der ständigen Evaluation. Dieser Dreischritt aus Planen – Dokumentieren – Verabschieden/Evaluieren kennzeichnet alle erfolgreichen Aktionsplanungen. Aktionspläne sind damit Startpunkt, Weg und Ziel.

„Ein Aktionsplan ist ein strategisch ausgerichtetes Handlungsprogramm des Staates oder eines anderen Verantwortungsträgers. Er enthält eine Beschreibung der Probleme, die durch den Plan behoben werden sollen, legt konkrete Ziele sowie Maßnahmen fest, mit denen diese Ziele erreicht werden können. Darüber hinaus regelt er die koordinierte Ausführung, Evaluation und Fortentwicklung dieser Maßnahmen. Ein Aktionsplan ist das Ergebnis eines transparenten und partizipativen Arbeitsprozesses und ist öffentlich zugänglich." [17]

[17] Deutsches Institut für Menschenrechte, *Menschenrechte*, Seite 1

Planungs- und Dokumentationsvorlage

Die folgende Vorlage unterstützt den Planungsprozess und sichert die einheitliche Dokumentation aus allen Arbeitsgruppen. Der Auftrag der Arbeitsgruppen in den jeweiligen Handlungsfeldern besteht darin, konkrete Maßnahmenvorschläge sowie Ideen zur Weiterentwicklung des inklusiven Gemeinwesens zu erarbeiten, die einerseits in städtischer Verantwortung liegen und die andererseits zivilgesellschaftlich initiiert werden können.

Aktionsplanung

für das Handlungsfeld: . . . .

1. So organisieren wir das Vorhaben

Aktiv beteiligt sind: . . . .

Kümmer/in ist: . . . .

Weitere Rollen und Aufgaben sind beschrieben und zugeordnet: . . . .

Informiert und eingeladen zur Mitwirkung sind: . . . .

2. Werte, Regeln, Vereinbarungen

In der gemeinsamen Arbeit zum Aktionsplan ist uns besonders wichtig: . . . .

. . . .

3. Bezug zur UN-BRK

An folgenden Normen/Werten orientieren wir die Analyse

und Entwicklungsplanung: . . . .

4. Bestandsanalyse

Das ist bereits im Alltag erkennbar und wirksam vorhanden,
darauf können wir aufbauen: . . . .

5. Ziele- und Maßnahmenplan zum Handlungsfeld
(Liste für jedes einzelne Ziel erarbeiten)

Ziel 1: . . . .

Maßnahmen/das ist zu tun: . . . .

Zeitraum der Umsetzung: . . . .

Kosten: . . . .

Aktiv/verantwortlich/Umsetzung durch: . . . .

weitere Ziele: . . . .

6. Lose Sammlung weiterer Ideen für Ziele und Maßnahmen

7. Kontaktliste der Beteiligten

Es ist wichtig, in den Schritten akribisch vorzugehen, damit der Gesamtplan Legitimation und Bedeutung erhält. Deshalb ist es notwendig, dass die Gruppe ihre Arbeit gut organisiert und kontinuierlich dran bleibt sowie noch andere zur Mitarbeit gewinnt, vor allem die Expert/innen, d.h. die sogenannten „betroffenen Einwohner/innen". Eine detaillierte Bestandsanalyse belegt, dass ein Ort nicht bei Null startet, sondern dass es bereits Erfahrungen und Ressourcen gibt, auf denen der Entwicklungsprozess aufbauen kann. Empfehlenswert ist auch ein kontinuierlicher Kontakt zu anderen AGs, um eventuelle Gemeinsamkeiten abzustimmen. (Raimund Patt)

Auf vielen Ebenen gibt es Aktionspläne – oft für Teilbereiche. Wenn es um zielgerichtete Planungen für den Bereich Inklusion geht, lohnt es sich, im eigenen Wirkungsfeld nach bereits entwickelten Plänen zu schauen: Teilhabepläne, Inklusionspläne für den Bildungsbereich, Aktionspläne für Migrant/innen etc. Die gemeinsame Fragestellung nach dem Abbau von Barrieren erfordert auch ein gemeinsames Vorgehen und kann Synergien entwickeln und gemeinsame, auch strukturelle Ursachen angehen.

Vorausschauend zurückblicken: Evaluation und Wirkung

In jedem Prozess ist es wichtig, sich Zeit zu nehmen und die erreichten Veränderungen anzusehen, zu überlegen und zu diskutieren: Sind sie so, wie ursprünglich geplant? Was ist vielleicht ganz anders geworden? Und was bedeutet das für den weiteren Prozess? Evaluationen sind Bewertungen – der Inhalte, des Prozesses und der Wirkung. Sie sind die Voraussetzung für eine zielgerichtete Weiterarbeit und die Verbesserung der Qualität. In inklusiven Settings berücksichtigt die Evaluation einzelne

Personas, deren Rollen und Aufgaben, Teams sowie die gesamte Einrichtung auf der Grundlage inklusiver Werte.

Externe Partner, Seite 167

Es gibt viele Möglichkeiten einer Evaluation, oft werden externe Evaluator/innen beauftragt, manchmal auch Wissenschaftler/innen und Hochschulen hinzugezogen. Allen Evaluationen ist gemeinsam, dass, abhängig von der Situation vor Ort, genau überlegt werden muss, welcher Bereich konkret ausgewertet werden soll. Sinnvoll ist es, sich bereits bei der Planung zu überlegen, woran die Realisierung der Ziele erkennbar sein kann. Sie lassen sich dann ehrlicher auswerten.

Vgl. *Inklusion auf dem Weg*, Seite 260 ff.

Die Methoden sind sehr vielfältig: Fragebögen, Beobachtungen, Zählungen etc. Auch gegenseitige Feedbacks, der Austausch zwischen AGs, Einzelvertreter/innen oder kommunalen Delegierten ist eine Art Evaluation. Evaluationen können als Erfahrung anderer zur Verfügung gestellt werden und durch Kommentare und Fragen Hilfestellungen zur Bewertung des eigenen Zustands oder Handelns geben.

Die wichtigste Voraussetzung ist, keine Angst vor Auswertungen zu haben. Durch Gespräche, Beobachtungen, unterschiedliche Sichtweisen und auch die Arbeit mit Indexfragen können immer Wirkungen sichtbar gemacht werden. Dabei können auch neue Fragestellungen Ergebnisse von Auswertungen sein. (Barbara Brokamp)

Wirkung im Prozess: Der Stopp-Tag

Stopp-Tage gehören fest verankert zur Meilenstein-Planung eines Prozesses zur inklusiven Kommune – und können jederzeit bei Bedarf durchgeführt werden. Ein Stopp-Tag schafft die Möglichkeit, den bisherigen Prozess zu reflektieren, Bilanz zu ziehen, Fortschritte und Entwicklungen wahrzunehmen, Stolpersteine oder Irrwege zu erkennen, die weiteren Planungen neu zu justieren. Ein Stopp-Tag muss nicht unbedingt ein ganzer Tag sein. Am Ende einer jeden Stopp-Einheit steht eine Verständigung über die gewonnenen Erkenntnisse.

Leitfragen und Unterfragen für den Stopp-Tag (Auswahl)

Wie ist die Beteiligung gestaltet?

- Wer sind die Teilnehmenden? Welche Perspektiven sind vertreten? Welche nicht?
- Welche Personen und Fachkompetenzen sollten noch (stärker) einbezogen werden?
- Welche Ressourcen aus der Region sollten (stärker) eingebunden werden?

Wie spiegelt sich das Inklusionsverständnis in den Strukturen, Kulturen und Praktiken?

- Wie wird das Inklusionsverständnis weiterentwickelt?
- Entsprechen die Strukturen unserem Inklusionsverständnis?
- Wie spiegelt sich das Inklusionsverständnis in der Zusammenarbeit vor Ort?
- Was hat sich in unserer Arbeit dadurch verändert?

Was haben wir bisher erreicht?

- Gemessen an Meilensteinen und Zielen – was haben wir erreicht?
- Welche Erfolgsfaktoren haben wir wahrgenommen?
- Welche Stolpersteine sind aufgetreten?
- Welche Chancen und Risiken sehen wir im Prozess?

Was hat uns besonders beschäftigt?

- Was hat uns überrascht, erstaunt, gefreut?
- Was habe ich neu gelernt?
- Wo sind Konflikte entstanden? Wie sind wir damit umgegangen?
- Welche Ereignisse haben uns veranlasst, den Prozess zu verändern, zu verlangsamen, zu beschleunigen?
- Wo hätten wir (mehr) Unterstützung gebraucht? Welche? Von wem?

Wie entwickelt sich die Kooperation und Vernetzung mit Partnern?

- Wie sind die Erfahrungen zur Zusammenarbeit mit den kommunalen Partnern, Ämtern, Verwaltungseinheiten?
- Welche Partner fehlen noch?
- Wie werden die verschiedenen Prozesse zusammengeführt?

[18] Vgl. Jerg/ Hills, *Rastatt inklusiv*

Wissenschaftliche Begleitung

Sehr hilfreich können wissenschaftliche Begleitungen sein, wenn Bereiche detaillierter ausgewertet werden sollen und die Erkenntnisse eine Transferfunktion haben. Oft beinhalten sie Beratungen und Empfehlungen als Konsequenzen der Erkenntnisse. Ein Beispiel: In der Auswertung der Entwicklung des kommunalen Aktionsplans Inklusion in Rastatt, „Rastattinklusiv", wurden im Rahmen der wissenschaftlichen Begleitung zentrale Aspekte und Erkenntnisse für die weitere Arbeit auf vielen Ebenen gewonnen. [18]

Abschluss und neuer Anfang: Erfolge feiern

12 Schritte, Seite 83

Ein langfristiger Veränderungsprozess ist geprägt von vielen Schritten. Jeder Zwischenschritt markiert eine neue Station, einen neuen Meilenstein auf dem Weg. Diese Stationen als Erfolge wahrzunehmen, zu teilen und zu feiern, bedeutet für die Beteiligten eine Wertschätzung ihrer Arbeit – und neue Motivation für den nächsten Schritt.

Wir haben im Prozess immer wieder dafür gesorgt, dass wichtige Meilensteine gewürdigt werden. Zum Beispiel durch unsere großen Jahresempfänge, zu denen wir die Akteur/innen ins Rathaus eingeladen haben, das Sommerabschlussgrillen der AG Kultur und Freizeit für die Teilnehmenden oder die Essenseinladung der Sozialdezernentin an die Sprecher/innen nach Abschluss der Erarbeitung des Kommunalen Aktionsplans Inklusion. Die größte Wertschätzung für alle langjährig Aktiven ist aber das beständige Erleben, dass das Erarbeitete auch tatsächlich umgesetzt wird und der Inklusionsprozess immer weitere Kreise zieht. (Susanne Jungkunz)

Feste können Auftakt oder auch Abschluss eines Schrittes im Prozess sein. Sie dienen dem Erfahrungsaustausch, der Vernetzung oder der Anerkennung des Engagements der Prozessbeteiligten. Insbesondere das Fest anlässlich eines fertiggestellten Aktionsplans will genauer definiert sein: In welchem Verhältnis stehen Würdigung für die Entwicklung des Aktionsplans und Hochachtung vor der Arbeit, die mit seinem Umsetzungsprozess verbunden ist? Kurz: Was wird als Erfolg gefeiert? (Yvonne Vockerodt)

Wer macht was?

Menschen und Ressourcen

Ob in der Verwaltung, in Bildungs- und anderen Einrichtungen, in Vereinen, Dörfern und Städten: Es sind immer Menschen, die Dinge anstoßen, voranbringen, weiterentwickeln, umsetzen. Und schließlich geht es bei Inklusion ja auch darum, wie Menschen in ihrer lokalen und globalen Vielfalt gut zusammen leben können. In einer Kommune gibt es also viele Stellen, an denen zu einem solchen Thema beigetragen werden kann. Dabei sind Menschen gleichzeitig auch die wichtigste Ressource. Mit ihren vielfältigen Perspektiven, Kompetenzen, Qualifikationen, Talenten und Erfahrungen tragen viele zu einer inklusiven Veränderung bei. Es ist ein wichtiger Teil von Inklusion, sich genau darum auch zu kümmern: die Potenziale von Einzelnen wie von einer Gemeinschaft zu erkennen, zu nutzen und weiterzuentwickeln.

Inklusion kann jede/r

Inklusion ist keine komplizierte Theorie, sondern eine Haltung für jeden Tag: den Menschen und der Welt mit Respekt begegnen, Diskriminierung und Ausgrenzung erkennen und bekämpfen, eine gemeinsame Basis für das Zusammenleben finden. Das umzusetzen ist nicht einfach – aber einfacher als man denkt. Denn jede/r kann etwas tun – an vielen Stellen.

Die fünf Ebenen einer Kommune

[19] *Inklusion vor Ort,* Seite 25 f.

Das Buch *Inklusion vor Ort* unterscheidet fünf Ebenen, auf denen Menschen in einer Kommune wirken und die Wirksamkeit von anderen erfahren können. Ob „im Kleinen", von Mensch zu Mensch, oder „im Großen", innerhalb von Organisationen und Netzwerken: Inklusion findet überall statt. Und je mehr Menschen auf allen Ebenen aktiv sind, desto nachhaltiger kann Inklusion in einer Kommune verankert werden. [19]

1. Ich mit Mir: Die Ebene der einzelnen Person
Auf dieser Ebene geht es um den Umgang mit mir selbst: das Nachdenken über meine Haltung, Urteile und Vorurteile und meine Bereitschaft, eine inklusive Haltung zu entwickeln – geprägt auch durch meine Kontakte und die Orte, an denen ich lebe.

2. Ich mit Dir: Die Ebene Mensch-zu-Mensch

Die Ebene meiner Beziehungen und Verbindungen zu anderen: Partner/innen, Freund/innen, Nachbar/innen etc., zwischen dem rein „Privaten" und dem „Öffentlichen".

3. Wir: Die Ebene öffentlicher Organisationen

Auf dieser Ebene arbeiten Menschen zusammen. Zum Beispiel in Teams, Organisationen, Einrichtungen, Vereinen, Verbänden, Unternehmen etc. Gemeinsam entwickeln sie Strategien zum Abbau von Barrieren und zum Willkommenheißen aller Menschen.

4. Wir und Wir: Die Ebene der Vernetzung

Hier geht es um die Vernetzung von Organisationen in einer Kommune, über ihren jeweiligen Verantwortungsbereich hinaus. Im Blick über den lokalen Zaun werden Erfahrungen ausgetauscht, Erprobtes und Bewährtes geteilt, gemeinsame Strategien und Initiativen entwickelt.

5. Alle gemeinsam: Die Kommune als Ganzes und darüber hinaus

Das Wichtigste auf dieser Ebene ist die Herstellung von Strukturen, um inklusive Prozesse und Praktiken für die Menschen einer Kommune zu ermöglichen und darüber hinaus weiter zu wirken.

„Kein Ort steht für sich, alle Orte sind mit vielen anderen Orten, Ländern und Kontinenten verbunden. Zum Beispiel durch Handel, Politik oder Umwelt und Klima. Jede/r Einzelne kann auf diese großen Zusammenhänge einwirken. Wie jedes noch so kleine Lebewesen eine Funktion für das Ökosystem Erde hat, ist auch jeder Mensch wichtig für den großen Zusammenhang." [20]

[20] *Inklusion vor Ort*, Seite 27

Schlüsselpersonen in inklusiven Prozessen

Es gibt Personen, die aufgrund ihrer Persönlichkeit und/oder ihrer Rolle und Aufgabe in einem Prozess besonders wirken: Menschen, die etwas verändern wollen, engagierte Einwohner/innen, gut vernetzte Personen, Menschen in Organisationen, Vereinen oder der Wirtschaft, in kommunalen Verwaltungen oder der Politik – jeder Mensch kann eine Schlüsselperson sein, in seinem Wirkungsfeld.

Initiator/innen
Überzeugte Personen, die sich engagiert für Inklusion einsetzen und Prozesse anstoßen. Sie gewinnen Verbündete und überzeugen andere von der Bedeutung des Themas. Diese Menschen sind überall zu finden: in Vereinen, Schulen und Kitas, Initiativen und Organisationen, in der Verwaltung etc., im Haupt- und Ehrenamt.

Akteur/innen vor Ort
Menschen, die umsetzen, entwickeln, überzeugen, dranbleiben, weitermachen, diskutieren, Impulse geben, Lösungen entwickeln und wieder verwerfen, Ergebnisse erarbeiten, Veranstaltungen vorbereiten, die Öffentlichkeit informieren etc. Auf vielfältige Weise engagieren sie sich in ihrem Viertel, in Vereinen, Initiativen, Projekten, in ihrem Arbeitsumfeld – häufig auch ehrenamtlich. Sie sind die Voraussetzung, dass ein Prozess weitergeht, denn ohne sie passiert nichts.

Bürgermeister/innen
Bürgermeister/innen sind die auf Zeit gewählten Repräsentant/innen einer Kommune und haben damit großen Einfluss. Ob regierende Bürgermeister/innen, Oberbürgermeister/innen oder Bürgermeister/innen, ob haupt- oder ehrenamtlich – es lohnt sich immer, sie für das Engagement in inklusiven Prozessen zu gewinnen.

Oldenburg hat sich richtig gut entwickelt, ist attraktiv. Das liegt natürlich auch daran, dass die Oberbürgermeister es vorangetrieben haben. Die Stadt Oldenburg lebt ja Inklusion, lebt ja das Thema Diversity schon seit Jahren. Und das merkt man in den letzten Jahren, wo Inklusion eine Rahmenbedingung ist für eine erfolgreiche wirtschaftliche Entwicklung. (Dirk Thole)

Hauptamtliche Steuerungs- und Koordinationspersonen

Die Koordination und Steuerung inklusiver Prozesse in einer Kommune sind wichtige Aufgaben, die Ressourcen erfordern. Viele Kommunen haben inzwischen Inklusionsbeauftragte, häufig angegliedert an ein Amt oder Dezernat, manchmal als Stabsstelle auf Bürgermeisterebene. Auch in vielen Unternehmen gibt es „Diversity and Inclusion"-Verantwortliche. Wichtig ist, dass die Steuerungspersonen in ihrem Verantwortungsbereich weisungsbefugt sind.

Prozessbegleiter/innen und Moderator/innen

Veranstaltungen sind in der Regel effektiver und ergiebiger, wenn sie von jemandem moderiert werden, der/die darauf achtet, dass sachbezogen und fair diskutiert wird und je nach Ziel Ergebnisse sichtbar werden. Veränderungsprozesse brauchen eine Begleitung, die ermöglicht, dass Schritte realistisch und passend angegangen werden und möglichst viele an der Entwicklung beteiligt sind.

→ *Prozesse begleiten, Seite 120*

Hüter/innen der Finanzen

Die Kämmer/innen in Kommunen sind wichtige Ansprechpersonen, denn bei Maßnahmen zur Umsetzung von Inklusion geht es (meist) auch um finanzielle Mittel. Dasselbe gilt z.B. für Schatzmeister/innen in Vereinen. Sie können wichtige Beiträge leisten, wenn sie von Anfang an Teil der Prozesse sind.

> *Überraschend war für mich: Wir haben nicht über Unsummen gesprochen, über kostenschwere Investitionsentscheidungen. Wir haben viel über Denkmuster und Verhaltensweisen gesprochen, über Dinge, die wir ohnehin tun und die wir vielleicht etwas anders tun sollten. Es ist gut, wenn ein Finanzler dabei ist, der das auch erkennt, der anderen Mitarbeitenden im Haus Sicherheit gibt.* (Joachim Guttek)

Strateg/innen und Leitungspositionen

Inklusive Prozesse brauchen Leitungspersonen, die das Gesamte im Blick haben. Sie tragen große Verantwortung für ihren Zuständigkeitsbereich, treffen Entscheidungen, die weitreichende Konsequenzen haben können, und nehmen aus ihrer Rolle heraus Einfluss auf das Handeln der Mitarbeiter/innen, Kolleg/innen und Kooperationspartner.

Parteienvertreter/innen

Die Vertreter/innen der Parteien werden von den Bürger/innen gewählt und stellen den Stadt- bzw. Gemeinderat, sie arbeiten in Ausschüssen und kommunalen Gremien mit, wirken mit bei der Entwicklung von Themen, beeinflussen und treffen Entscheidungen.

Referent/innen und Fortbildner/innen

Fort- und Weiterbildung und Referate auf Veranstaltungen, Fachtagen etc. geben wichtige Impulse zum Nachdenken, Informieren, Reflektieren, Diskutieren, Verstehen ... Wer für das Thema Inklusion begeistern, Inhalte nachvollziehbar vermitteln und überzeugend darstellen kann, bringt den Prozess weiter und trägt dazu bei, Menschen zu gewinnen.

Es ist von Anfang an ein Funke übergesprungen. Drei Kitaleitun-
gen kamen jedes Mal von den Fortbildungen so begeistert wieder.
Wir hatten sehr gute Referent/innen, die das Thema persönlich
und authentisch vermittelt haben. Da fühlten sich die Menschen
nochmal ganz anders angesprochen als auf der rein intellektuellen
Wissensebene. Diese Begeisterung haben die Kitaleitungen auch in
ihre Teams getragen und Lust gemacht, dass die anderen sagten,
wir wollen auch auf diese Fortbildungen. (Christiane Morré)

Multiplikator/innen

Wer überzeugt ist, wirkt überzeugend. Menschen können aufgrund ihrer Rolle, ihrer Netzwerke und Kontakte ihre Wirkung
breiter „streuen" und andere Menschen für den Prozess gewinnen – zum Beispiel, indem sie in ihrem eigenen Umfeld andere
davon überzeugen, mitzumachen und sich ebenfalls zu engagieren. Multiplikator/innen sind wichtig, um eine Initiative lebendig
zu halten, neue Leute anzuziehen und das Thema in eine breitere
Öffentlichkeit zu tragen.

Personalverantwortliche

Personalverantwortliche formulieren Stellenausschreibungen,
entscheiden mit über die Besetzung von Stellen, über Fort- und
Weiterbildungsmaßnahmen (Personalentwicklung), arbeiten mit
an Konzepten und Programmen zur Zusammenarbeit und zum
Umgang miteinander innerhalb des Betriebes bzw. der Organisation, an Führungsleitlinien etc. In vielen Unternehmen/Organi-
sationen ist das Thema Diversity und Inklusion in den Personal-
abteilungen angesiedelt.

Wenn man Vielfalt bewusst wahrnimmt, verbessert das auch die
Fähigkeit, sie bewusst gestaltend weiterzuentwickeln – durch Per-
sonalentwicklung und ggf. auch durch gezielte Personalrekrutie-
rung. Größere Vielfalt kann die Kompetenz des Teams erhöhen und
seine Innovationsfähigkeit verbessern. (Holger-Andreas Wendel)

→ *Inklusiv führen,*
Interview,
Seite 113

„Aber dann hatte ich den Wunsch, das durchzuziehen"

Im Gertrudenheim gab es eine Veranstaltung zum Thema Inklusion: Was ist das? Während dieser Veranstaltung habe ich gemerkt, dass ich Interesse hatte. Nach jedem Treffen wurde mir dann immer klarer, wie wichtig das Thema Inklusion ist und dass ich unbedingt am Ball bleiben möchte, und ich habe dann immer mehr Aufgaben übernommen.

Bei einem Treffen wurde gefragt: Wer hätte Interesse, Sprecher oder Sprecherin zu werden in dieser Arbeitsgruppe? Es hat sich niemand gemeldet und dann habe ich gesagt: Ich melde mich mal. Und hatte im Hinterkopf: Das klappt doch sowieso nicht. Dann wurde es einstimmig beschlossen. Das war für mich echt ein verwirrter Moment, weil ich gedacht habe: Oh, jetzt wurde ich doch gewählt, wie kann das sein?

Das Tolle war einfach: Man wurde anerkannt, man durfte da sein. Man hätte ja auch von Anfang an sagen können: Dieser Mensch, der hat eine Beeinträchtigung, der versteht uns nicht, der hat vielleicht sogar Probleme, überhaupt zuzuhören, mit dem möchten wir nichts zu tun haben. Ich wurde nicht ausgeschlossen. Im Nachhinein habe ich schon Stolz gefühlt.

Beim Empfang des Bürgermeisters habe ich dann die Rede gehalten. Ich war sehr aufgeregt und habe mich gefragt: Kann ich das? Dann lief es super und es gab einen wirklich schönen Applaus. Dass ich mir das zugetraut habe, das ist auch im Kopf eine Stimme, die sagt: So, du wurdest jetzt für das und das vorgeschlagen, trau dich. Und diese Rede war ein Anreiz: Es gibt Leute, die mich anhören möchten. (Sascha Hagedorn)

Wichtige Aufgaben und Kompetenzen

Nicht nur die Ebenen und Funktionen sind verschieden, auf und in denen Menschen in einer Kommune zu Inklusion beitragen können. Die Menschen selbst übernehmen – egal, an welcher Stelle – auch unterschiedliche Aufgaben, in denen sie mit ihren individuellen und vielfältigen Kompetenzen ihren Beitrag leisten. Das hat viel mit dem Charakter zu tun, mit persönlichen Stärken und mit der Art und Weise, wie Menschen sich gerne einbringen. Manche verbinden verschiedene Kompetenzen – und viele bringen noch ganz andere Kompetenzen mit als die hier beschriebenen. Eine kleine Auswahl aus den Erfahrungen vor Ort zeigt, mit welchen Stärken Menschen in Prozessen wirken:

Veränderungsprozesse leiten und koordinieren

Menschen, die strategisch und orientierend denken und handeln und gleichzeitig Ziele partizipativ entwickeln, können andere Menschen für Ideen gewinnen und argumentativ überzeugen. Sie kooperieren und handeln konsequent ressourcenorientiert, sind teamfähig und nehmen alle Mitarbeiter/innen ernst. Sie verstehen sich als Teil einer Verantwortungsgemeinschaft.

Brücken bauen

Menschen, die die Gemeinsamkeiten verschiedener Kulturen entdecken, sind in der Lage, die als Differenzen erlebten Unterschiede in der Schwebe zu halten, ohne eigene Wertungen in den Vordergrund zu stellen. Sie wissen um die Wirkung und Verbreitung von vereinfachenden Kategorien, negativen Zuschreibungen und Abwertungen, die Menschen gegenüber vorgenommen werden. Eine spezifische Kompetenz zum Brückenbauen ist wichtig, um diese Vor-Wände innerhalb einer Gesellschaft zu überbrücken.

Den Überblick behalten

Menschen, die den Weitblick und den Blick nach allen Seiten haben, konzentrieren sich weniger auf Einzelheiten und Kleinigkeiten, sondern haben eine besondere Fähigkeit, „das Ganze"

„Zweifle nie daran, dass eine kleine Gruppe engagierter Menschen die Welt verändern kann – tatsächlich ist dies die einzige Art, wie die Welt jemals verändert
wurde." *(Margaret Mead)*

während des Prozesses immer im Auge zu behalten. Sie können
weit nach vorn und nach allen Seiten blicken. Sie verstehen unterschiedliche „Welten" (z.B. Zivilgesellschaft, Politik, Verwaltung) und können zwischen ihnen vermitteln. Sie machen die
Inhalte der jeweiligen Welten verständlich mit einer werte-
orientierten inklusiven Haltung und prägen damit die Qualität
der Vermittlung.

Veränderung vorantreiben

Menschen, die äußerst engagiert, kraftvoll und ungeduldig versuchen, Prozesse in Gang oder voranzubringen, verstehen es, die
Beteiligten sprichwörtlich anzutreiben, zu bestätigen und/oder
noch Unbeteiligte für die Sache zu gewinnen. Im Büro, auf der
Straße, im Verein, im Café nebenan: überall kann ihre Aktions-
fläche sein. Menschen mit dieser Fähigkeit können in jeder Rolle
oder Position im Prozess wirksam werden.

Informationen verbreiten und zugänglich machen

Menschen, die den Informationsfluss steuern, sind in der Lage, Informationen zwischen Entscheider/innen und Beteiligten aller Ebenen zu koordinieren und zu lenken. Sie sorgen dafür, dass Entscheidungsprozesse transparent sind und von allen Beteiligten mitgetragen werden.

Ressourcen finden und erschließen

Menschen, die gezielt Erfolg versprechende Ansatzpunkte und versteckte Ressourcen sammeln und entdecken, sorgen dafür, die Erfahrungen sowie Meinungen möglichst vieler Menschen einzuholen, die Ideen/Anregungen für Unterstützungsangebote – auch unkonventioneller Art – einbringen wollen oder könnten. Sie tun dies systematisch und legen lokal, regional etc. Kataster potenziell aktivierbarer bzw. zur Verfügung stehender Ressourcen an.

Veränderung unterstützen

Menschen mit dieser Kompetenz sind befähigt, in Zeiten von Umbrüchen und Übergängen, die immer auch Unsicherheit und Ängste auslösen, das Sinnvolle, Nützliche und Positive des Veränderungsprozesses zu vermitteln und das Ziel deutlich zu machen. Sie wirken motivationsfördernd, geben Sicherheit und sind ein wichtiger Gegenpol zu denen, die Angst und Zweifel schüren.

Verständigung organisieren

Wie können die vielen Menschen an den unterschiedlichen Stellen der Stadtgesellschaft wissen, wo und wie ihr Beitrag zu einer inklusiven Stadt gebraucht wird und sich gut mit den Beiträgen anderer ergänzt? Indem sie sich verständigen. Dazu braucht es Anstöße und Gelegenheiten, die sich nicht immer von selbst ergeben. Deshalb ist es wertvoll, wenn jemand mit einem Gespür für Verständigung dabei ist und hilft, dass alle sich abstimmen können und jeder berücksichtigt wird.

Bestehendes aufbrechen

Es gibt Menschen, die das Bewährte bewahren, aber auch Menschen, die der veränderten Umwelt Rechnung tragen, indem sie helfen, dass die Organisation sich neuen Bedingungen, Voraus-

setzungen und Vorgaben anpasst – und Bestehendes aufbrechen. Solche „Systemverstörer/innen" sind oft neue Mitarbeiter/innen, Quereinsteiger/innen oder Menschen, die nicht schon lange Zeit im gleichen System, in der gleichen Verwaltung und unter den gleichen Voraussetzungen ihre Arbeit machen. Es braucht immer eine Mischung, aber in jedem Veränderungsprozess ist es wichtig, auch Bewährtes zu hinterfragen, um neue Ideen möglich zu machen.

Ein Mensch für Inklusion: Stefan Hanraths (1967–2015)

„Steine ins Rollen bringen, das geschieht nicht von selbst, besonders nicht in der Herausforderung Inklusion, die Bisheriges so umfänglich infrage stellt und komplexen Wandel erfordert." So schrieb Stefan Hanraths, Erster Beigeordneter (2010–2015), in einer Projektbeschreibung der Stadt Hennef „Auf dem Weg zur Inklusion" im März 2012.

Wie kein anderer verstand er es, jeden Einzelnen mitzunehmen auf diesem Weg. Das konnte ihm deshalb gut gelingen, weil er jeden einzelnen Menschen sehr achtsam und mit größtem Respekt behandelte – und zwar ausnahmslos. Er grenzte nicht aus. Alle Menschen um ihn herum waren für ihn mit „im Boot", in diesem Boot, das unsere „Gesellschaft" heißt, unsere „Stadt", unsere „Kita", unsere „Schule".

Menschen waren für ihn, den Verwaltungsfachmann, nie „Fälle", sondern Menschen in Not oder Menschen mit Problemen, die man mit ihnen lösen musste und konnte. So hat er sein Verwaltungshandeln aufgefasst und verwirklicht.

Stefan Hanraths lebte Inklusion schon, als das Wort noch nicht erfunden war, und wenn wir eines Tages so leben, wie Stefan Hanraths gelebt hat, ist eine inklusive Gesellschaft verwirklicht.
(Judith Norden)

Leiten, Führen, Steuern

Zu diesen Begriffen gibt es ganz unterschiedliche Auffassungen. Der Begriff Leitung wird oft verwendet für das Leiten und Steuern eines gesamten Systems (z.B. Schulleitung) oder eines Bereiches (z.B. Amtsleitung, Fachbereichsleitung, Teamleitung). In Unternehmen wird diese Aufgabe meist als Management bezeichnet. Führung bezieht sich auf die Menschen in einer Organisation, in einem System. Leitungspersonen haben damit auch immer Führungsaufgaben. Im Folgenden geht es nicht um Begriffsklärung, sondern um die Darstellungen und Erfahrungen aus den Kommunen.

Inklusion als Führungsaufgabe

Führungskräfte sind in ihrer Funktion immer formal Verantwortliche für die Steuerung aller Veränderungsprozesse. Ihr Führungs- bzw. Leitungshandeln ist dann inklusiv, wenn sie Vertrauen in ihre Mitarbeiter/innen haben, deren Potenziale und Ressourcen wertschätzen und Verantwortung teilen. Das beinhaltet auch, Strukturen, Räume und Zeiten zu gewährleisten, eine Ermöglichungskultur zu entwickeln und zu pflegen.

→ *Leitbild, Strategie und Ziele entwickeln,* **Seite 85**

→ *Kultur der Zusammenarbeit,* **Seite 145**

Ich sehe meine Rolle als Leiter des Amtes darin, dass ich in allen strategischen Prozessen möglichst persönlich eingebunden bin. Weil ich weiß, dort finden die Weichenstellungen statt, da nehme ich am meisten Einfluss und da kann ich auch am besten mitneh-

men, *was wichtig und was unwichtig ist. Wir müssen strategische Prozesse einbinden in eine Gesamtstrategie – und das kann man nur, wenn man unmittelbar beteiligt ist.* (Joachim Guttek)

In einem vertrauensvollen Klima versucht eine inklusive Führung immer, wichtige Entscheidungen auf eine breite Basis zu stellen. Dabei hilft es, Entscheidungen transparent im Sinne der gemeinsam entwickelten Leitideen zu fällen. Letztlich hat eine Führungskraft die Aufgabe, die Entscheidungen zu verantworten und zu vertreten. Je mehr Selbstverantwortung die Strukturen zulassen, desto mehr werden auch die Entscheidungen in diesem Sinne getroffen, z.B. in selbstständig arbeitenden Teams.

Inklusiv führen
Ein Interview mit Holger-Andreas Wendel, Direktor der Verwaltungsschule und des Aus- und Fortbildungszentrums der Freien Hansestadt Bremen.

Seit bald 15 Jahren leitest du ein kleines Lehrerkollegium und ein Qualifizierungs- und Beratungszentrum im öffentlichen Dienst mit vier Referaten – warum beschäftigst du dich mit dem Thema „inklusives Führen"? Zum einen haben wir in Aus- und Fortbildung und in der Beratung jede Menge fachliche Bezüge zu Inklusion und Diversity, zum anderen beinhaltet „Leiten" immer dann, wenn es um das Verhalten von Menschen geht, auch „Führen" – und natürlich möchte ich möglichst gut führen …

Was heißt für dich „gut führen" – und was hat das mit Diversity zu tun? Gut führen bedeutet für mich letztlich, die Leistung der Organisation zu optimieren, also auch die Potenziale optimal auszuschöpfen; gleichen Wert hat für mich aber auch, möglichst jedem einzelnen Mitarbeiter und jeder Mitarbeiterin gerecht zu werden, Ungerechtigkeiten zu vermeiden und ihre Arbeitsbedingungen – und damit einen wesentlichen Teil ihrer Lebensbedingungen – ebenfalls zu optimieren. Das sind zwei Seiten einer Medaille; es geht um eine klassisch-neudeutsche „Win-Win-Situation".

Und dabei hilft Diversity? Ja! – weil es hilft, die einzelnen Menschen in ihrer Individualität wahrzunehmen. Es gibt so viele

Diversity-Dimensionen, die gute Führung berücksichtigen sollte: die eher berufsbezogenen wie individuelle Kompetenzen – fachliche wie personale –, aber auch die Stellung und das „Standing" in der Organisation, Vernetzungen, Erfahrungen und Karriereziele; und dann die mehr persönlichen Dimensionen wie die jeweilige Lebensphase beispielsweise, Geschlecht sowieso, oder ethnisch-kulturelle Prägungen, Bildung und – ganz wichtig: das soziale Milieu, aus dem jemand stammt bzw. in dem jemand lebt.

Macht man damit nicht auch Schubladen auf? Nicht, wenn man die Menschen nicht auf diese Dimensionen reduziert! Das Schlimmste, was man machen kann – neben völliger Ignoranz vielleicht –, ist, jemanden auf eine einzige Dimension zu reduzieren: die berühmte „Quotenfrau" z.B., oder, was aktuell häufig geschieht, auf den Migrationshintergrund oder die Fluchtgeschichte. Jeder Mensch ist ja gerade als Ensemble einzigartig. Deshalb ist so wichtig, was „modernes" Diversity Management als Essential verlangt: multidimensional und intersektional zu denken und zu handeln.

Erschöpft sich die Bedeutung von Diversity für Führung in „Diversity-kompetenter" Wahrnehmung und Förderung des Personals sowie entsprechendem Einsatz? Wenn man Vielfalt bewusst wahrnimmt, verbessert das auch die Fähigkeit, sie bewusst gestaltend weiterzuentwickeln – durch Personalentwicklung und gegebenenfalls auch durch gezielte Personalrekrutierung. Größere Vielfalt kann die Kompetenz des Teams erhöhen und seine Innovationsfähigkeit verbessern.

In der Privatwirtschaft spielt die Kundenorientierung eine große Rolle, im öffentlichen Dienst auch? Unbedingt – als Bürgerorientierung und Bürgerfreundlichkeit! Diversität im Personal erleichtert es, auch die Diversität der Bevölkerung wahrzunehmen und im Verwaltungshandeln angemessen zu berücksichtigen.

Du hast vorhin sehr das „kann" betont – „kann erhöhen" und „kann verbessern" ... Bewusst, weil es leider keinen Automatismus gibt – im Gegenteil: Heterogenität kann zunächst auch Sand im Getriebe bedeuten! Da darf man keine Illusionen wecken. Vielfalt will schon gestaltet werden!

Wie gestaltet ihr Diversität? Diversity Management in der Personalführung heißt für mich einerseits im Einzelfall persönlich fördern – Empowerment – und andererseits strukturelle Maß-

nahmen. Eigentlich ist Diversity das volle Programm: Personalge-
winnung und Personalauswahl, Aus- und Fortbildung, Arbeitszeit,
Arbeitsort, Arbeitsinhalte, Arbeitsorganisation, horizontale und
vertikale Entwicklungsmöglichkeiten ... Diversity hat Querschnitts-
funktion. Und je näher ich an die individuellen Bedingungen mit
passenden Lösungsmöglichkeiten rankomme, desto besser ...

    Also viele konkrete Einzelmaßnahmen? *Natürlich kommt
es letztlich immer auf konkrete Maßnahmen an, aber als Kompass und um das Ganze zu gestalten und möglichst viele mitzunehmen, ist es wichtig, dass du auch hinsichtlich der Vielfalt und*

Gleichberechtigung Visionen entwickelst und kommunizierst und für Werte und Wertschätzung eintrittst. Manchmal gibt es so „Leuchtturm-Projekte", wo es um Konkretes, Spezielles geht, mit dem aber unübersehbar auch Generelles verbunden ist. Sowas kann Klarheit schaffen.

... kann aber auch Konflikte mit sich bringen! Richtig, für eine Kultur der Vielfalt und eine diskriminierungsfreie Gleichberechtigung muss die Führung schon engagiert einstehen und um Essentials – für die öffentliche Verwaltung sind das z.B. die Menschenrechte und unsere Verfassungsprinzipien – konsequent, wenn nötig auch couragiert kämpfen und zugleich Offenheit und Wertschätzung vorleben. Das müssen im Übrigen gar nicht immer die ganz großen Sachen sein, es können auch „kleinere" Fragen sein – ob es einem Team überzeugend gelingt, einer jungen Mutter oder einem jungen Vater die Vereinbarkeit von Beruf und aktiver Elternschaft zu ermöglichen, zum Beispiel.

Siehst du in der vergleichsweise starken Verrechtlichung der öffentlichen Verwaltung eher Chancen oder Hindernisse für Diversity? Mehr Chancen! Normen, wenn sie nicht zu abgehoben vom Faktischen, insbesondere von den tatsächlichen Interessenlagen sind, können große Kraft entwickeln. Und Verwaltung – aus gutem Grund in einem rechtsstaatlichen System – tickt in der Regel so, dass sie auch versucht, Normen umzusetzen. Ein

ganz dickes Brett in der Verwaltung ist jedoch das Verständnis von Gleichheit: Unser Rechtssystem ist oftmals geprägt von einer Logik der Gleichbehandlung, manchmal durch die Normen selbst, manchmal auch nur durch entsprechende Auslegungen. Spätestens aus der Diversity-Forschung weiß man aber, dass die Gleichbehandlung von Ungleichen unfair ist, dass man zu einer „fairen Ungleichbehandlung" (ich habe diesen Begriff von Günther Vedder gehört) kommen müsste. Ich meine, die öffentliche Verwaltung sollte sich noch viel stärker der Logik der Chancengleichheit verpflichtet fühlen.

Siehst du Zusammenhänge zwischen Diversity und Führungsstil? Ich finde, Vielfalt im Team erfordert eine partizipatorische Leitung. Du solltest den Mitarbeiter/innen nie unreflektiert die eigene Perspektive unterstellen oder sogar überstülpen. Sie haben ihre eigene! Man muss geradezu darum ringen, dass sie die einbringen können und wollen, dass sich eine Kultur der Mitverantwortung, des gemeinsamen Führens, des arbeitsteiligen Führens im Team entwickelt.

Das setzt aber auch ein gutes Team voraus! Ja, Führungsqualität korrespondiert wechselwirkend mit der Teamqualität – im Positiven wie im Negativen. Deshalb muss gute Führung immer um eine gute Teamqualität ringen – und kann sich glücklich schätzen, wenn sie auf gute Teams setzen kann!

Hast du noch ein paar „Führungstipps", die dir besonders wichtig sind? Vielleicht zwei Erfahrungen: Wenn du Neues einführen willst, wirkt es kontraproduktiv, Altes unnötig schlechtzumachen – denn das verletzt auch immer Menschen und entwertet ihre Leistungen! Organisiere, dass alt und neu ihre jeweiligen Potenziale teilen. Und zweitens: Wenn du partizipatorisch führen willst und kritische, engagierte Mitarbeiter/innen willst, musst du sehen, dass du das auch durch die Art und Weise vorlebst, wie du dich selbst führen lässt – und zwar sowohl horizontal von deinen Fachleuten als auch „von oben" von deinen eigenen Vorgesetzten.

Zum Schluss mal „ganz ehrlich": Brauchtest du für deine Auffassung von Führung wirklich Diversity und Inklusion? Natürlich gibt es lange Traditionen einer mitarbeiterorientierten Führung, von Humanisierung der Arbeitswelt etc. Aber ich glaube, man kann durch Auseinandersetzung mit Diversity und Inklusion enorm viele Impulse vor allem zum reflektierten Umgang mit Menschen und ihrer Individualität bekommen – und damit natürlich zu besserer Führung. Ich habe jedenfalls das Gefühl, durch die Beschäftigung mit Diversity und Inklusion etwas klüger und handlungsfähiger geworden zu sein. (Das Interview führte Hilke Wiezoreck.)

Anführerinnen und Anführer des Wandels

Wer übernimmt eine führende Rolle in einem Veränderungsprozess? In seinem Buch *Die notwendige Revolution* denkt Peter Senge darüber nach, „wie Individuen und Organisationen zusammenarbeiten, um eine nachhaltige Welt zu schaffen". Über mögliche Anführerinnen und Anführer eines Wandels schreibt er: „Es lässt sich schwer vorhersagen, welche Menschen sich zu Anführern entwickeln. Manchmal sind es Unternehmenschefs oder Organisationsleiter, aber häufig besetzen sie keine offenkundigen Machtpositionen in einer Unternehmenshierarchie. (...) Bei den beteiligten Personen handelt es sich zum Teil um erfahrene Fachleute, zum Teil um Laien. Dazu gehören Personen, die eine lange akademische Ausbildung absolviert haben, und solche, die durch die Schule des Lebens gegangen sind. Sie sind alt, jung oder irgendwo in der Mitte. Sie sind einfach ganz normale Menschen, die außergewöhnliche Entscheidungen getroffen haben. Sie verfügen allerdings über ein bestimmtes, gut funktionierendes Verhaltensrepertoire. Sie haben einen Blick für die größeren Systeme, in denen sie arbeiten. Sie fördern Beziehungen und bauen kreative Teams und Netzwerke auf. Sie haben außergewöhnliche Ziele, aber sie nehmen sich nicht selbst als allzu wichtig. Und sie verfügen sowohl über eine ‚hohe organisationale Intelligenz' als auch über hohe emotionale und kognitive Intelligenz: Sie haben ein Talent dafür, die Themen aufzugreifen, die den Menschen in einer Organisation am wichtigsten sind, und die unterschwellige kollektive Vorstellungskraft und Energie freizusetzen, die in jedem Einzelnen und in den zwischenmenschlichen Beziehungen schlummern." [21]

[21] Senge et al., *Die notwendige Revolution*, Seite 27, Seite 121

Erfahrungen aus der Leitung inklusiver Prozesse

Zur Leitung inklusiver Prozesse gehört auch, Beteiligung zu ermöglichen und zu organisieren, denn sie ist die Basis für nachhaltige Veränderung. Mitarbeit und Mitwirkung schaffen Vertrauen und Glaubwürdigkeit, nach innen und außen. Die Klarheit über die eigene Rolle ist dabei genauso wichtig, wie sich über die Motive des eigenen Handelns bewusst zu sein.

Wachsamkeit und Achtsamkeit gehören dazu, um den Prozess steuern und gestalten zu können. Dazu ist es wichtig, zwischendurch anzuhalten, innezuhalten und eine gemeinsame Evaluation zu machen. Das gilt auch für das eigene Handeln, sich Feedback einzuholen und zu fragen: Welche Art von Führung wünscht ihr euch eigentlich? Ist das Führungsverhalten ok?

Und: Die Geschwindigkeit in solchen Prozessen ist sehr unterschiedlich und oft ein großer Knackpunkt. Die einen drücken aufs Tempo, andere wollen es langsamer angehen lassen, haben noch mehr Fragen und Unsicherheiten etc. Da muss man sich dann in der Mitte finden, damit niemand abgehängt wird. Es ändern sich gewohnte Strukturen und das mag nicht jede/r. Das braucht Zeit für Austausch, Auseinandersetzung, Verstehen. (Christiane Morré)

Wir hatten immer schon eine flache Hierarchie in der Organisationsstruktur. Ich habe meine Mitarbeiterinnen und Mitarbeiter selbstständig arbeiten lassen, mit eigenen Entscheidungen und eigenen Befugnissen. „Vorgesetzte" war ich bei den Themen, bei denen es erforderlich war, aber inhaltlich haben wir immer gemeinsam beschlossen und gemeinsam ausdiskutiert. Ähnlich wie wir auch Veranstaltungen gemeinsam organisiert haben. Meine Erwartungshaltung gegenüber meinen Mitarbeiterinnen und Mitarbeitern ist immer schon relativ groß gewesen. Jetzt schaue ich noch mehr darauf, wo ist der Mensch dahinter. (Sabine Mandel)

Prozesse begleiten

Prozessbegleitungen als Ressource

Für die Gestaltung inklusiver Prozesse sind Begleitungen, Beratungen und Moderationen wichtige Ressourcen:

- Professionelle Prozessbegleitungen haben den Gesamtprozess im Blick, behalten den Überblick und sorgen für den inklusiven Rahmen.
- Sie ermuntern und unterstützen die Akteur/innen in den Prozessen, ihre Gedanken und Ideen einzubringen.
- Sie sorgen dafür, dass alle zu Wort kommen.
- Sie wissen, dass Zeit eine wertvolle Ressource ist und sorgen für effektive und konstruktive Diskussionen.
- Sie bleiben bei der Sache und lassen sich nicht in emotionale, persönliche Konflikte einspannen.
- Sie kennen aufgrund ihrer Erfahrungen typische Stolpersteine.

„Prozessbegleiter/in" ist keine geschützte Berufsbezeichnung, man kann unter „Organisationsentwickler/in", manchmal „Coach", oder auch „Moderator/in" Menschen finden, die professionell Veränderungsprozesse begleiten. Empfehlungen von anderen helfen bei der Suche.

→ Vgl. *Inklusion vor Ort*, Seite 178 f.

Trotz der vorhandenen Netzwerke und des Engagements der Einzelnen brauchte der Prozess auch eine professionelle Begleitung. Ohne diese Unterstützung wären meines Erachtens keine messbaren Ergebnisse zu erzielen gewesen. (Eltje Jahnke)

Voraussetzungen für Prozessbegleitungen

- Die Prozessbegleitungen kennen die kommunalen Strukturen vor Ort und können politische, strategische und taktische Schachzüge bewerten und einordnen.
- Sie haben ein Gespür für die „Kultur" der jeweiligen Kommune, Verwaltung oder Organisation.
- Sie kennen ihre Rolle sehr genau und lassen sich nicht einspannen oder instrumentalisieren. Ihre Rollen können beratend, moderierend, fortbildend, ernüchternd, fragend, spiegelnd oder motivierend sein – sie schaffen den Rahmen und achten auf eine inklusive Orientierung (z.B. mit Fragen aus dem *Index für Inklusion*).
- Sie bleiben realistisch und können gut mit Ungleichzeitigkeiten unterschiedlicher Akteur/innen in einer Kommune umgehen.
- Sie belassen die Verantwortung für die Veränderungsprozesse im System.
- Sie kennen die Komplexität eines Prozesses und achten darauf, den Prozessverlauf, den Inhalt und die Wirkung im Auge zu behalten.

> *Der Prozess ist eng begleitet und gut moderiert gewesen. Wenn nicht jemand bereit gewesen wäre, aus der neutralen Position eines Moderators/einer Moderatorin heraus das Gespräch am Leben zu halten und immer wieder auf die Inhalte und den Diskurs zurückzukommen, hätte man einen Prozess so nicht führen können. Das war eminent wichtig.* (Joachim Guttek)

Interne oder externe Begleitung?

Viele Prozesse werden von Moderator/innen oder Organisationsentwickler/innen aus dem eigenen Betrieb begleitet. Das ist sehr hilfreich – und meistens kostengünstiger als die Beauftragung von Externen. Zu beachten ist dabei jedoch:

- Interne Begleiter/innen können selber „verstrickt" sein: Sie kennen persönlich einige Kolleg/innen, sind möglicherweise abhängig von Vorgesetzten, haben eigene Interessen oder „blinde Flecken" im System.

- Um wirkliche passende Begleiter/innen zu finden, ist die Auswahl und unterschiedliche Ausrichtung bei Externen größer.
- Um eine (vielleicht auch unbewusste) Instrumentalisierung durch die Leitung zu vermeiden, hilft es, wenn die Steuergruppe gemeinsam die Begleitungen auswählt.

Prozessbegleitung im Zweierteam

Optimal ist es, wenn Prozesse von einem Zweierteam begleitet werden. Als entscheidender Faktor entpuppt sich hier die ständige Reflexion der Rolle, des Verhaltens und des gemeinsam gestalteten Prozesses:

> *Gemeinsames Reflektieren und die kollegiale Beratung ermöglichen es uns immer wieder, den eigenen Blickwinkel zu überprüfen, ihn gegebenenfalls zu erweitern oder zu verändern und somit neue Gestaltungs- und Handlungsmöglichkeiten im Prozess sowohl für uns als auch für die Akteur/innen zu eröffnen. Manches rückt in ein anderes Licht. In dem, wie wir miteinander umgehen und*

agieren, transportieren und vermitteln wir automatisch inklusive Werte. Es geht nicht nur um die Vermittlung eines theoretischen Ansatzes, sondern um das Leben und Erlebbarmachen dieses Ansatzes. (Andrea Rokuß und Thomas Werner)

Erfahrungen für die Beauftragung

- Bei der Vertragsschließung mit externen Berater/innen muss man sich nicht gleich auf einen langfristigen Vertrag einlassen. Das Vertrauen muss erst aufgebaut werden.
- Bei Beauftragungen durch unterschiedliche Träger ergeben sich Dreieckskonstellationen und damit auch unterschiedliche Interessen.
- Es muss transparent sein und direkt angesprochen werden, welche Verpflichtungen bestehen und wo Konflikte entstehen können.
- Wenn viele Ehrenamtliche in dem Prozess aktiv sind, wie viel Pflicht und Struktur kann dann gefordert werden – z.B. in Form regelmäßiger Steuergruppensitzungen?
- Flexibilität ist wichtig – Prozesse sind von Menschen und nicht von Maschinen gemacht.

Die Anwesenheit externer Unterstützer wird als ein sehr wichtiger Gelingensfaktor für die Oldenburger Inklusion angesehen. (Aus einem Protokoll der Steuerungsgruppe Oldenburg)

Ressourcen entwickeln

Ressourcen bei Menschen zu entdecken und zu entwickeln ist ein wichtiger Bestandteil von kommunaler Inklusion. Dabei ist der Prozess selbst schon eine Quelle, aus der die Beteiligten viel „mitnehmen", eigene Kompetenzen und Erfahrungswissen ausbauen. Überall sind viele Ressourcen schon vorhanden – und vieles kann man entwickeln. Es gibt ganz verschiedene Programme für Weiterbildungen, die sich nicht nur an „Kommunale" richten. Und es gibt an jedem Ort Ressourcen, die entdeckt, geteilt und genutzt werden können.

Lernen aus dem Prozess

Ressourcen entwickeln und weiterentwickeln: Das passiert in jedem Prozess ganz automatisch. Inklusive Veränderung ist ein Prozess, der zu etwas Neuem führt. Auch für die beteiligten Personen bedeutet das: Egal, welche Rolle sie spielen oder in welcher Position sie beteiligt sind – sie lernen dazu. Schon kleine Erlebnisse können einen neuen Blick ermöglichen, auf die eigene Arbeit, das Umfeld vor Ort, die eigene Haltung.

Einen Blick dafür zu entwickeln, die vorhandenen Ressourcen zu sehen und zu entdecken, ist auf allen Ebenen nötig: Ressourcen bei mir selbst entdecken (sie zulassen), bei meinem Gegenüber, sich der (bereits vorhandenen) Stärken unseres Teams oder unserer Abteilung, Schule oder Verwaltung gewahr werden, die neu entstehende Kraft und vorhandene Vielfalt im Netzwerk bemerken und nutzen. (Barbara Brokamp)

Gedankensplitter aus den Kommunen und Initiativen

Es gibt viele gelungene Projekte.

Seine Vision nie zu verlieren, ist die große Herausforderung.

Wissenschaftliche Ansätze/Konzepte sind für die Umsetzung zu aufwendig, aus dem Grund eher offen und wenig vorstrukturiert planen.

Man kann nicht alles selber machen.

Inklusion wird immer ein Prozess bleiben, aber es gibt beständig erreichte Etappenziele zu würdigen und zu feiern.

Erfahrungen aus den Prozessen

Eine Idee kann manchmal länger herumlaufen, bis einer sie entdeckt und sie aktiviert wird.

Neue Menschen haben sich kennengelernt, die sonst wahrscheinlich nie die Chance gehabt hätten.

Die Vision ist der Antreiber.

Ehrenamt braucht hauptamtliche Unterstützung, da es sonst zu viel Verantwortung und Bürokratie bedeutet.

Verbindlichkeiten schaffen ist wichtig, kann aber auch einige Menschen verprellen.

Ein verändertes Vereinsmanagement bietet sich an: entsprechend den Möglichkeiten, die jeder zu bieten hat, und nicht nach „Posten".

Man sollte den Freizeitanspruch nicht aus dem Blick verlieren, gerne zusammen sein.

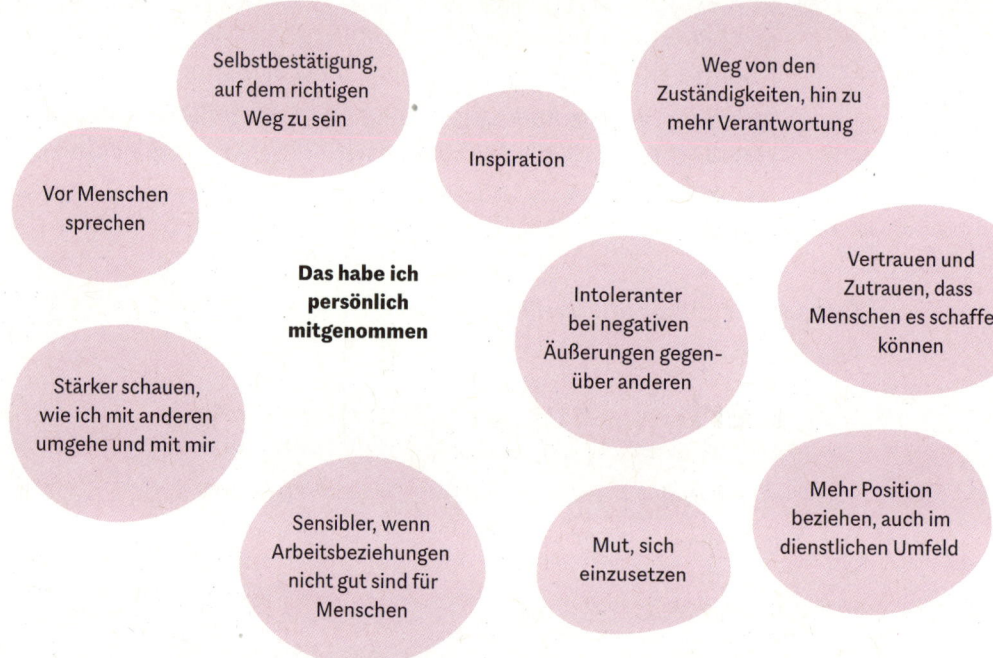

Das habe ich persönlich mitgenommen

- Selbstbestätigung, auf dem richtigen Weg zu sein
- Inspiration
- Weg von den Zuständigkeiten, hin zu mehr Verantwortung
- Vor Menschen sprechen
- Vertrauen und Zutrauen, dass Menschen es schaffen können
- Intoleranter bei negativen Äußerungen gegenüber anderen
- Stärker schauen, wie ich mit anderen umgehe und mit mir
- Mehr Position beziehen, auch im dienstlichen Umfeld
- Sensibler, wenn Arbeitsbeziehungen nicht gut sind für Menschen
- Mut, sich einzusetzen

Mir war nicht klar, wie viele Benachteiligungen es in dieser Gesellschaft gibt. Alleine durch die Indexfragen wurde das immer wieder sehr deutlich. Das hat mir die Notwendigkeit, die Dringlichkeit ganz anders vor Augen geführt. Ich bin toleranter geworden, anderen gegenüber, und fordernder. Ich sehe die Notwendigkeiten heute stärker. (Joachim Guttek)

Der Prozess hat mich in vielen Dingen gelassener gemacht. Ich bin offener geworden für menschliche Vielfalt, auch in Situationen, in denen ich früher gesagt hätte: Das geht so gar nicht! Ich bin mir meiner eigenen Vorurteile bewusster geworden. Ich reflektiere das kritisch – auch meine eigene Positionierung innerhalb der Gesellschaft. (Christiane Morré)

Durch die Mitgliedschaft im Inklusionsteam (von Wiener Neudorf) hat sich auch meine persönliche Haltung weiterentwickelt und mir wurde immer bewusster, was wertschätzender Umgang bedeutet und dass er ansteckend ist. Auch mein Blick für die Vielfalt wurde und wird geschult. (Veronika Satra)

Es ist ein steiniger Weg, bei dem man Erfahrungen sammeln muss. Und dabei gehen auch schon mal Sachen schief. Das ist aber normal. Man kann nur raten, das Verhältnis von Ehrenamt und Hauptamt zu reflektieren und darüber im Gespräch zu bleiben, wer was leisten kann. Das ist für mich ein wichtiger Lerneffekt aus dem Projekt. (Martha Rosenkranz)

Weiterbildungen für Inklusion

Trainings und Weiterbildungen können wichtige Bestandteile und zum Teil Voraussetzungen kommunaler Inklusion sein. Dabei stehen immer die Fragen im Mittelpunkt: Was brauchen wir? Wer braucht was? Wo wollen und müssen wir uns gezielt weiterentwickeln? Wer kommt dafür infrage? Der Austausch mit anderen Kommunen und Akteur/innen sowie das Einholen anderer Erfahrungen können ein Weg sein, um das richtige Format zu finden.

Beispiele für Weiterbildungsthemen:
- inklusive Führungskultur,
- Sprache und Kommunikation,
- Umgang mit Konflikten und Widerständen,
- die Arbeit mit dem *Index für Inklusion*,
- Bewusstsein schaffen für Vielfalt und inklusive Veränderung.

Der Wunsch nach Fortbildungen und Schulungen wird von vielen Akteur/innen auf unterschiedlichen Ebenen geäußert. Dabei geht es um fachlichen Input, Rechtsfragen, politische Auseinandersetzungen, Strategieentwicklungen, Prozessgestaltungen, aber auch um Erfahrungsaustausch, kollegiale Beratungen usw.

Soziale Arbeit ist wie Hochleistungssport, wer nicht trainiert, wird schlechter, Fortbildungen und Möglichkeiten der persönlichen Weiterentwicklung fördern Fachlichkeit und Engagement. (Daniel Thomsen)

Menschen werden sensibilisiert und geschult, damit sie Diskriminierungen sehen und vermeiden können und auf diejenigen zugehen, die von sich aus keinen Zugang finden. (Frank Schmitz)

Im Folgenden stellen wir einige Programme, Konzepte und Erfahrungen im Bereich Trainings und Weiterbildungen für unterschiedliche Akteur/innen in der Kommune vor.

Inklusion auf dem Weg

Viele Jahre lang hat die Montag Stiftung Jugend und Gesellschaft Expert/innen qualifiziert, die Menschen und Organisationen auf dem Weg der Inklusion begleiten. Das Handbuch *Inklusion auf dem Weg – Das Trainingshandbuch zur Prozessbegleitung* enthält das gesamte Fortbildungsprogramm mit neun Modulen sowie Hintergrundinformationen und Arbeitsmaterialien. Eine wichtige Botschaft ist: Weiterbildungen zur Inklusion gelingen nur, wenn sie selbst inklusiv angelegt sind.

→ *14 Punkte, ohne die es nicht geht, Seite 150*

Module:
1. Einführung und Grundlagen
2. Die Rolle als Prozessbegleiter/in klären und stärken
3. Die Prozessbegleitung anlegen und beginnen
4. Haltung, Standpunkt, Zielorientierung
5. Mit Vielfalt und Widerständen umgehen
6. Selbstreflexion und Methodenrepertoire
7. Systemische Beratung inklusiv gestalten
8. Die Rolle und Funktion von Steuerungsstrukturen
9. Abschluss und Ausblick: Eine Prozessbegleitung beenden

Weiterbildung im interkulturellen Kontext

Miriam Remy arbeitet als freie Bildungsreferentin mit sehr unterschiedlichen Teilnehmenden zu den Themen „Migrationspädagogische Öffnung von Bildungseinrichtungen", „Inter/Transkulturelle Kompetenzen", „Mehrsprachigkeit, Wege zur Bildungssprache und sprachsensibles Unterrichten" sowie „Migrationspädagogische Schulentwicklung mit dem *Index für Inklusion*". Sie beschreibt, wie sie Menschen in verschiedenen Zusammenhängen auf das Thema Inklusion im interkulturellen Kontext vorbereitet:

Mein Inklusionsbegriff bezieht sich auf den wertschätzenden Umgang mit Vielfalt und die Herstellung von Chancen- und Bildungsgerechtigkeit für alle Menschen in unserer Gesellschaft, unabhängig von legalem Status, Nationalität, Erstsprache(n) sowie kulturellen, sozialen und religiösen Kontexten.

Ich selbst bin „weiß" positioniert, auch gesellschaftlich – damit meine ich nicht meine vermeintliche „Hautfarbe", sondern wie dieses Merkmal gesellschaftlich gelesen wird und mich auf eine bestimmte Art als „selbstverständlich zugehörig zur deutschen Gesellschaft" positioniert. Nicht-weiße Menschen werden dagegen oftmals als anders und nicht-selbstverständlich zugehörig konstruiert. Ein typisches Beispiel ist, wenn bestimmte Personen immer wieder gefragt werden, ob sie deutsch sprechen oder wo sie eigentlich herkommen, obwohl ihr Lebensmittelpunkt oder der ihrer Familie schon seit langer Zeit in Deutschland ist. Ich sehe es als meine Verantwortung an, mich (selbst-)kritisch mit den Themen Diskriminierung, Rassismus und Benachteiligung in meiner Gesellschaft auseinanderzusetzen und mit Menschen aus der sogenannten „Mehrheitsgesellschaft" zu dem Thema Inklusion, Vielfalt und Chancengerechtigkeit in der Migrationsgesellschaft zu arbeiten. Den Index für Inklusion nutze ich dabei als wichtiges Werkzeug in meiner Arbeit.

Durch Übungen zum Perspektivwechsel, lebensnahe Simulationen und erhellende Inputs versuche ich, ein macht- und rassismuskritisches Bewusstsein zu wecken und auf eigene blinde Flecken hinzuweisen. Mir ist die rassismuskritische Perspektive sehr wichtig, da mit Weiß-Sein oftmals einhergeht, nicht-weiße Menschen als vermeintlich „anders" zu kennzeichnen, während die eigene gesellschaftliche Position nicht bewusst wahrgenommen und als „normal" angesehen wird. Daraus entsteht neben der konkreten Diskriminierung und Ausgrenzung auch die Gefahr, dass eine Illusion der Chancengleichheit aufrechterhalten bleibt und jegliche Verantwortung für die Beendigung von bestehenden Hürden und Formen von Benachteiligung für Menschen in unserer Gesellschaft verneint und als nicht notwendig abgewehrt werden.

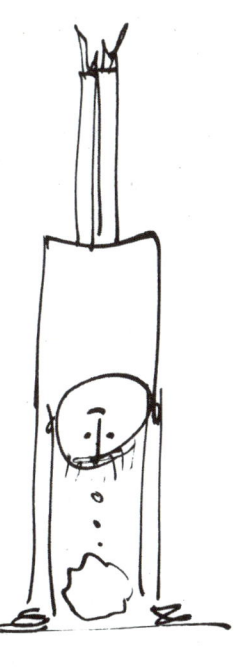

In den Seminaren thematisiere ich deswegen, in welchen oft kaum wahrnehmbaren Formen Widerstand gegen die Auseinandersetzung mit Rassismus und auch dem unbewussten Wunsch nach Erhalt eigener Privilegien sichtbar werden kann. Damit fällt es allen leichter, eigene und Verhaltensweisen anderer Teilnehmenden nachzuvollziehen und zu reflektieren.

Es ist zu beachten, dass eintägige Fortbildungen oder kleine Projekte diesem komplexen Thema nicht wirklich gerecht werden können. Sinnvoll sind eine prozessorientierte und übergreifende Auseinandersetzung mit dem Thema und gleichzeitig Angebote für von Diskriminierung betroffene Kinder, Jugendliche und Erwachsene – zur Stärkung der eigenen positiven Identität und zum Empowerment (von Betroffenen). Das erfordert strukturelle Veränderungen, zusätzliche Ressourcen und Personal. (Miriam Remy)

IKÖ – Fortbildungen zur interkulturellen Öffnung

Interkulturelle Öffnung bedeutet, dass Organisationen wie beispielsweise öffentliche Verwaltungen, Kultureinrichtungen oder Interessengruppen angemessen auf die kulturelle Vielfalt einer Gesellschaft reagieren. Eine Organisation soll mit ihren Strukturen, ihren Prozessabläufen, ihrer Handlungspraxis, ihren Produkten und Dienstleistungen dem Bedarf und den unterschiedlichen Bedürfnissen aller Beteiligten gerecht werden. Das bedeutet, sich für die Lebenssituationen der Menschen zu sensibilisieren, bezogen auf die Kund/innen bzw. Nutzer/innen einer Organisation und ebenso auf die Mitarbeiter/innen. Mechanismen, die zur Exklusion von Beteiligten führen oder Zugangsbarrieren zu der jeweiligen Organisation darstellen, sollen abgebaut werden. Die Stadtverwaltung Bremen hat dazu eine Fortbildungsreihe installiert. Zwei Interviews geben Einblicke in die Ziele und die bisherigen Erfahrungen.

Diversity ist überall

Ein Interview mit Dr. Asmus Nitschke, Bremen, Wirtschafts- und Sozialakademie (wisoak), Projektleitung Interkulturelle Öffnung (IKÖ) der Verwaltung in Bremen. Die wisoak hat den Prozess begleitet und mit Trainer/innen sowie der gemeinsamen Entwicklung von passgenauen Schulungen unterstützt.

Du begleitest uns jetzt seit 2008, konzipierst in enger Kooperation für den öffentlichen Dienst interkulturelle und inzwischen auch Diversity Trainings. Wie siehst du die Entwicklung von 2008 bis 2016? Was sind die bisherigen Erfahrungen? Das Thema ist politisch gewollt, wir erhalten politischen Rückenwind und müssen nicht mehr begründen, warum diese Fragestellung wichtig ist. Dies ist eine wesentliche Voraussetzung für eine kontinuierliche Arbeit, die nicht als einmaliges Projekt, sondern als nachhaltiger und eigenständiger Prozess zu verstehen ist.

Von sehr großer Bedeutung ist die Sensibilisierung für das Thema und die individuelle Übertragbarkeit auf den eigenen Arbeitsplatz und die Entwicklung spezifischer Strategien und Möglichkeiten. Die Mitarbeiter/innen und die Vorgesetzten erkennen daher oft schnell den direkten Nutzen und sind bereit, sich mit dem Thema näher zu befassen, wenn sie merken, dass dadurch eine unkomplizierte und rasche Entlastung am Arbeitsplatz möglich ist.

Welche Erfolge und strukturellen Veränderungen sind für dich erkennbar? Wir stellen fest, dass die Nachfrage nach Schulungen und Fortbildungen weiterhin unverändert groß ist. Es kommen mittlerweile Anfragen von Dienststellen und Abteilungen, egal ob mit oder ohne direkten Kundenkontakt, mit dem Hinweis „Ich habe von IKÖ gehört, das ist doch auch etwas für uns!"

Es entwickelt sich ein dienststellenübergreifendes Netzwerk in Bremen, in dem sich Schulungsteilnehmende zusammenfinden und ganz ohne offizielle/n IKÖ-Trainer/in ihre Erfahrungen austauschen und Fragen diskutieren.

In den geschulten Dienststellen sind strukturelle Änderungen erkennbar, wenn z. B. IKÖ- oder Diversity-Kompetenzen bei der Personalauswahl standardmäßig abgefragt werden. Damit ist ein erster Schritt von einer Personalentwicklung hin zur Organisationsentwicklung geleistet und eine IKÖ-Fachexpertise ist direkt in den Verwaltungen abrufbar.

Gibt es konkrete Beispiele aus den Dienststellen? Die Teilnehmenden berichten zu Beginn der Fortbildung häufig von ihren Bedenken, sie müssten mindestens drei oder mehr verschiedene Fremdsprachen lernen und fließend sprechen, um IKÖ-gerecht agieren zu können. Diese Sorgen sind schnell verflogen, wenn sie nähere Infos über den Verlauf und das Konzept erhalten. Es ist ganz klar das Ziel von IKÖ, dass die Trainer/innen Hilfe zur Selbsthilfe geben, die Dienststellen mit Handlungsansätzen begleiten und als Ansprechperson fungieren. Es werden keine Checklisten verteilt und „Wenn-dann-Vorgaben" erstellt, die von den Teilnehmenden abgearbeitet werden müssen.

Im Ergebnis werden Trainingsimpulse in die Praxis umgesetzt, und die können ganz unterschiedlich sein. So hat eine Dienststelle z. B. Piktogramme und Visualisierungshilfen entwickelt, eine andere entschied sich, Beschreibungen und Anleitungen in Einfacher Sprache zu verfassen, um das Ausfüllen von Formularen zu erleichtern. Durch diesen unmittelbaren Nutzen erfahren die Verwaltungsmitarbeiter/innen einen Mehrwert, und die Akzeptanz ist vorhanden.

Ein kurzer Blick in die Zukunft? Wir lernen permanent und haben den eigenen Anspruch, uns nicht auf dem Erreichten auszuruhen. Auch die Dozent/innen erweitern ihre Bandbreite, erhalten und entwickeln neue Impulse und geben diese weiter. Gerade weil wir von den Teilnehmenden erwarten, dass sie offen für Neues sind, können wir selber uns hiervon nicht ausnehmen. Es ist schon viel passiert, aber wir machen weiter. Diversity ist überall. (Das Interview führte Hilke Wiezoreck.)

Vorurteile sind Bilder im Kopf

Ein Interview mit Antje Hörenz, Referatsleiterin im Sozialzentrum Süd (Bremen) und Leiterin der AG Interkulturelle Öffnung.

Wie viele Mitarbeiter/innen bei Ihnen haben bisher an IKÖ-Fortbildungen teilgenommen? Im Fachdienst Soziales sind nahezu alle Mitarbeiter/innen durch eine IKÖ-Schulung gegangen. Im eigenen Team sind es fünf Personen, die eine Grundlagenschulung bekommen haben. Das Schulungsangebot gibt es nicht überall und die Teilnahme ist freiwillig. Das Interesse ist unterschiedlich. Für die Kolleg/innen, die ohnehin einen Zugang haben, ist es Gewinn und Bereicherung. Es gibt aber auch Mitarbeiter/innen, die unentschlossen sind und sich noch nicht so damit beschäftigt haben, von ihnen erreicht man nicht alle.

Worauf zielt die interkulturelle Öffnung im Sozialzentrum Süd? Es gibt verschiedene Ebenen: zum Beispiel, wie Mitarbeiter/innen sich in gemischten Teams zurechtfinden, dass interkulturelle Kompetenz in Ausschreibungen erwähnt wird und als Begriff im Bewertungsbogen verwendet wird. Sehr entscheidend finde ich auch, dass interkulturelle Kompetenz sich auf die Arbeitszufriedenheit auswirkt. Wenn man gelernt hat, damit umzugehen, wenn jemand anders ist, als man erwartet, hat man auch weniger Stress. Dann unser Service-Schalter. Dort gibt es jetzt eine zentrale Terminvereinbarung. So ist es möglich, die Gespräche vorzubereiten und bei Bedarf eine/n Dolmetscher/in zu bestellen. Die Wartezeiten haben sich verkürzt, das Klima hat sich deutlich verbessert!

Wer ist in Ihrem Hause für die Interkulturelle Öffnung verantwortlich? Wir haben eine AG mit drei Kolleginnen, wir gucken zusammen, wie wir dieses Thema weiterbringen. Eine Hürde ist unsere sehr hohe Arbeitsbelastung. Wir bekommen ja kein Personal mehr, die Arbeitsbelastung steigt aber immer mehr, beispielsweise durch Geflüchtete und Existenzsicherungsfälle. Interkulturelle Öffnung ist in so einer Situation erst recht wichtig – aber schwierig, weil man für Fortbildungen zusätzliche Zeit investieren muss!

Und wie können Sie trotzdem Angebote in IKÖ machen? Wir haben eine gute Lösung gefunden: weniger Tagesangebote, sondern immer mal kleinere Veranstaltungen für zwei Stunden, zum Beispiel über frühkindliche Entwicklung in verschiedenen Kulturen. Es ist ja kein Zeitkontingent vorhanden, wir machen es nebenbei. Unsere AG versucht den Raum zu schaffen, damit die Beschäftigten ab und zu aus dem Arbeitsalltag rauskommen und sich diesen Input holen können. Wir versuchen dann, Anregungen für einen Perspektivenwechsel zu geben. Das ist auch auf der Leitungsebene wichtig, zum Beispiel für die Personalführung.

Welche Stolpersteine und Hürden gibt es für die Umsetzung von IKÖ? In erster Linie der Mangel an Ressourcen, also Zeit und Personal, aber auch Sachmittel. Wir bräuchten zum Beispiel Piktogramme, damit unsere Besucher/innen sich besser zurechtfinden. Da fehlt manchmal die Zeit für die Recherche, wer so etwas machen kann, und das Geld für die Umsetzung. Oder dass man häufiger mal Übersetzer/innen bestellen könnte.

Welches Thema liegt Ihnen besonders am Herzen? Das Thema Perspektivenwechsel, weg von Hoheitsaufgaben hin zu Dienstleistung. Das erfordert eine andere innere Haltung gegenüber den Kund/innen. Wir sind sehr gespannt auf die Ergebnisse einer wissenschaftlichen Untersuchung vom Institut für Ethnologie und Kulturwisssenschaft, die unsere Kund/innen danach befragt, was sie selbst als Zugangsbarrieren empfinden. Eine Masterarbeit hat untersucht, wie die interkulturelle Öffnung bei uns angekommen und umgesetzt worden ist. Da merkt man, dass das Thema auf gesellschaftspolitischer Ebene und in unserem Arbeitsalltag eine hohe Bedeutung hat. (Das Interview wurde einige Jahre vor Erscheinen dieses Buches geführt. In der Zwischenzeit hat sich viel getan: Es wurde eine Begleitung der Mitarbeitenden durch

→ Prozessbeispiel *Interkulturelle Öffnung der Stadtbibliothek, Bremen, Seite 239*

die Diversity-Referentin des Aus- und Fortbildungszentrums der Verwaltung Bremen installiert. Gleichzeitig wurden zwei Diversity-Multiplikatoren im Amt für Soziale Dienste ausgebildet, die mit ihren Erfahrungen den Diversity-Aspekt in ihre Dienststellen und Arbeitsfelder weitertragen. Die Multiplikatorenausbildung wird fortgesetzt und es gibt vielfältige Fortbildungsangebote für Mitarbeitende auf allen Ebenen.)

Der Begriff der interkulturellen Kompetenz ist nicht unproblematisch. Je nach Verwendung kann er konträr zum Inklusionsgedanken stehen. Zum Beispiel, wenn Ideen zur Kompensation entwickelt werden sollen vor dem Hintergrund, mit der Diversität von Mitarbeitenden professionell „umgehen" zu wollen. Das suggeriert, man könne durch bestimmte Kompetenzen „erfolgreich" im Umgang mit bestimmten Zielgruppen sein. Unreflektiert kann das die Kennzeichnung als „Andere" und die dahinter stehenden Macht- und Dominanzstrukturen verstärken, statt sie kritisch zu hinterfragen. (Donja Amirpur)

Multiplikator/innen-Ausbildung in der Verwaltung

Aus der ersten Ausbildungsrunde (IKÖ) in Bremen wurden Interessierte akquiriert und im Zeitrahmen eines Jahres mit dem Aufwand von 140 Stunden zu „Diversity-Trainer/innen" ausgebildet. Diese 42 Trainer/innen kommen aus allen Fachbereichen sowie allen Hierarchieebenen der Verwaltung. Sie bilden ein Netzwerk innerhalb der Verwaltung und werden weiter begleitet. Effekt: Verbreitung der Kompetenzen „an der Basis", die dann im unmittelbaren Umfeld, in der Abteilung etc. Wirkung zeigen und einen Diversity-Blick auf das eigene Tätigkeitsfeld schärfen.

Unschätzbar wertvoll war die Netzwerkbildung der unterschiedlichen Teilnehmenden aus verschiedenen Bereichen, Abteilungen und Ebenen (Staatsanwalt, Sozialraummanager, Stadtplaner ...). Wenn Leitungen mit eingebunden sind, stellen sie eher Mitarbeiter/innen frei, fühlen sich mit verantwortlich für die Umsetzung, identifizieren sich mit den Inhalten. (Hilke Wiezoreck)

Bildungsurlaub Inklusion

Das Ev. Bildungswerk Bremen führt einen fünftägigen Bildungsurlaub zu Inklusion und *Inklusion vor Ort – Der Kommunale Index für Inklusion* durch unter dem Titel „Inklusion ohne Mogelpackung – von der weltweiten Vision zur Umsetzung vor Ort". Referent ist der ehemalige Quartiersmanager von Bremen-Tenever. Teilnehmende sind Interessierte am Thema, aus der Gemeindearbeit und der Arbeit mit behinderten Menschen, sowie Studierende.

Lernziele:
- Kennenlernen und Teilhabe an der gesellschaftlichen und politischen Debatte um Inklusion als Menschenrecht;
- Begriffsklärung Inklusion, Exklusion, Integration und UN-Konvention für die Rechte behinderter Menschen;
- Kennenlernen des inklusiven Ansatzes in der Praxis: Kita, Schule, Einrichtungen für Menschen mit Behinderungen;
- Auseinandersetzung über die Inklusion – Was hat das mit mir zu tun? Mit meiner Arbeit/Organisation? Mit unserer Gesellschaft/Kommune?;
- Frage: Geht Inklusion in einer exkludierenden Gesellschaft?;
- Schlussfolgerungen für das persönliche und/oder gemeinsame Handeln;
- Freude, sich weiterbilden zu können und interessante Persönlichkeiten und Orte der Inklusion dabei kennenzulernen.

Themenschwerpunkte:
Tag 1: Was ist Inklusion?
Tag 2: Inklusion – Arbeit mit Menschen mit Behinderungen/ Besuch der Spastikerhilfe Bremen e.V.
Tag 3: Inklusion in der Schule – Teilnehmende Unterrichtsbeobachtung
Tag 4: Inklusion in der Kommune – Vision und Praxis
Tag 5: Und was hat das nun mit mir zu tun? Erkenntnis und Tat!

Es herrschte eine sehr gute Atmosphäre. Das Thema wurde unterfüttert mit kulturellen Genüssen: passenden Gedichten, Zitaten und Filmen. Gemeinsame Exkursionen führten in ein internatio-

nales Quartier, zu Behinderteneinrichtungen, Grundschulen, Kitas und in ein „Inklusives Jugendzentrum". Ganz neue Blicke auf Inklusion in der Praxis, auf gelingende und auch schwierige Inklusion waren das Ergebnis.

Grundsätzlich durchzog die Frage „Inklusion in einer exkludierenden Gesellschaft – Geht das überhaupt?" viele Diskussionen: Ist es nicht Augenwischerei, Inklusion zu verkünden, wo andererseits die soziale Selektion durch das Schulsystem weiter betrieben wird? Ist es angesichts der nicht ausreichenden Ressourcen richtig, mit Inklusion zu beginnen? Ist nicht die gesellschaftliche Exklusion durch Armut viel wirkmächtiger und konterkariert Inklusion?

Ergebnis der Debatten: Ja, mensch muss diese gesellschaftlichen Fehlentwicklungen anprangern, bekämpfen, ändern, aber zugleich und täglich die praktische Inklusion und die grundsätzliche Bedeutung der Inklusion vorantreiben, mit dem Wert der Inklusion wuchern und so den Diskurs gegen Exklusion prägen. (Joachim Barloschky)

Alle Arbeitnehmer/innen haben in den meisten Bundesländern das Recht auf fünf Tage Bildungsurlaub pro Jahr. Viele nutzen dieses Angebot nicht: aus Angst um den Arbeitsplatz, Arbeitsdruck, Stress in der Kollegialität, Bequemlichkeit, Nichtwissen etc. Das Wahrnehmen von Bildungsurlauben ist ein fester Bestandteil des lebenslangen Lernens.

Inklusion durch Enkulturation

[22] Rahmen und Richtlinien von „Inklusion durch Enkulturation"

Das Förderprogramm des Niedersächsischen Kultusministeriums und der NBank „Inklusion durch Enkulturation" will dazu beitragen, „Bildungsdefizite zu vermeiden, möglichst frühzeitig den Erwerb von Schlüsselkompetenzen zu unterstützen und den Zugang zu einem erfolgreichen Leben, zur aktiven Bürgerschaft und zu einer existenzsichernden Beschäftigung aller in der Gesellschaft zu ermöglichen". [22] Die Projektförderung umfasst eine

Laufzeit von 24 Monaten, richtet sich an alle Beteiligten im Kinder- und Jugendlichen-Bereich und kann von niedersächsischen kommunalen Gebietskörperschaften beantragt werden.

Kooperation zwischen Hochschule und Kommune

Hochschulen können eine wichtige Ressource sein. Zu bedenken ist, dass sie als Einrichtung oft große Regionen abdecken und nicht jeder Kommune eine bzw. „ihre" Hochschule zur Verfügung steht. Viele Hochschulen öffnen sich und bieten interessante Fortbildungen für alle Menschen an.

→ *Externe Partner, Seite 167*

Lehrgang kommunale Bildung

Bürger/innen von Wiener Neudorf hatten den Wunsch, sich in Fragen, die mit ihrer Gemeinde zusammenhängen, gemeinsam fortzubilden. Diese Fortbildung sollte ein weiterer Beitrag für die inklusive Entwicklung der Kommune sein. Sie wollte die späteren Absolvent/innen als Ansprechpersonen und/oder Multiplikator/innen für Themen in der Gemeinde gewinnen.

Auf Basis der von der Pädagogischen Hochschule Niederösterreich zugrunde gelegten Werte ergaben sich Gestaltungsziele. Der Lehrgang musste in der Kommune selbst stattfinden und an Orten, an denen Primärerfahrungen gemacht werden können.

Die Inhalte des Lehrgangs wurden gemeinsam mit Bürger/innen der Gemeinde entwickelt. In einem eintägigen Workshop wurden in moderierten Gruppen Themen gesammelt und später in fünf Themenfelder aufgeteilt. Die Modulthemen lauteten: (1) [:Kultur:]en, (2) Lernen, (3) Elternakademie, (4) Gemeinde, (5) Schreibwerkstatt. Das Spezifische des Lehrgangs ist auch, dass es keine Zugangsbeschränkungen gibt – jede/r Bürger/in konnte teilnehmen.

Zu den Referent/innen des Lehrgangs zählten Hochschullehrende und Universitätspersonal, Vertreter/innen bestimmter Berufsgruppen (z.B. eine Krankenschwester, Ärzte), die Montag Stiftung Jugend und Gesellschaft mit ihrer Expertise für inklusive kommunale Entwicklung, Personen, die etwas zu erzählen haben

[23]
Braunsteiner/
Brokamp,
*Inklusive
Blickwechsel,*
Seite 169

(z.B. eine Ministerin, andere Politiker/innen, eine Schauspielerin, ein Dichter, ein Holocaust-Überlebender, Regieassistent/innen im Theater, der Abt eines Klosters). Am Ende des Lehrgangs haben die Teilnehmenden formuliert: Die Bildungsziele des Lehrgangs wurden für mich erfüllt, weil „es keine Begrenzung gab, WAS wir lernen ‚dürfen‘, ich persönlichen Nutzen von dem Wissen habe und es auch weitergeben kann, sich Projekte daraus entwickelt haben, die allen im Ort etwas bringen". [23]

Inklusion an der Volkshochschule

Unter Mitwirkung von „Fachleuten in eigener Sache" wurde gemeinsam mit der Volkshochschule Oldenburg ein Curriculum entwickelt. Es umfasst neun ganztägige Module:

1. Die Chance auf Gewinn – Inklusion als Menschenrecht
2. Nicht ohne mich über mich – Inklusion und Partizipation
3. Ich bin zu klein. Du bist zu groß – Vorurteilen, Ausgrenzung und Diskriminierung begegnen
4. Sprich mit deinen Vorurteilen – Lebendige Bibliothek
5. Häh? – Wie Kommunikation gelingen könnte
6. Wie Löwe und Schnecke sich schätzen lernen – Grundlagen des Konfliktmanagements
7. Darf's ein bisschen mehr sein? – Vielfalt und Diversität in Beratung
8. Versuch's mal mit Verständlichkeit – Leichte und Einfache Sprache
9. Train the Trainer: Fit für Inklusion – eine Hinführung für zukünftige Personen in der Prozessbegleitung

Außerdem wird mit dem Titel „Prozessbegleitung Inklusion – Fit für Veränderungen" mit Unterstützung der Montag Stiftung Jugend und Gesellschaft ein fünftägiger Bildungsurlaub auf der Grundlage des Konzeptes des Trainingshandbuchs *Inklusion auf dem Weg* angeboten.

Ressourcen aus der Kommune für die Kommune

Kommunale Inklusion lebt auch davon, Ressourcen aus der Kommune für die Kommune zu entdecken. So verschieden die Menschen sind, die an einem Ort zusammenleben, so verschieden sind auch die Fähigkeiten und Angebote, die sie beitragen können.

Dorfuni Dedinghausen

Es gibt eine große Vielfalt an Fähigkeiten, Erfahrungen und Wissen. Der Eine kann etwas, was andere gerne lernen möchten – und umgekehrt. Doch wie können das Wissen und die Fähigkeiten untereinander und zwischen den Generationen fließen? Wie kann auch das Wissen gerade der älteren Menschen nachgefragt und bewahrt werden? Für dieses Ziel hat sich in Rixbeck, Esbeck und Dedinghausen eine Dorfuniversität gegründet, was in seinem Wortursprung (universitas) die Gemeinschaft von Lehrenden und Lernenden bedeutet. Über die Internetseite der Dorfuniversität können Kurse angeboten bzw. gefunden und auch Kurswünsche geäußert werden. So finden Wissen und Interessen zueinander zu Themen wie „Backen nach alten Rezepten", „Fahrräder reparieren", „Umgang mit dem Smartphone", „Kräuterführung", „Internationale Volkstänze" u.v.m.

Eitorf will's wissen

Der Grundgedanke von „Eitorf will's wissen" ist: Die Menschen einer Gemeinde machen ihre Gemeinde zu einem Lernort aller. Der Arbeitskreis „AlleInklusive" organisiert mit Einzelpersonen, Firmen, der Gemeinde, Eitorfer Geschäftsleuten, evangelischer Kirche, Kirchenchor, Heimatverein und vielen anderen Vereinen und den Bürger/innen eine Serie von fast 30 Veranstaltungen. Jede/r kann ein Thema anbieten. Die Veranstaltungen werden auf die Internetseite gestellt, und so wächst das Programm von „Eitorf will's wissen" stetig an. Themen sind beispielsweise: „Vortrag zur Geschichte Eitorfs", erstes „Eitorfer Moscheegespräch", „Wie funktioniert ein Motor?", „WECO-Werksführung" und vieles mehr. Die Angebote sind kostenfrei und jede/r kann teilnehmen. Die Gemeinde und andere Träger stellen Räume zur Verfügung. Alle Veranstaltungen finden im Zeitraum einer Woche statt, neben dem Internet wird das Angebot über Soziale Medien, Handzettel und Weitersagen kommuniziert. Eitorfer/innen im Alter von fünf bis über 90 Jahre kommen zusammen. Viele Menschen erfahren, was für eine „Manpower" in ihnen und Eitorf steckt.

Wiener Neudorf Nähstube

Die Nähstube in Wiener Neudorf, die seit 40 Jahren existiert, bekommt durch einen Leitungswechsel einen ganz neuen Charakter: Die Nähschule nennt sich ganz bewusst „Inklusive Nähschule".

Wir wollen zeigen, dass wir alle Menschen erreichen wollen. Durch das Netzwerk des Inklusionsprojektes war es für uns von Anfang an einfach, auch mit anderen Einrichtungen zusammenzuarbeiten. Wir bieten Workshops bei Adventsmärkten, bei Schulprojektwochen und anderen Gelegenheiten an. Dadurch wird unser Angebot bekannt. Auch über einen Schaukasten und die Gemeindezeitung machen wir immer wieder auf Kurse und Projekte aufmerksam.

Die Idee ist es, Unterstützung anzubieten, sowohl für Menschen, die Werkstücke fertigstellen möchten, als auch, um ganz neue Werkstücke zu nähen: „Hilfe für jeden Stich".

Ein großer Vorteil ist der einfache, barrierefreie Zugang – nicht nur baulich: Es ist keine Anmeldung erforderlich! Man kommt einfach und bleibt so lange man möchte. Finanziert wird das Projekt Nähschule großteils von der Gemeinde Wiener Neudorf. Diese stellt die Räume und die Betriebskosten zur Verfügung und subventioniert den Ankauf der Nähmaschinen. Die Teilnehmenden bezahlen einen kleinen Unkostenbeitrag. Als Richtwert wurden gemeinschaftlich 3 Euro pro Stunde festgelegt. Wer sich das nicht leisten kann, gibt weniger. (Veronika Satra)

Wie organisieren wir uns?

Kooperation, Beteiligung, Vernetzung

Wenn wir uns für eine inklusive Kommune einsetzen wollen – in der Nachbarschaft, in der Schule oder im Verein, im Stadtteil oder in der Stadt als Ganzes –, brauchen wir früher oder später Partner und Mitstreitende. Vor allem, wenn aus einer einzelnen Initiative eine Entwicklung werden soll, die die ganze Kommune erfasst, müssen Schritt für Schritt Netzwerke aufgebaut und eine Kultur der Zusammenarbeit entwickelt werden. Wie das in der Praxis gelöst wird, ist ganz unterschiedlich: Jede Kommune findet ihren eigenen Weg, mit den Akteur/innen und den Strukturen, die zur Situation vor Ort und den gewählten Zielen passen.

Kultur der Zusammen- arbeit

Zu einer guten Zusammenarbeit gehören viele Aspekte. Es geht um Kommunikation und Transparenz, um gemeinsam entwickelte Regeln und Standards. Die Verständigung über die Gestaltung von Besprechungen und Sitzungen gehört genauso dazu wie das Wahrnehmen und Anerkennen unterschiedlicher Kompetenzen. In kommunalen Zusammenhängen ist die Zusammenarbeit häufig formaler als in Teams von Initiativen.

Leitbild/Charta

→ Prozessbei-
spiel *Leitbild
und Führungs-
leitlinien,
Oldenburg,*
Seite 231

Ein gemeinsames Leitbild (oder eine Charta) ist auch die Grundlage für eine bewusst gelebte Kultur der Zusammenarbeit. Es spiegelt sich in der Leitungs- und Führungsstruktur und prägt mit seinen inklusiven Werten auch die Haltung der in der Verwaltung arbeitenden Menschen. Insbesondere im Handeln der Führungskräfte muss das Leitbild lebendig werden, wenn es auf alle Mitarbeiter/innen und darüber hinaus wirken soll.

Ein gutes, auf inklusiven Werten beruhendes Leitbild wirbt nach außen, weil es zeigt, wie inklusive Werte nicht nur für die Gesellschaft, für die Kommune, sondern auch für das Handeln in der Verwaltung gelten. Damit verändert sich nicht nur das Ansehen der Verwaltung bei den Bürgern. Durch die neue Kultur des Handelns in der Verwaltung kann dieses Leitbild auch andere gesellschaftliche Akteur/innen zum gemeinsamen Handeln im Sinne des Leitbilds motivieren. Und es ist die Grundlage für alle weiteren Maßnahmen in der Kommunikation. (Wilfried Steinert)

Offenheit und Transparenz

Das Miteinandersprechen, aber auch eine schriftliche Dokumentation verbessern die Zusammenarbeit. Offenheit und Transparenz entstehen nicht zufällig: Die Bedingungen dafür schafft und gestaltet eine Gruppe selbst.

Faktoren, die Offenheit und Transparenz fördern
- gemeinsam vereinbarte Regeln;
- verlässliche Routinen, z.B. regelmäßige Treffen; feste Fristen für Protokolle etc.; feste Kommunikationswege und Verteiler, die regelmäßig überprüft werden;
- klar definierte Aufgaben und Rollen;
- klare Schnittstellen zu anderen beteiligten Akteursgruppen und zur Öffentlichkeit;
- aktive Feedbackkultur und offenes Ansprechen von Kritik, auch an der eigenen Gruppe.

Transparenz ist einer der wichtigsten Faktoren, wenn es um die Gestaltung von Prozessen geht, die sowohl nach innen als auch nach außen wirken sollen. Transparenz ist kein statisches Konstrukt und muss regelmäßig neu bewertet und verbessert werden. Denn ein solch umfangreiches Gebilde kann nur dann gelingen, wenn alle Beteiligten stets wissen, woran sie sind. (Peter Dresen)

Hat das Ziel, eine inklusive Kultur aufzubauen, bei allen einen hohen Stellenwert?

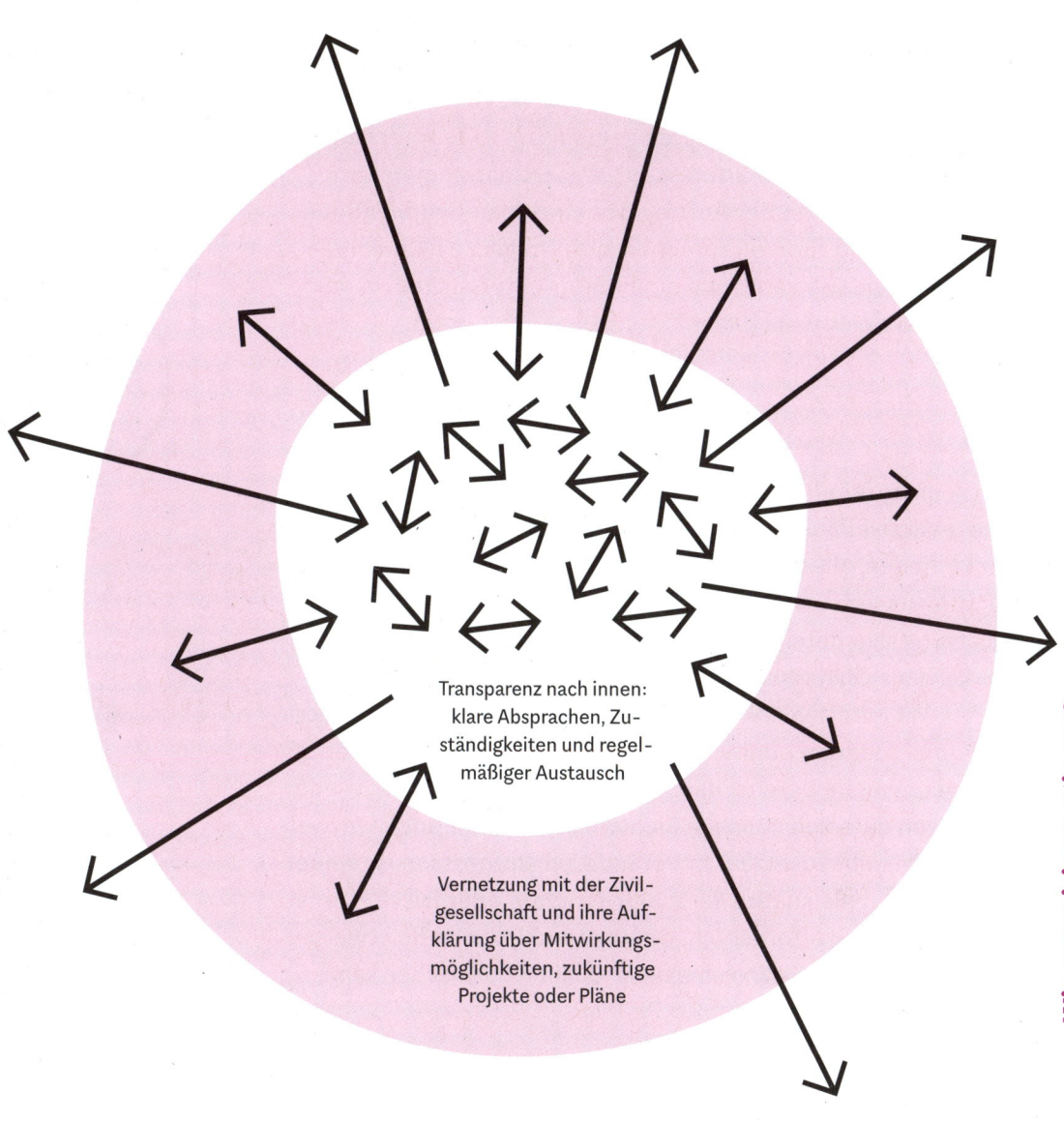

Transparenz nach innen:
klare Absprachen, Zu-
ständigkeiten und regel-
mäßiger Austausch

Vernetzung mit der Zivil-
gesellschaft und ihre Aufklärung über Mitwirkungs-
möglichkeiten, zukünftige
Projekte oder Pläne

Mediale Präsenz,
Webauftritt, Presse-
und Medienarbeit

**Drei Ebenen der
Transparenz**
nach Peter Dresen

Manchmal ist Offenheit auch schwierig. Zum Beispiel, wenn bestimmte Mitglieder einer Gruppe nicht frei und offen sprechen wollen oder können. Deshalb ist es wichtig, sich klarzumachen (und am besten gemeinsam zu besprechen): Wer vertritt welche Interessen? Was ist das gemeinsame Interesse? Was ist der Auftrag der einzelnen Gruppenmitglieder – und für wen sprechen sie? Wo gibt es Abhängigkeiten? Und wie kann man eine Kultur unterstützen, in der sich alle gleich wohl fühlen?

Kritik muss möglich sein

Eine „inklusive" Kultur der Zusammenarbeit bedeutet nicht, alles gut zu finden, alles zu akzeptieren, Konflikte zu vermeiden. Reibung, Austausch und Diskussion gehören dazu. Respekt und Wertschätzung aller Beteiligten untereinander sind die Basis, in der Sache kann man dann auch ganz unterschiedlicher Meinung sein.

Mit unterschiedlichen Sichtweisen umzugehen, erfordert auch, mehrdeutige oder widersprüchliche Handlungsweisen zu ertragen und die Bereitschaft aufzubringen, sich immer wieder mit diesen unterschiedlichen Sichtweisen und Herangehensweisen auseinanderzusetzen. In Veränderungsprozessen ist weder die eine noch die andere Perspektive richtig oder falsch – es ist ein Gesamtblick erforderlich, der unterschiedliche Sichtweisen zusammenführt und dann eine neue Qualität ausmachen kann.

Gemeinsame Entscheidungen

Gemeinsam zu einer Entscheidung zu kommen, ist eine wichtige Voraussetzung für partizipative Prozesse. Entscheidungen im Konsens verlangen oft keine ausdrückliche Zustimmung, vertragen sich aber auch nicht mit offener Ablehnung. Alle Gruppenmitglieder müssen einverstanden oder bereit sein, ihre abweichende Meinung bzw. ihre Bedenken gegen die zu treffende Entscheidung aufzugeben oder zurückzustellen. Sie tragen dann die Entscheidung trotz ihrer Bedenken mit.

Ein großes Erfolgskriterium für die gute Zusammenarbeit ist, dass sich die am Steuerungsgremium Beteiligten aus dem Dorfleben gut kennen und ein allgemein gutes Miteinander praktizieren. Solidarität wird in Dedinghausen praktisch gelebt und ist in vielen kleinen Dingen des täglichen Miteinanders sichtbar. Es geht nicht darum, immer und sofort einen Konsens zu finden, auch Kontroversen kommen vor. Aber es ist wichtig, nicht das Gremium an sich infrage zu stellen, sondern sich zu treffen und weiter an den Themen und auch Konfliktpunkten zu arbeiten: im Gespräch zu bleiben.

Das kann bedeuten, mit „Nein-Sager/innen" bereits im Vorfeld zu reden; die Treffen so zu gestalten, dass möglichst alle Interessierten und Aktiven daran teilnehmen können. Eine Bereitschaft zur Flexibilität und zur Einbindung des Neuen ins Alte ist dabei besonders wichtig. Das können auch junge Menschen und Familien sein, die neu ins Dorf ziehen und frische Inputs und Ideen mitbringen. (Heinz W. Wellner)

Vereinbarungen und Regeln

Ob bewusst oder unbewusst: Jede Organisation, jeder Verein, jede Gruppe hat eine Kultur. Eine Kultur bewusst zu entwickeln hilft, nach gemeinsam vereinbarten Regeln vorzugehen. Vereinbarungen und Regeln werden dann zu einer Kultur, wenn sie auf allen Ebenen gelebt und in der Praxis reflektiert und weiterentwickelt werden.

14 Punkte, ohne die es nicht geht

Inklusion auf dem Weg – Das Trainingshandbuch zur Prozessbegleitung beschreibt eine Fortbildungsreihe, die Inklusion nicht nur „lehrt", sondern in jedem Schritt auch „vorlebt". Als Voraussetzung dafür werden „14 Punkte, ohne die es nicht geht" beschrieben. [24] Sie sind die Basis einer gelebten Kultur der Zusammenarbeit:

[24] *Inklusion auf dem Weg,* Seite 18–27

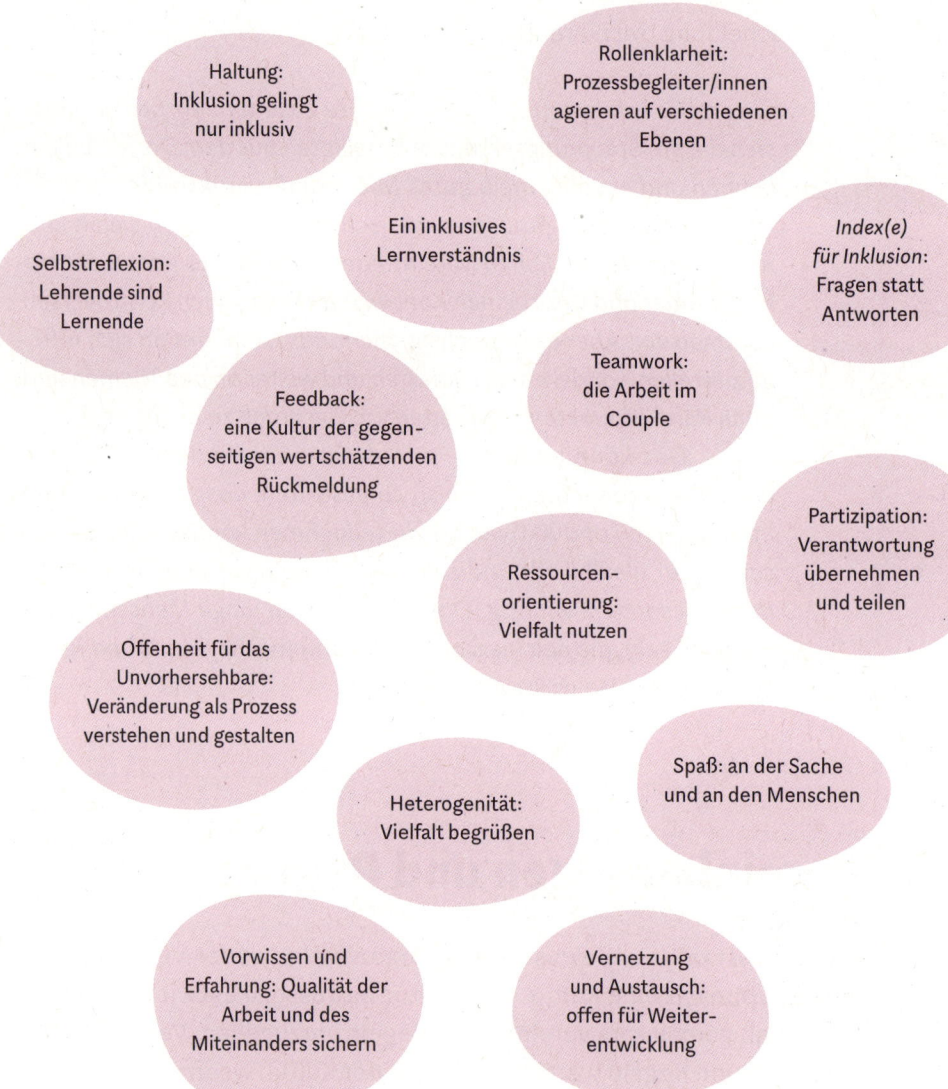

Haltung: Inklusion gelingt nur inklusiv

Rollenklarheit: Prozessbegleiter/innen agieren auf verschiedenen Ebenen

Ein inklusives Lernverständnis

Index(e) für Inklusion: Fragen statt Antworten

Selbstreflexion: Lehrende sind Lernende

Feedback: eine Kultur der gegenseitigen wertschätzenden Rückmeldung

Teamwork: die Arbeit im Couple

Partizipation: Verantwortung übernehmen und teilen

Ressourcenorientierung: Vielfalt nutzen

Offenheit für das Unvorhersehbare: Veränderung als Prozess verstehen und gestalten

Spaß: an der Sache und an den Menschen

Heterogenität: Vielfalt begrüßen

Vorwissen und Erfahrung: Qualität der Arbeit und des Miteinanders sichern

Vernetzung und Austausch: offen für Weiterentwicklung

Gemeinsame Regeln entwickeln

Die Steuergruppe des vorliegenden Buches hat zu Beginn des Projektes entschieden, sich Regeln für die Zusammenarbeit zu geben. Der Entwicklungsprozess beginnt mit einer selbst entwickelten Indexfrage: Gibt es gemeinsame Wertvorstellungen, an denen sich die Steuergruppe orientiert?

Aus der Diskussion ergaben sich sieben Kernthemen:
Achtsamkeit – Kompetenzen einbringen können – Gesellschaftspolitischer Anspruch – Neugierde und Spaß – Transparenz – Verantwortungsübernahme – Faire Verständigung, Diskurs.

Die nächsten Fragen lauten: Woran erkennen wir, ob wir diese Werte umsetzen? Wie könnten konkrete Situationen unserer Zusammenarbeit aussehen und welches sind die Punkte, die uns dabei wichtig sind? Aus dem gemeinsamen Austausch ergeben sich fünf Regeln, die mit allen Mitgliedern der Gruppe abgestimmt sind:

1. Wir übernehmen als Einzelne und als Gruppe Verantwortung für das Projekt.
2. Wir orientieren uns an unseren Kompetenzen.
3. Unser Umgang und unsere Kommunikation sind achtsam und fair.
4. Wir denken an unseren gesellschaftspolitischen Anspruch.
5. Wir erhalten uns Neugierde und Spaß im Prozess.

Dadurch, dass wir die Regeln gemeinsam erarbeitet haben, sind sie uns im Kopf, und wir achten darauf, ob und wie wir uns daran halten oder ob und wie nicht. Feedback ist dabei sehr wichtig. Auf dieser Basis, die mit allen abgestimmt ist, lässt sich dann auch in stürmischen Zeiten arbeiten. (Wiebke Lawrenz)

Strukturen schaffen

Strukturen, die die Zusammenarbeit tragen, sind eine wichtige Voraussetzung für kommunale Inklusion. Sie bringen verschiedene Menschen, Stellen und Organisationen zusammen und „etablieren" den Austausch und die Vernetzung. Wie solche Strukturen genau aussehen, hängt stark von der jeweiligen Situation vor Ort ab: von den Treiber/innen im Prozess, den beteiligten Akteur/innen und Stellen sowie den bereits vorhandenen Strukturen.

Strukturmodelle

Im Folgenden zeigen drei beispielhafte Konstellationen, wie Strukturen in der Praxis ganz konkret aussehen können. Dabei gilt nicht nur, dass Strukturen sich je nach Ort und Situation stark unterscheiden können. Wichtig ist, dass sich auch die vorhandenen Strukturen im Prozess weiter verändern können.

Denn in der Zusammenarbeit gilt es, offen zu bleiben und immer wieder zu reflektieren, ob die gewählte Struktur noch passt – und ob sie den gemeinsamen inklusiven Werten entspricht. Eine veränderte Situation kann neue Strukturen erfordern: neue Akteur/innen, neue Rahmenbedingungen, veränderte Herausforderungen etc.

Beispiel einer Stadt: Hennef

Die Partizipation aller Beteiligten (Ehrenamt, Politik, Verwaltung, Fachleute) und die Transparenz des Prozesses sind die Leitlinien der Organisationsstruktur. Die Arbeitskreise arbeiten autonom (das heißt, weder von Politik noch Verwaltung „geführt"), um wirklich eigene Ideen und Projekte einbringen zu können. In den Arbeitsgruppen arbeiten Vertreter/innen aus allen Bereichen der Stadtverwaltung, aus Bibliothek, Musikschule, Sportverband sowie Kommunalpolitiker/innen und Bürger/innen, die sich engagieren wollen. Die Lenkungsgruppe setzt sich zusammen aus den Arbeitskreis-Sprecher/innen, den Vorsitzenden des Sozial- und Schulausschusses und Mitgliedern der Verwaltung. Die Lenkungsgruppe berät über die eingegangenen Arbeitsergebnisse sowie weitere Maßnahmen zur Begleitung des Prozesses.

Die Verwaltungsseite hat im Prozess zwei Funktionen:
1. Die Steuerung und Koordinierung des Prozesses und die logistische Unterstützung (Räume zur Verfügung stellen, ggf. Protokolle und Einladungen schreiben, Zusammenfassung der Ergebnisse). Dies hat sich als sinnvoll erwiesen, da die ehrenamtlich Beteiligten in dem Prozess zeitlich sonst überfordert würden. Die Verwaltungsseite muss sich kümmern, wenn Fragen auftauchen, Arbeitskreise nicht weiterwissen etc. Die Stabsstelle in Hennef ist an den Ersten Beigeordneten angegliedert und ist damit eine ämterübergeordnete Funktionseinheit, also als Querschnittsaufgabe in der Verwaltung verankert.
2. Eine Prüffunktion: Die Verwaltung wird beauftragt, alle Ideen und Projektbeschreibungen auf Umsetzbarkeit zu überprüfen und dabei ggf. Probleme oder andere Besonderheiten aufzuzeigen. Außerdem soll sie die Kosten für die Maßnahmen kalkulieren und die Budgetplanung für die nächsten Jahre in ihren zuständigen Ämtern und Fachabteilungen vornehmen.

Der Aktionsplan soll abschließend im Rat verabschiedet werden und somit einen politischen Auftrag erteilen.

Text: Judith Norden

Gibt es eine Steuergruppe und ist sie sich ihrer Funktion bewusst?

Verwaltungsvorstand
wird informiert und gibt Rückmeldung an Lenkungsgruppe und leitet Aktionsplan an Rat weiter

Rat
wird vom Verwaltungsvorstand informiert, gibt Rückmeldung an Verwaltungsvorstand und beschließt den Aktionsplan

Lenkungsgruppe
mit Vertreter/innen aus den Arbeitskreisen, Politik und Verwaltungen Zeitfenster: vierteljährlich

AK Öffentlicher Raum (Mobilität)

AK Soziales und Migranten

AK Kultur, Freizeit und Sport

AK Berufsausbildung und Arbeit

AK Bildung

AK Wohnen und Bauen

AK Bewusstseinsbildung und Kommunikation

AK Lebenslanges Lernen

AK Interne Verwaltung

...

Maßnahmen-Aktionsplan
aus den AKs und der Verwaltung mit weiteren Interessierten/Vereinen etc.

**Struktur
Inklusionsprozess
Hennef**

Beispiel eines Dorfes: Dedinghausen

Im Dorfentwicklungsprozess in Dedinghausen, einem Stadtteil der Stadt Lippstadt, bildeten sich zu Beginn aus der ersten Dorfkonferenz heraus verschiedene Arbeitskreise mit engagierten Bewohner/innen. Mittlerweile ist die Struktur gewachsen und es gibt einen Verein „Dorf mit Zukunft e.V.", um den Initiativen im Dorfentwicklungsprozess eine rechtliche Grundlage zu geben und die Möglichkeit zur Finanzierung der Projekte zu verbessern (Spendengelder einnehmen, Förderanträge stellen u.Ä.).

Oberstes Forum im Dorfentwicklungsprozess ist die Dorfkonferenz, zu der alle Bürger/innen des Dorfes eingeladen sind. Zentral für die Entwicklung der neuen Dorfprojekte sind die Mitglieder der Arbeitskreise, die sich aus den Dorfkonferenzen herausgebildet haben und sich regelmäßig treffen – teilweise im 4-Wochen-Rhythmus. Für bestimmte Aufgaben werden aus den Kreisen heraus weitere Arbeitsgruppen ins Leben gerufen.

Die Arbeitskreise/Initiativkreise bildeten zunächst einen Koordinationskreis, in dem alle Arbeitskreissprecher/innen sowie der Ortsvorsteher, das Ratsmitglied, der Bürgerring und der Förderverein Dedinghausen vertreten waren. Mit der Gründung des Vereins „Dorf mit Zukunft" wurde aus dem Koordinationskreis der Aufsichtsrat des Vereins, der seine Aufgaben wie gewohnt fortführt.

Der Bürgerring, der schon 1976 gegründet wurde, bildet den Zusammenschluss aller Vereine und Gruppen in Dedinghausen. Ihre Ideen und Anregungen werden im Rahmen der Delegiertenversammlung erörtert, jede Gemeinschaft entsendet dazu – unabhängig von der Mitgliederzahl – zwei Delegierte. Über die Aktivitäten berichtet regelmäßig die Dorfzeitung „Dedinghausen aktuell", die ehrenamtlich erstellt wird.

Für bestimmte Projekte im Dorfentwicklungsprozess gibt es Anspruch auf Fördergelder. Voraussetzung ist ein qualifiziertes Konzept (Dorfinnenentwicklungskonzept – DIEK), das mit Beteiligung der Dorfbewohner/innen und unter Anleitung eines Planungsbüros entwickelt wurde.

Text: Ludger Schulte-Remmert

Dorfkonferenz
jährlich tagende Dorfversammlung

 informiert

 informiert/leitet

**Aufsichtsrat für
Dorf mit Zukunft e.V.**
*Ortsvorsteher, Ratsmitglieder,
Bürgerring und gewählte Vertreter/innen
aus den Arbeitskreisen*

 informiert

 unterstützt, kontrolliert

Dorf mit Zukunft e.V.
*eingetragener gemeinnütziger Verein,
rechtsverbindliches und nachhaltiges Dach
des Dorfentwicklungsprozesses*

 ggf. gewählte Vertreter/innen

 ggf. gewählte Vertreter/innen

Akteur/innen im Dorfentwicklungsprozess:

Vereine mit DIEK-Projekten

IK Mensch hilft Mensch

AK Dorfgarten

AK Dorfkinder

AK Deding-hausen inklusive

und andere ...

Unterstützer/innen:

Bürgerring

Förderverein Dedinghausen

und andere ...

 Austausch bei den Delegiertenversammlungen/ informieren

Vereinslandschaft
(Vereine im Bürgerring)
*SV Blau-Weiß, Schützenverein, Kolpingsfamilie,
Vorhang auf, Löschgruppe u.v.m.*

**Struktur
Dorfentwick-
lungsprojekt
Dedinghausen**

Beispiel eines Projekts: InklusivVERbunden Verden

Das Niedersächsische Kultusministerium fördert über das Programm „Inklusion durch Enkulturation" aus Mitteln des Europäischen Sozialfonds das Projekt „Inklusiv VERbunden". Es hat das Ziel, das (im Rahmen vorheriger Projekte) bereits inklusiv angelegte, kommunal geprägte Bildungsnetzwerk in Verden weiterzuentwickeln.

Text: Annika Meinecke

Die Steuergruppe besteht aus:
- Projektleitung (Produktverantwortliche der Bereiche Kitas und Inklusion);
- Projektkoordination (Öffentlichkeitsarbeit, kommunale Vernetzung, Koordination);
- Prozessbegleitung (Unterstützung bei der Umsetzung inklusiver Strukturen in den Einrichtungen, inhaltliche Gestaltung und Koordination der Qualifizierungsmaßnahmen des Fachpersonals);
- Verwaltungskraft (Abrechnung und Kontoführung, Datenpflege);
- der Fachberatung für Kindertagesstätten (Umsetzung inklusiver Pädagogik in den Kitas);
- der Gleichstellungsbeauftragten der Stadt (Sicherstellung, dass alle Projektaktivitäten die Gleichstellung von Frauen und Männern fördern).

Sie ist für die Lenkung der inklusiven Prozesse und Abläufe verantwortlich und über regelmäßige Arbeitstreffen und Klausurtagungen verbunden.

Für die Einrichtung von inklusiven Bildungsnetzwerken treffen sich Vertreter/innen aus allen maßgeblichen Bereichen des Stadtteils in vierteljährlichen Netzwerktreffen und in Kleingruppen. Interessierte Bürger/innen sind einmal im Jahr im Rahmen einer Stadtteilrunde dazu eingeladen, mit den haupt- und ehrenamtlichen Akteur/innen vor Ort gemeinsame Ziele zu erarbeiten und Vorhaben gemeinsam und gleichberechtigt umzusetzen.

Das Bildungsfachpersonal in der Kommune wird kontinuierlich mit Hilfe von Fortbildungen und Qualifizierungen dabei unterstützt, sich zu vernetzen, voneinander zu lernen sowie inklusive Strukturen in den Einrichtungen zu bilden. Die Arbeit mit

Stadt Verden
(Projektträger)

verabschiedet
und beschließt

beauftragt

Steuergruppe
*Projektleitung, Projektkoordination, Prozessbegleitung,
Verwaltungskraft, Gleichstellungsbeauftragte,
Fachberatung Kita*

lenkt alle Prozesse
und Abläufe

Inklusive Kommune	Einrichtung von inklusiven Bildungs- netzwerken	Qualifizierung von Fach- personal	Erziehungs- partnerschaften	Einbindung der Ehren- amtlichen

Akteur/innen
Stadtrat,
Verwaltung,
Einwohner/innen

Akteur/innen
Kindertagesstätten,
Offene Ganztags-
schule, Gemein-
wesenarbeit/Offene
Kinder- und Jugend-
arbeit, Lebenshilfe,
Eltern und Eltern-
vereine, Ehrenamt-
liche, Kirche und
Moscheen, Ortsräte,
Landkreis Verden

Akteur/innen
Externe Referen-
t/innen, Bildungs-
personal, Kita,
offene Ganztags-
schule, Gemein-
wesenarbeit/
Offene Kinder-
und Jugendarbeit

Akteur/innen
Externe Referen-
t/innen, Gemein-
wesenarbeit/
Offene Kinder-
und Jugendarbeit

Akteur/innen
Ehrenamtliche
werden über die
Bildungsnetzwerke
eingebunden

**Struktur Pro-
jekt Inklusiv-
VERbunden
Verden**

dem *Index für Inklusion* (Bildung Indexteams) wird weiter verstärkt, inklusive Leitbilder der Einrichtungen bestehen bereits (z.B. im Bereich Gemeinwesenarbeit) oder werden erarbeitet.

Darüber hinaus sollen Erziehungspartnerschaften zwischen Eltern und Einrichtungen aufgebaut werden. Dazu finden einrichtungsübergreifende Studientage in Kita, Grundschule, Sek. 1, OKJA (Offene Kinder- und Jugendarbeit) und GWA (Gemeinwesenarbeit) zur Elternarbeit statt. Die städtischen Kitas werden unter dem Titel „Willkommensorte für Familien" zu Familienzentren mit vielfältigen sowie niedrigschwelligen Bildungs- und Beratungsangeboten weiterentwickelt und die Zusammenarbeit mit den Eltern wird strukturell-konzeptionell weiter verankert.

Ehrenamtliche werden als gleichberechtigte Akteur/innen gesehen und stark in die Bildungsnetzwerke mit eingebunden. So entsteht ein soziales Bildungsnetzwerk, das die Familie in den Mittelpunkt stellt.

Aufbau und Funktion von Steuergruppen

Das Einsetzen einer Gruppe zum Steuern von Prozessen ist wichtig für eine gut koordinierte Umsetzung von Inklusion. Diese Steuer- oder Steuerungsgruppen können je nach Zielsetzung vor Ort unterschiedlich aufgebaut sein. Susanne Jungkunz, Leitung Strategische Sozialplanung – Demografie, Inklusion und Soziales der Stadt Oldenburg, beschreibt, wie die Steuerungsgruppe in Oldenburg zusammengesetzt ist und wie sie arbeitet.

Aufgaben und Zusammensetzung der Steuerungsgruppe in Oldenburg

Die Steuerungsgruppe besteht aus Bürgerinnen und Bürgern, Ratsmitgliedern, Mitgliedern der Verwaltung sowie Vertreter/innen aus Wohlfahrt, Wirtschaft und Wissenschaft. Den Vorsitz hat der Oberbürgermeister, seine Vertretung ist die Sozialdezernentin.

Aufgaben:
- Steuerung des Arbeitsprozesses zur Erstellung, Umsetzung und Weiterentwicklung eines kommunalen Aktionsplanes,
- kritisch-konstruktive Begleitung der stadtgesellschaftlichen Inklusionsbemühungen,
- Sicherstellung der dezernatsübergreifenden Zusammenarbeit,
- Wahrnehmung der vorhandenen Ressourcen und Einbindung der Kompetenzen der verschiedenen Dezernate in den Inklusionsprozess.

Zusammensetzung:
- für die Verwaltung je eine Vertreterin/ein Vertreter der Dezernate,
- für die Bürgergesellschaft fünf Vertreter/innen, davon zwei Jugendliche,
- für die Wohlfahrtspflege und Wirtschaftsverbände je eine Vertreterin/ein Vertreter (wird später noch ergänzt durch eine Vertreterin/einen Vertreter der Wissenschaft),
- für den Rat je eine Vertreterin/ein Vertreter der Fraktionen/ Gruppen.

Wie eine Steuerungsgruppe die Steuerverantwortung lernt und wahrnimmt

Indexfragen

Text: Susanne Jungkunz

Bis heute werden die Sitzungen mit der Bearbeitung einer Frage aus dem Kommunalen *Index für Inklusion* eingeleitet. In der Anfangsphase der Gruppenbildung war das sehr hilfreich, denn die Anwesenden sollten trotz manchmal gegenteiliger Vorerfahrungen auf Augenhöhe und in gegenseitigem Respekt miteinander arbeiten. Diese inklusive Kultur in der Steuerungsgruppe zu verankern, gelang durch den offenen Austausch über die Indexfragen außerordentlich gut. Am stärksten zeigte sich dies im Juni 2014 bei der Beantwortung der Frage „Können alle nachempfinden, wie es sich anfühlt, benachteiligt zu sein?" Die durch die ehrliche Beantwortung entstandene Nähe trägt bis heute.

Schnittstelle Zivilgesellschaft
Dass neben den Akteur/innen aus Politik und Verwaltung die von fehlender Teilhabe unmittelbar betroffenen zivilgesellschaftlichen Vertreter/innen mit am Tisch sitzen, steigert die Qualität der Prozesse und Ergebnisse. Auch konnten Beschlüsse und Empfehlungen der Steuerungsgruppe Inklusion unmittelbar in die Fraktionen und Verwaltungseinheiten zurückgespiegelt werden. Die zivilgesellschaftlichen Mitglieder wirken als Multiplikator/innen und stärken das Vertrauen der Aktiven in den Prozess.

Rolle der Leitung
Die Tatsache, dass der Oberbürgermeister den Vorsitz und die Sozialdezernentin den stellvertretenden Vorsitz innehat, unterstreicht die Wichtigkeit und Wertigkeit des Gremiums.

Einbindung der Fraktionen in der Steuerungsgruppe
Die Entscheidungsfindung fällt wesentlich leichter, wenn die Entscheider an den Diskussionen der Gremien beteiligt sind, wenn man weiß, warum und weshalb die Entscheidung so und nicht anders gefallen ist.

> *Dadurch, dass Politik in der Gruppe vertreten ist, ist das Vertrauen in die vorbereiteten Beschlüsse groß. Ohne Politik in der Gruppe hätten wir ein Problem, die Inhalte vernünftig zu transportieren. (Joachim Guttek)*

Perspektivenvielfalt
Die Sichtweisen und Forderungen der betroffenen Menschen in der Steuerungsgruppe kennenzulernen, erleichtert der Politik manche Entscheidung. Kennt man als „Nichtbetroffener" die Bedürfnisse von Menschen mit Behinderungen oder geflüchteten Menschen? Es geht eben nicht nur um die Barrierefreiheit, von der so oft gesprochen wird, sondern auch um den Umgang miteinander, um die Anerkennung.

Kontinuität oder neue Impulse?

Bisher gab es nur eine Nachbesetzung im Bereich Wissenschaft, sodass das Gremium mit großer Kontinuität arbeiten konnte. Zwar besteht auch die Chance, durch neue Menschen neue Impulse zu erhalten. Es besteht aber zugleich die Besorgnis, den hohen emotionalen und fachlichen Standard der bisherigen Arbeit erhalten und sichern zu können.

Strukturen einrichten und weiterentwickeln

Genauso wie eine Kultur der Zusammenarbeit sind auch Strukturen immer da, ob bewusst gestaltet oder unbewusst herausgebildet. Strukturen, die sich unbewusst herausbilden, bewirken oft, dass das Vorankommen und die Ergebnisse hinter dem zurückbleiben, was wünschenswert und auch möglich wäre. Sichtbar gemachte Strukturen helfen, sich zu orientieren, Schnittstellen zu erkennen und die eigene Rolle zu finden.

Ich halte es für notwendig, dass in einer Kommune eine Stelle geschaffen wird, an der die Dinge zusammenlaufen. Und es ist wichtig, dass für diese Stelle jemand gesucht wird, der das Thema mit Herzblut verwirklichen will. An der Stelle ist Transparenz gefragt: Wie wird die Stelle ausgeschrieben, wer macht die Auswahl, und wen wählt man aus? Hier kann man schon im Vorfeld steuern. Und natürlich ist zu empfehlen, den Fokus von vornherein klar auf eine umfassende Definition von Inklusion zu legen. (Andrea Hufeland)

Kooperation durch Koordination

→ Vernetzung im Quartier und darüber hinaus, Seite 192

VivO (Vielfalt vor Ort) ist ein inklusives Netzwerk in Bonn-Beuel, an dem sich verschiedene Schulen, Kitas und andere Einrichtungen in Beuel-Mitte beteiligen. Die VivO-Einrichtungen kooperieren miteinander, nutzen vorhandene Ressourcen gemeinsam und wollen so den Sozialraum für Kinder und Jugendliche noch attraktiver gestalten. Die Zusammenarbeit besteht seit Jahren, viele Beteiligte sind von Anfang an dabei. Das Stadtteilfest und die regelmäßigen Aktivitäten im VivO-Garten stärken die Gemeinschaft.

Um die Kooperation lebendig zu halten, braucht es einen Motor, den derzeit die Stadtverwaltung im Sinne einer Geschäftsführung stellt, nachdem eine Projektstelle über die Jugendfarm Bonn e.V. ausgelaufen war. Die Akteur/innen werden bei ihren Aktivitäten begleitet und mit inhaltlichen Inputs unterstützt. Umsetzung und Tempo bestimmen die Handelnden im Netzwerk selbst. (Sabine Lukas)

Verantwortung teilen

Die Idee ist von zwei, drei Personen ausgegangen, die Projekt- und die Inklusionsidee sind gewachsen. In der Gruppe gibt es keine Hierarchie, es ist ein freiwilliges Zusammensein – Priorität hat der Spaß durch das gemeinsame Tun und Wirken. Grundsätzlich ist die Verantwortung auf viele Schultern verteilt, sodass keiner aufgrund eines Postens steuert. Alles wird gemeinsam im Arbeitskreis besprochen, es wird gemeinsam gesteuert. Im Konsens werden nächste Schritte geplant. Jeder ist durch diese Vorgehensweise ersetzbar. Wer da ist, kann Verantwortung für die Umsetzung übernehmen. (Walter Hövel und Jürgen Sellge)

Erkenntnisse aus der Organisation des Projektes „Inklusion vor Ort"

- Die Ziele des Projektes bestimmen den Aufbau der Strukturen: Welche Perspektiven und Kompetenzen brauchen wir, um die Projektziele zu erreichen? Wie organisieren wir uns am besten? Das im Projektverlauf auch immer wieder überprüfen.
- Es ist wichtig, sich andere Meinungen zur Projektorganisation einzuholen, den Blick von außen.
- Offen bleiben für Änderungen, die sich aus dem Projektverlauf und den Erfahrungen ergeben – die Projetorganisation ist nicht in Stein gemeißelt.
- Sinnvolle Änderungen zeitnah umsetzen und kreative Lösungen finden, wenn das Budget durch diese Änderungen stärker belastet wird als geplant.
- Mut zu Zwischen- und Übergangslösungen finden, wenn beispielsweise noch nicht alle Rollen besetzt werden können.

Kontinuität ermöglichen

Als die offizielle Arbeit der einzelnen Arbeitsgruppen mit der Verabschiedung des „Kommunalen Aktionsplans Inklusion" in Oldenburg endete, wurde mit dem Netzwerk Inklusion*konkret!* ein Gremium geschaffen, das aus sämtlichen Akteur/innen besteht und den Umsetzungsprozess des Aktionsplans kritisch-konstruktiv begleitet. Bei einer Normgröße von regelmäßig ca. 70 Teilnehmenden hat sich die Bildung einer Sprecher/innenrunde auch hier als unerlässlich erwiesen.

Aus jeder Arbeitsgruppe wurden zwei Sprecher/innen in eine sogenannte Sprecher/innenrunde entsandt. Sie soll den Austausch zwischen den verschiedenen Arbeitsgruppen sicherstellen und für Transparenz des Prozesses sorgen. Die Sprecher/innen der zehn Arbeitsgruppen, die den Aktionsplan erstellt haben, wirkten bis hin zu den politischen Beratungen mit. Sie stellen die erarbeiteten Maßnahmen zusammen mit der Verwaltung in den verschiedenen politischen Ausschüssen vor. Damit bekam die Arbeitsgruppenarbeit auch in den politischen Ausschüssen des Rates der Stadt noch einmal eine besondere Bedeutung. (Klaus Raschke)

Die Sprecher/innen koordinieren nicht nur das Geschehen rund um ein Netzwerktreffen, sondern übernehmen darüber hinaus Aufgaben in der Mitgestaltung, der Vor- und Nachbereitung – zum größten Teil ehrenamtlich. Neben den „altbewährten" Sprecher/innen spielten auch die Neu-Einsteiger/innen eine große Rolle. Um ihnen eine bessere Orientierung zu ermöglichen, werden vor dem eigentlichen Beginn des Treffens kurze Einführungen angeboten, die über das bisher Geschehene sowie wesentliche Grundzüge informieren. (Peter Dresen)

Haupt- und Ehrenamt

Im Prozess der kommunalen Inklusion gibt es immer eine Zusammenarbeit von Menschen, die in diesem Bereich hauptamtlich tätig sind und deren Mitarbeit Arbeitszeit ist, und anderen, die ehrenamtlich in ihrer Freizeit daran mitarbeiten. Die Reflexion über die eigenen Möglichkeiten und Grenzen und der offene Austausch darüber sind deshalb wichtige Voraussetzungen dafür, dass die bunte Mischung der verschiedenen Perspektiven und Ressourcen Früchte trägt.

So sollten einerseits Beratungen in Steuerungsgruppen, Arbeitsgruppen oder Workshops zeitlich so terminiert werden, dass die ehrenamtlichen Teilnehmenden nicht ausgeschlossen werden. Andererseits legen hauptamtliche Mitarbeiter/innen oft Wert darauf, dass die Veranstaltungen in ihrer Arbeitszeit liegen. Das kann bedeuten, dass vom Arbeitgeber sauber geklärt sein muss, ob und wie Arbeitszeit auch verlagert werden kann. Geklärt werden muss auch, ob die Bereitschaft der Hauptamtlichen vorhanden ist und von welchen Teilnehmenden welche Kompetenzen und welche Arbeitskapazitäten erwartet werden.

Ein inklusiver Prozess funktioniert ohne gewachsene Teamstrukturen nicht. Es bedarf eines intensiven Zusammenspiels zwischen Haupt- und Ehrenamtlichen, die nicht nur bei Großveranstaltungen sowie in der Vor- und Nachbereitung zusammenarbeiten, son-

dern auch darüber hinaus mit viel Einsatz und Freude mitwirken. Dazu sind feste Vorgaben wichtig, z.B. Protokollführung, Zuständigkeiten und regelmäßige Zusammenkünfte, aber auch die persönliche Freiheit jeder/jedes Einzelnen, sich so einzubringen, wie es die persönliche Situation erlaubt. Teamentwicklung findet nur dann erfolgreich statt, wenn neben der (täglichen) Arbeit der Spaß und die Bedeutung des Tuns nicht verloren gehen. (Peter Dresen)

Ehrenamtliche sind ein großes Pfund. Aber man sollte ihr Engagement nicht einfach voraussetzen. Damit sie nicht nach einem halben Jahr frustriert abspringen, muss man die ehrenamtliche Arbeit organisieren und unterstützen. (Reinhard Schmid)

Externe Partner

Externe Partner sind Partner, die nicht eindeutig der Kommune „zugeordnet" werden können. Dazu gehören Hochschulen, Kultureinrichtungen anderer Bezirke, bundesweite Initiativen und Bewegungen und auch internationale Einrichtungen etc. Alle in der Kommune lebenden Menschen und ansässigen Unternehmen, Vereine und Initiativen sind Bestandteil der Kommune und somit nicht „extern". Es ist nicht immer leicht, sie selbstverständlich mitzudenken.

Hochschulen

Hochschulen können enge, verbindliche und verlässliche Partner kommunaler Entwicklung sein. Dann sind sie ein großer Gewinn für die Gestaltung von Veränderungsprozessen und Herausforderungen, die lokal und global zu meistern sind. Dabei dürfen sich die Rolle und Aufgabe der Hochschule nicht auf Forschung, Lehre und die innere Entwicklung beschränken. Hochschulen müssen sich auch in Bezug auf ihre Rolle im gesamtgesellschaftlichen Kontext be- und hinterfragen lassen – auf allen Ebenen. Von beiden Seiten, von Seiten der Kommune und von Seiten der Hochschulen, können Ressourcen entdeckt werden, die mit dem Standort der Hochschule in einer Kommune oder Region und den spezifischen Kompetenzen der Hochschule als System sowie den Hochschulangehörigen zu tun haben.

→ Wissenschaftliche Begleitung, Seite 97

> *Die Kooperation mit Wissenschaft und Forschung stärkt die Prozess- und Ergebnisqualität. Sie kann Orientierung sein, zur Sicherung der Qualität beitragen, Türen öffnen, die Akzeptanz stärken und eine Plattform der (fach-)öffentlichen Präsentation bieten.* (Jo Jerg und Joachim Hils)

Stiftungen

Auch Stiftungen können für inklusive Veränderungsprozesse eine wichtige Rolle spielen. Sie können Initiativen und Projekte fördern und gleichzeitig operativ Projekte durchführen sowie mit Expert/innen innovative Prozesse begleiten. Etliche Stiftungen unterstützen langfristige Projekte und achten auf nachhaltige Entwicklungen und Verstetigungen. Der deutsche Stifterverband hilft bei der Suche nach der passenden Stiftung und informiert grundsätzlich über das Stiftungswesen und aktuelle Entwicklungen.

Partizipation und Teilhabe

Partizipation bedeutet: gemeinsam gestalten, Entscheidungen treffen, sie mittragen und auch umsetzen. Dafür braucht es breit angelegte Prozesse, in denen von Anfang an inklusiv gedacht wird und in die bereits zu Beginn viele involviert werden, die dann gemeinsam planen und entscheiden.

Partizipation ist ein Wert, keine Methode. Partizipation ist ein Weg, um Menschen für Prozesse zu gewinnen – oder zu verlieren. Menschen haben ein Recht auf Teilhabe, nicht den Zwang zur Teilhabe. Beteiligung hat immer auch etwas mit Interesse und Selbstverantwortung zu tun.

Wenn wir eine Gruppe nicht dabeihaben, dann müssen wir sie zumindest mitdenken. (Andrea Hufeland)

Selbstorganisierte Bürger-
beteiligung: Bürger/innen
engagieren sich ...

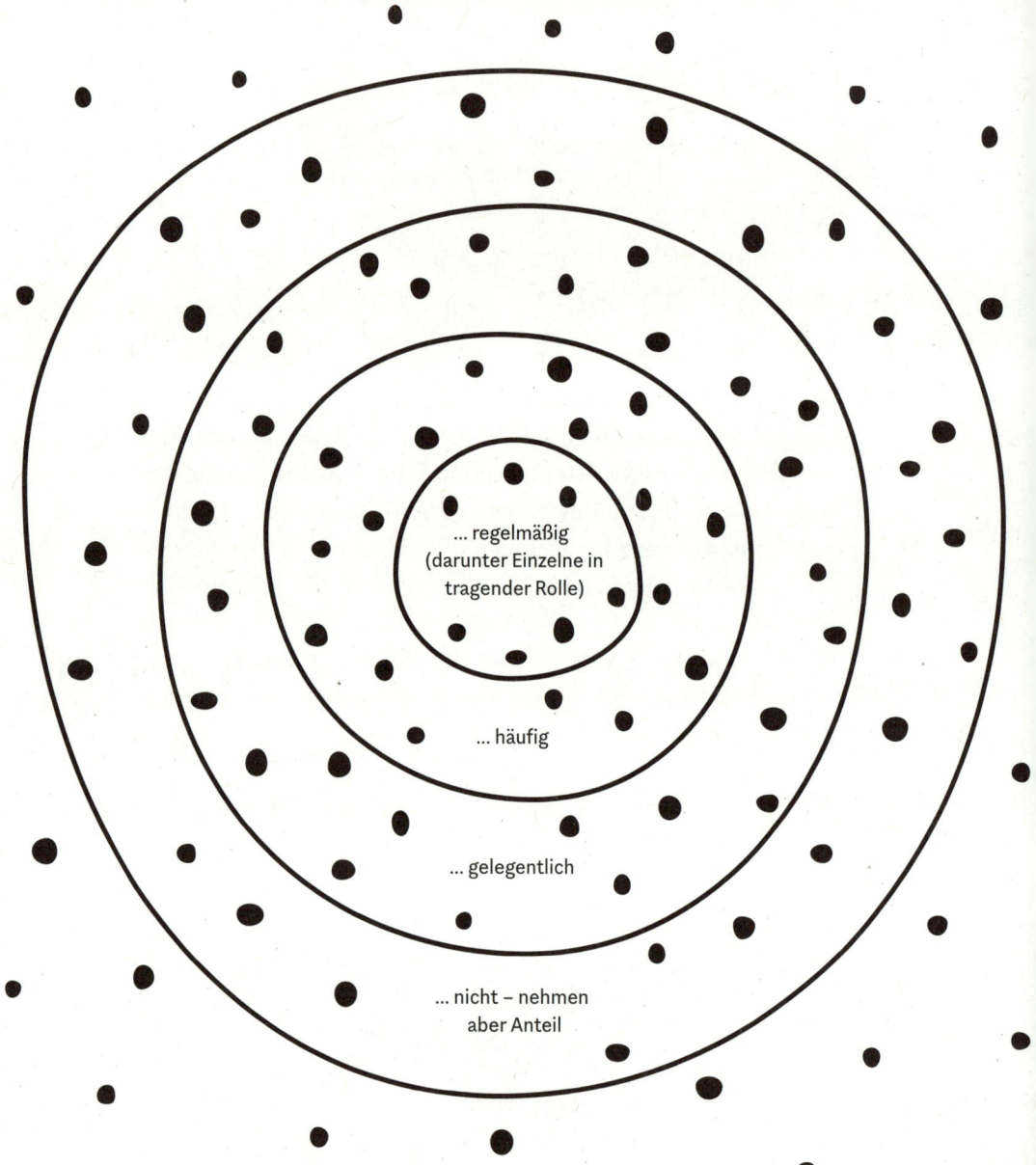

... regelmäßig
(darunter Einzelne in
tragender Rolle)

... häufig

... gelegentlich

... nicht – nehmen
aber Anteil

**Unterschiedliche
Intensitäten
von Beteiligung**
Idee: Frank Schmit

Es gibt unterschiedliche Intensitäten von Beteiligung – sowohl in der Qualität der Beteiligung als auch im zeitlichen Umfang. „Selbstorganisation" wird oft als höchste Form der Beteiligung dargestellt, aber auch da gibt es ein breites Spektrum zwischen Anteilnahme (passive Kenntnisnahme dessen, was selbstorganisiert passiert) bis hin zu Leadership. Menschen können sich stark im Hintergrund halten, aber einen Prozess von außen voll unterstützen – und umgekehrt können Menschen vor Ort dabei sein, aber sich trotzdem nicht beteiligen. Wichtig ist, Menschen eine Beteiligung zu ermöglichen, Beteiligung gut zu organisieren und Entscheidungen gemeinsam vorzubereiten und zu treffen.

Beteiligt man sich oder wird man beteiligt? Beide Perspektiven sind richtig: Eine aktive Beteiligung wird ohne eigenes Interesse und eigene Initiative nicht zustande kommen – aber auch dann nicht, wenn die Möglichkeiten dazu nicht geschaffen werden. Und: Niemand *muss* sich beteiligen. Beteiligung ist kein Zwang, sondern eine Möglichkeit, die allen offenstehen sollte.

Menschen zusammenbringen

Wann beteiligen oder engagieren sich Menschen? Wie schafft man es, „alle" im Blick zu haben und alle anzusprechen? Typische Anlässe und Formate für Begegnung und Beteiligung sind an den meisten Orten schon vorhanden: Welche Feste, Veranstaltungen, Märkte realisiert die Kommune/der Stadtteil sowieso schon, die als Plattform für Gespräche zu Inklusion und Fragen zur Bestandsaufnahme geeignet wären?

Die Kunst, „alle" zu beteiligen
Viele Beteiligungsmethoden und -prozesse sind auf bestimmte Gruppen von Menschen fokussiert. Oft werden ein bestimmtes

Sprachverständnis, bestimmte Erfahrungen oder Kenntnisse vorausgesetzt. Die Kunst, „alle" zu beteiligen, bedeutet Offenheit und vielseitige Gestaltung. Die Perspektive vieler zum Ausgangspunkt der Planungen zu machen, ist ein wichtiger Gesichtspunkt. Wenn alle bereits zu Beginn beteiligt sind, kann auch der Prozess für alle einladend gestaltet werden. Jede/r bringt seine/ihre Perspektive mit. Das erhöht die Qualität im Planungsprozess, denn die Beteiligten sind gleichzeitig auch die Multiplikator/innen. Dadurch ist auch eine breitere Informationsbasis für Entscheidungen vorhanden. Es werden alle Beteiligten gebraucht, und man muss zwischendurch immer wieder fragen: Wer fehlt noch? Wer ist nicht mehr dabei?

Für alle Menschen gilt: Es muss für sie Sinn machen, sich an bestimmten Aktivitäten oder Prozessen zu beteiligen. Und der Zugang muss stimmen. (Elena Lazaridou)

Menschen für die Idee von Inklusion und womöglich für einen persönlichen Beitrag (Interesse, Identifikation, Engagement) zu gewinnen, bedeutet, sie von Beginn an zu informieren, in Gesprächen geeignete Fragen zu stellen und sorgfältig zuzuhören. Es ist sinnvoll, ein wesentliches Zeitbudget einzuplanen, um Gelegenheiten für diese Begegnungen zu organisieren, passende Orte zu finden und methodisches Handwerkszeug einzusetzen. (Yvonne Vockerodt)

Wie erreicht man „schwierige" Zielgruppen?

Die Frage, aus welchen Gründen sich Menschen beteiligen, wann sie wovon und von wem erreicht werden und sich angesprochen fühlen, verändert noch einmal den Blick auf Beteiligungsprozesse und Zielgruppen: Für wen und wann sind Menschen mit spezifischen Erfahrungen, in bestimmten Lebensphasen zu erreichen und ansprechbar? Mit welchen Mitteln, welcher (An-)Sprache, zu welchem Zeitpunkt und an welchem Ort sind sie erreichbar? Kinder und Jugendliche nutzen andere Kommunikationswege als die meisten Erwachsenen – und sie wünschen sich wahrscheinlich andere Formen von Beteiligung. Tipps dazu können Kinder und

Jugendliche am besten selbst geben. Sie sind die Expert/innen. Aber auch hier gilt: Nicht alle Kinder und Jugendlichen ticken gleich. Jede scheinbar noch so klare Zielgruppe ist auch in sich ganz unterschiedlich.

> „Schwierige" Zielgruppen gibt es in inklusiven Beteiligungsprozessen nicht. Die Vielfalt von Menschen erfordert eine Vielfalt von Zugängen, Aufmerksamkeit und Ressourcen. (Wiebke Lawrenz)

Zur Teilhabe Jugendlicher in Dedinghausen

[25] Dedinghausen aktuell, Seite 26

Ein Interview mit Lara Nünnerich – sie war eine der jüngeren Teilnehmerinnen beim Workshop zur Teilhabe Jugendlicher in Dedinghausen am 10. April 2015 in der Gastwirtschaft „An der Bahn". In einem Gespräch mit der Dorfzeitung „D. a." (*Dedinghausen aktuell*) ging die 18-jährige Abiturientin noch einmal, stellvertretend für andere Jugendliche, auf den Workshop, dessen Hintergründe und Auswirkungen ein. [25]

Lara, wie hast du den Workshop am 10. April empfunden? Der Anfang war ja ganz locker. Doch dann gingen die Gespräche in eine falsche Richtung. Die Erwachsenen dachten falsch. Sie gingen ihren Vorstellungen nach und hinterfragten nicht, was die Jugendlichen dachten und wollen.
Wie fällt dann nun dein persönliches Fazit aus? Nachdem die Erwachsenen der Anregung, statt einer Jugendkonferenz eine Party für Jugendliche zu machen, zugestimmt hatten, ging ich mit einem guten Gefühl nach Hause.
Wie ist ganz allgemein dein Eindruck bezüglich der gegenseitigen Wertschätzung von Jugendlichen und Erwachsenen? Ganz allgemein werden Jugendliche im Dorf sehr wertgeschätzt. Doch würden die Erwachsenen die Dinge mehr aus Sicht der Jugendlichen sehen oder ihre Ansichten übernehmen, würde, so ist meine Ansicht, vieles anders und besser gehen.
Wie kriegt man das hin? Man muss mehr miteinander reden. Es müssen mehr und offenere Gespräche zwischen Jugendlichen und Erwachsenen geführt werden. Zunächst im Privaten und dann in öffentlicher Form. Persönliche Gespräche sind sehr wichtig.

Was meinst du mit öffentlicher Form? *Jugendliche sollten z.B. an Jahreshauptversammlungen der Vereine teilnehmen, dort ihre Ansichten vertreten und von den Erwachsenen ernst genommen werden.*

Aber die Möglichkeit gibt es doch. Alle Vereine laden immer alle ein – auch Jugendliche. *Ja, aber Jugendliche lesen die Einladungen nicht. D. a. und Aushänge sind nicht die Infoquellen, die Jugendliche nutzen. Auch hier sind persönliche Gespräche wichtig. Wenn z.B. ein Trainer nach dem Training in der Kabine die Jugendlichen persönlich einlädt und ihnen erklärt, warum ihre Anwesenheit bei der Versammlung wichtig ist und dass ihre Meinung gehört und akzeptiert wird, ist das der bessere Weg.*

Wie können sich deiner Meinung nach Jugendliche ins Dorfleben von Dedinghausen einbringen? *Die Jugendlichen sollten sich vielleicht einfach mehr auf Dinge einlassen. Sie sollten erkennen, dass vieles auch sie betrifft.*

Wie geht es nun im Prozess der Teilhabe Jugendlicher in Dedinghausen weiter? *Wir treffen uns jetzt bald und besprechen, was für die Jugendparty zu organisieren ist, stellen einen Kostenplan auf und schauen mal, wer uns unterstützen könnte.*

Homogene Gruppen gibt es nicht

Auch „Menschen mit Migrationshintergrund" sind keine homogene Gruppe. Deshalb gibt es auch kein allgemeines Rezept, um die verschiedenen Anliegen und Interessen anzusprechen. Um Menschen zu erreichen, brauchen wir weniger mehrsprachige Flyer, sondern mehr Erkenntnisse über ihre Lebenssituation: Was sind ihre Sorgen, Nöte, Bedarfe und Ressourcen? Dabei helfen können Vertraute und Organisationen der ethnischen Community, Settings, in denen sie in ihrer Familiensprache sprechen können oder solche, die weniger „sprach- bzw. deutschlastig" ausgelegt sind. Die persönliche Ansprache ist Gold wert! (Donja Amirpur)

Nicht ohne uns über uns

„Nicht ohne uns über uns" ist eine alte Forderung der Bürgerbewegung der Menschen mit Behinderungen. Wir haben gelernt, wenn wir diese Forderung ernst nehmen, bringt das Qualität und Tiefe in Prozesse und Vorhaben. So ist die Vielfalt der Blickwinkel, die Zunahme an Kreativität und Lösungskompetenz positiv. Fragestellungen werden nicht um ihrer selbst willen bearbeitet, sondern weil damit Probleme von Menschen gelöst werden, die auf Augenhöhe auch „am Tisch sitzen". So Beteiligte übernehmen von Anfang an selbst Verantwortung für die Sache. (Susanne Jungkunz)

Beteiligung organisieren

→ Vgl. *Inklusion vor Ort,* Seite 146–177

Es gibt eine große Vielfalt an Methoden, um mit Gruppen partizipativ zu arbeiten. Prozessbegleiter/innen und Moderator/innen verfügen über ein professionelles Repertoire, um für den Anlass und die Zusammensetzung die richtigen Zugänge zu finden. Aber es gibt auch Methoden, die für jede Art von Gruppenarbeit, auch ohne „professionelle" Moderation, nützlich sind. Eine Auswahl an Methoden bietet zum Beispiel *Inklusion vor Ort – Der Kommunale Index für Inklusion.*

Methoden sind Gefäße, die Inhalte brauchen. Die Kunst liegt darin, verständliche und zugleich überraschende, persönliche und systemische Fragen zu formulieren. Methoden sind Werkzeuge, die Passung brauchen. Ihre Gestaltung ist dann gelungen, wenn Menschen sich mit ihrer Hilfe auf vielfältige Weise hör- und sichtbar machen können. (Yvonne Vockerodt)

Impulse für Integration und Partizipation

Die Teilnehmenden einer Tagung der Stiftung Mitarbeit haben aus unterschiedlichen Perspektiven über die Partizipation und das Engagement für, mit und von Geflüchteten diskutiert. Die dort erarbeiteten Empfehlungen wurden in das abschließende Forumsgespräch mit Politiker/innen des Deutschen Bundestages eingebracht. Grundlage der erarbeiteten Empfehlungen ist ein konsequent partizipativer Ansatz in der Zusammenarbeit von Kommunen, zivilgesellschaftlichen Akteur/innen und Geflüchteten.

Beteiligung vor Ort: Dorfkonferenz Dedinghausen

In der ersten Dorfkonferenz wurden zunächst verschiedene Ideen wie Bürgernetzwerk, Dorfladen, Hilfen im Alltag vorgestellt. Anschließend war Zeit für einen Austausch zu konkreten Fragen: Was bestimmt, was gefährdet unsere Lebensqualität? Was brauchst du? Was kann ich selbst für andere einbringen? Was ist uns als Gemeinschaft wichtig und wie wollen wir uns darüber verständigen?

Wirtschaftliche, soziale und ökologische Risiken, demografischer Wandel, veränderte Kindheit: die Herausforderungen der Zukunft machen nicht vor den Toren Dedinghausens halt und betreffen uns in allen Lebensphasen und Altersstufen. Doch ist Optimismus dort angesagt, wo wir Herausforderungen nicht alleine gegenüberstehen müssen, denn vielleicht ist das Wertvollste, das wir in einer Gemeinschaft besitzen, gegenseitige Unterstützung und menschliche Zuwendung sowie das Potenzial, gemeinsam Dinge zu verändern. (Ludger Schulte-Remmert)

Erkenntnisse aus den Dorfkonferenzen Dedinghausen

Ansetzen dort, wo Bedarfe sind

Die Grundhaltung ist nicht, die von einigen wenigen Personen vorgefertigten Ideen zu bearbeiten, sondern die Teilnehmenden zu ermutigen, eigene Ideen miteinzubringen: Was habt ihr für Ideen? Wie können wir euch unterstützen?

Beteiligung fördern

Methodisch wurde der partizipative Ansatz durch eine offene Beteiligungsstruktur in den Dorfkonferenzen gewährleistet. Jedoch wurde während des Gesamtprozesses eine Herausforderung deutlich: Menschen haben manchmal die Tendenz, sich abzukoppeln und ihr eigenes Ding zu machen. Ziel ist es, offene Beteiligungsstrukturen anzubieten. Konflikte müssen bereits bei der Anbahnung angegangen werden, da diese sich sonst unterschwellig weiterentwickeln.

Gute Vorbereitung ist alles

In der Vorbereitung der Dorfkonferenzen war es wichtig, sich auf eine offene Struktur einzulassen, in der die Teilnehmenden die Möglichkeit bekamen, sich mit ihren Ideen einzubringen und die Umsetzung anzustoßen. Die eigene ergebnisoffene Haltung und die methodische Umsetzung klarzuhaben, ist eine wichtige Voraussetzung für eine gelungene Veranstaltung.

Die Protokolle der Arbeitsgruppen veröffentlichen

Um die Beteiligungsstruktur zu fördern, ist die Transparenz der Ergebnisse aus den Arbeitsgruppen wichtig. Sie wurden auf der Homepage veröffentlicht, der jeweils aktuelle Stand in der Dorfzeitung. So wurden auch Zugänge geschaffen für Menschen, die nicht selber mitmachen.

Ein Gerüst vorgeben und eine gemeinsame Grundlage schaffen

Ein Gerüst vorzugeben, das die Möglichkeit eröffnet, sich zu beteiligen, Verbündete zu finden und die Umsetzung anzustoßen, ist ein Schritt. Der andere Schritt ist, eine Grundlage aufzubauen mit einem gemeinsamen Verständnis der Zielsetzung.

Offene Diskussionen

Die Menschen kommen in der Dorfkonferenz mit unterschiedlichen Motivationen und Voraussetzungen zusammen. Da ist es
wichtig, eine gemeinsame inhaltliche Grundlage zu schaffen. In
offenen Diskussionen ist das Ergebnis im Vorfeld noch nicht klar,
alle können sich beteiligen.

Führung darf nicht zu streng sein, aber auf alles vorbereitet: Wenn zu stark vorstrukturiert wird, dann fühlen sich einige gegängelt.

Die Balance zu finden zwischen prozessorientierter Offenheit
und strukturiertem Vorgehen, erfordert viel Ausprobieren und
Fingerspitzengefühl für die Menschen vor Ort, die oft auch die
persönliche Ansprache brauchen. Das braucht viel Zeit und Geduld. Starre Strukturen, die langfristige Verpflichtungen mit sich
bringen, sind nicht mehr gewollt. Die Menschen sind eher bereit,
sich thematisch zu engagieren, wenn sie flexibel bleiben.

Freizeitanspruch nicht aus dem Blick verlieren, gerne zusammen sein

Ein weiteres Kriterium ist, dass das Engagement Spaß machen
soll, da es in der eigenen Freizeit stattfindet.

Barrieren für Teilhabe überwinden

Manchmal sind es gar nicht die konkreten Verhaltensweisen einzelner Menschen, die als diskriminierend erfahren werden, sondern die Barrieren innerhalb der Strukturen, die oft nicht auf den
ersten Blick erkennbar sind: eingeschränkte Zugänge zu Schulen, Bildungsangeboten, Wohnraum etc., (zu hohe) Kosten für
Freizeitangebote und Dienstleistungen, familienunfreundliche
Öffnungszeiten von Stellen und Ämtern, unverständliche Informationen etc. Solche Barrieren können genauso unüberwindbar
wirken wie eine hohe Treppe für Menschen in Rollstühlen oder
mit Kinderwagen.

Teilhabe ermöglichen in einer armen Stadt

Ein Beitrag von Wilfried Reckert, ehemals städtischer Senioren-
und Behindertenbeauftragter der Stadt Gelsenkirchen, jetzt u.a.
ehrenamtlicher Seniorenvertreter/Nachbarschaftsstifter und
Lehrbeauftragter für Soziale Arbeit an der FH Dortmund.

Gelsenkirchen (260.000 Einwohner/innen) ist eine Stadt mit hoher Arbeitslosigkeit und niedrigen Bildungsabschlüssen, und es
kann mutlos machen, wenn man diesen Zustand auf kommunaler
Ebene nur verwalten, aber nicht verändern kann. Eine Bürgerbewegung „Gelsenkirchener Appell" fordert seit Jahren einen besonderen sozialen Arbeitsmarkt mit zunächst mindestens 2.000
sozialversicherungspflichtigen Dauerplätzen, die sich (zunächst)
auf dem Markt nicht selbst behaupten – etwa ein Quartiers-
rikschadienst für Mobilitätsbeeinträchtigte. Mit Landes- und
EU-Mitteln sollten 200 solcher Arbeitsplätze geschaffen werden,
eine Maßnahme, die die neue Landesregierung gerade wieder
zurückgenommen hat. Die großen gesellschaftlichen Exklusions-
trends können nicht auf der Quartiersebene entsorgt werden.
Quartiersarbeit sollte den politischen Anspruch behalten, auf
Missstände hinzuweisen und ihre politische Bekämpfung einzufordern.

Engagement fördern

Was können Kommunen tun, um auch Armen und Bildungsbe-
nachteiligten zu helfen, sich zusammenzutun, ihre Interessen zu
vertreten, sich zu engagieren? Vielfach ist belegt, dass durch dieses Engagement soziale Kontakte, Kompetenzen und das Selbst-
wertgefühl gestärkt werden. Wenn benachteiligte Gruppen – außerhalb der Familien- und unmittelbaren Nachbarschaftsarbeit
– hier unterrepräsentiert sind, heißt das, dass Engagement die
Ungleichheit verschärft. Die Stadtgesellschaft braucht aber alle –
und gerade diejenigen, deren Potenzial brachgelegt wurde.

Ermunterung – Isolation aufbrechen

Ermunterung meint, gerade die persönlich anzusprechen, die
durch ein liebloses Elternhaus, durch eine selektierende Schule
oder durch ein überforderndes und ausgrenzendes Erwerbsleben

die Erfahrung machen mussten, dass man auf sie herabsieht oder sie als überflüssig betrachtet. Sie können erreicht werden, wenn sie Wertschätzung erfahren, wenn sie nicht als Problemfälle angesprochen werden, sondern als Menschen, die Probleme der Stadtgesellschaft gemeinsam mit anderen anpacken können. Isolation schwächt, Gemeinschaft stärkt.

Ermöglichung – Strukturen schaffen und Kosten vermeiden

Um Freiwilligenarbeit zu fördern, bedarf es nicht nur Einzelmaßnahmen, sondern verlässlicher Strukturen und einer Kultur des Respekts, der Ermöglichung. Die Kommune und das Generationennetz Gelsenkirchen e.V. haben für Ältere Begegnungs- und Engagementstrukturen geschaffen, Quartierskonferenzen in ca. einem Drittel der 40 Quartiere, 18 ZWAR-Gruppen („Zwischen Arbeit und Ruhestand") in allen Stadtteilen, davon zwei Türkisch und eine Russisch sprechende und zwei für Menschen mit und ohne Beeinträchtigungen, und über 100 Seniorenvertreter/innen und Nachbarschaftsstifter/innen. Wenn die Engagierten arm sind, darf sie die Freiwilligenarbeit nicht auch noch etwas kosten. Das gemeinsame Kaffeetrinken ist eine kleine Entschädigung und wirkt darüber hinaus gemeinschaftsstiftend. Die Nachbarschaftsstifter/innen erhalten ein Ticket 1000, um kostenlos in der Stadt mobil zu sein. Die ZWAR-Basisgruppen und ihre über 100 Interessengruppen nutzen kostenlos Räumlichkeiten der Partner im Generationennetz. Für die Spaziergangsgruppen gibt es kostenlose Tickets, wenn einmal der Nahverkehr bemüht werden muss. Die Kulturloge verschafft kostenlosen Eintritt für Bedürftige, und Kulturbegleiter/innen helfen bei der möglicherweise erstmaligen Kunstbegegnung.

Ermutigung – professionelle Begleitung anbieten

Ermutigung meint: professionelle Begleitung. Ungefähr zehn Stellen für Engagementförderung und Sozialraumnetzwerke wurden dazu im Generationennetz Gelsenkirchen e.V. geschaffen, durch die Stadtverwaltung finanziert und mit besonders qualifiziertem, engagiertem und am Gemeinwesen orientiertem Personal besetzt, das die bürgerschaftlich Engagierten wertschätzend unterstützt und begleitet. Das Generationennetz unterstützt die Engagierten regelmäßig mit vielfältigen Kursen, Seminaren und Veranstaltungen.

Ermächtigung – Macht statt Ohnmacht

Vor allem aber müssen die Freiwilligen ihre Wirksamkeit spüren, also Ermächtigung. Das Gefühl von Ohnmacht, das sich im Land breitmacht, lähmt. Kurze Wege zur Verwaltung, kurze Wege zu den Bezirksvertretungen und Bezirksbürgermeisterämtern ermöglichen es, wahrgenommen zu werden. Auf kurzem Wege können kleine Ideen rasch realisiert werden. Hier gibt es aber auch noch die größten Reibungsverluste: Die Uhren der Bürger/innen und der Verwaltung ticken unterschiedlich, die bürgerschaftlich Engagierten werden von kommunalen Politiker/innen mitunter als Konkurrenz empfunden, die Verwaltung ist nicht sozialräumlich organisiert, und die versäulten Strukturen werden Querschnittsaufgaben nur schwer gerecht.

Generationenübergreifendes Engagement für bessere Chancen

Engagementförderung Älterer ist keine pure Altenarbeit, sondern auf Generationensolidarität gerichtet. Unserer Erfahrung nach liegt den bürgerschaftlich Engagierten gerade das Wohl von Kindern und Jugendlichen am Herzen. In den ZWAR-Gruppen und unter den Nachbarschaftsstifter/innen sind viele Lernpat/innen von Grundschulkindern. Viele lesen oder erzählen in Kindergärten oder sind Familienlots/innen. Ältere können und sollen eine Avantgarderolle im zivilgesellschaftlich organisierten und kommunal unterstützten Bemühen um neue freiwillige und freiheitliche Nachbarschaft, um neuen sozialen Zusammenhalt spielen. Ältere können (unter anderem als Mentor/innen und Leihgroßeltern) zu einer Kompensation massiver Chancenungleichheit von Kindern und Jugendlichen beitragen.

Im Kleinen für sozialen Zusammenhalt zu wirken, ist eine anspruchsvolle, aber lohnende Aufgabe, für die viele aus der Stadtgesellschaft gewonnen werden können, wenn die Kommune in die Ermöglichung investiert. Das kann auch zur Kritik an den gesellschaftlichen Exklusionsprozessen ermutigen.

Beteiligung öffnet Türen – Beispiel: Moscheebau

Interview mit Dr. Ali Özgür Özdil, Islamwissenschaftler und Religionspädagoge aus Hamburg. Er ist Mitbegründer des Rates der islamischen Gemeinschaften in Hamburg und in der Fort- und Weiterbildung von Imamen tätig. Als Direktor des Islamischen Wissenschafts- und Bildungsinstituts e.V. berät er Pädagog/innen zum Thema „Islam in der Schule" und islamische Gemeinden in Deutschland u.a. in Bezug auf Beteiligungsprozesse in der Kommune.

Wie viele größere Bauprojekte sind auch Moscheebauprojekte komplex. Hier scheint es aber mehrere Baustellen zu geben. Wie beginnt und initiiert man zunächst den Bau einer Moschee? In der Regel gehören Moscheegemeinden Dachverbänden an. Wenn ein Dachverband feststellt, dass in einem Stadtteil noch im Hinterhof gebetet wird und es in der islamischen Gemeinde den Wunsch gibt, angemessene Räumlichkeiten zu bekommen, beginnt der Dachverband, Spenden zu sammeln. Letztlich sind es dann baurechtliche Fragen, die darüber entscheiden, ob ein angemietetes Objekt zur Moschee umgebaut werden darf oder ob der Bau einer Moschee beginnen kann. Dann muss sich die Gemeinde auf einen längeren Prozess einstellen, das Projekt im Stadtteil vorzustellen. Es braucht Transparenz darüber: Was wird gebaut? Warum wird gebaut? Wer steht dahinter? Was wird gepredigt? Wer betet wo? Hier braucht es Antworten, damit mein Gegenüber versteht. Und auch versteht, wer sind die Leute, die hier aktiv sind.

Widerstände gehören wohl dazu? Ja, das stimmt. Und es gibt Beispiele, bei denen sich weniger Widerstände gezeigt haben als andernorts. Das sind vor allem die Gemeinden, die im Stadtteil schon länger bekannt sind, die sich öffnen und aktiv sind.

Dann raten Sie den islamischen Gemeinden, sich dem Stadtteil zu öffnen? Auf jeden Fall. Die Gemeinden sollten mit ihren Aktivitäten in Erscheinung treten und so Vertrauen gewinnen. Menschen aus dem Stadtteil zum Fastenbrechen einladen. Mit anderen Religionsgemeinschaften in einen Dialog treten. Am Tag der Offenen Moschee am 3. Oktober mitmachen. Viele Moscheen sind auch ganzjährig für interessierte Besucher/innen geöffnet. Sie stellen sich den Schulen im Stadtteil vor und empfangen

Schulklassen für Besichtigungen. Viele Moscheen bringen sich im Beirat oder im Sozialraumteam des Stadtteils ein. Auch das ist sehr hilfreich. Sowieso ist es sinnvoll, sich in einem Beirat zu beteiligen. Dort darf der Imam dann auch mit darüber entscheiden, ob ein Kleingarten gegründet werden darf. Warum nicht.

Die Gemeinden, die zurückgezogen agieren, die auch von anderen nicht einbezogen werden, kaum bekannt sind, die haben dann letztlich auch größere Schwierigkeiten, ihre Anliegen vorzutragen oder Pläne umzusetzen. Das sind Ergebnisse einer Studie der Herbert-Quandt-Stiftung, und das deckt sich auch mit meinen eigenen Erfahrungen. Allerdings wird es immer Menschen geben, die dagegen sind und die sich formieren.

Ich erinnere mich an eine Aussage eines Bürgermeisters eines traditionell multikulturellen Stadtviertels, der erklärte, er ginge grundsätzlich nicht zu den Einladungen der islamischen Gemeinden des Viertels zum Fastenbrechen. Wie kann man solche Leute überzeugen? Und was kann die Kommune tun? Vor allem sollte der Prozess transparent gemacht werden. Die Gemeinde sollte zu Gesprächsrunden einladen. Alle Fragen ernst nehmen und nicht von einem Vorwissen über Religion, Religiosität und den Islam ausgehen. Oft fängt man bei null an. Die Kommune hat die Aufgabe, solche Prozesse zu unterstützen. Sie sollte sich hinter die Gemeinde stellen, indem sie den Anwohner/innen von dem Projekt erzählt, sie auf dem Laufenden hält und der Gemeinde ein Forum bietet, sich den Anwohner/innen vorzustellen.

Und wenn dann so ein Bürgermeister wie eben beschrieben um die Ecke kommt? Ich bin davon überzeugt, dass man die Angst vor Moscheen verlernen kann. Irgendwann normalisiert sich das. Aber notwendig ist vor allem, eine Debatte in der Kommune darüber anzustoßen, dass es sich hier um ein Grundrecht im Rahmen der Religionsfreiheit handelt. Gleichzeitig müssen die Gemeinden noch mal stärker dafür sensibilisiert werden, was es bedeutet, in einer säkularen Gesellschaft, die Religion in das Private verschiebt, mit dem Thema Religiosität in die Öffentlichkeit zu gehen. Auch diese Seite gilt es zu berücksichtigen. Hier treffen möglicherweise zwei Sichtweisen aufeinander, die sich annähern müssen. (Das Interview führte Donja Amirpur.)

Sind Vertrauen und Zuversicht wichtige
Werte in der Zusammenarbeit?

Vernetzung im Quartier und darüber hinaus

Es gibt zahlreiche kleine und große Kooperationen und Netzwerke, die vor Ort oder darüber hinaus wirksam sind: vom kleinen lokalen Arbeitskreis bis hin zu überregionalen Netzwerken und Verbänden. Überall wird Erfahrung gebündelt und in ganz verschiedener Form weiter verbreitet. Wer mit anderen den Austausch sucht und in den Dialog geht, findet und entdeckt immer wieder neue Möglichkeiten und Perspektiven, die die eigene Arbeit bereichern. Die folgenden Beispiele zeigen, wie vielfältig Vernetzungen vor Ort aussehen können.

Bremen-Tenever: Netzwerkarbeit in der Kita / Arbeitskreis Tenever

Der Arbeitskreis Tenever ist ein selbstorganisierter Zusammenschluss aller freien und öffentlichen Träger der Kinder-/Jugend- und sozialen Arbeit, der Gesundheits- und kulturellen Arbeit sowie der Schulen für das Gemeinwesen Tenever. Über 35 Organisationen, Initiativen und Institutionen wirken seit über 40 Jahren dort zusammen.

Unser Kinder- und Familienzentrum Kinderhafen Tenever wirkt im Bremer Hochhausquartier Tenever. Vernetzung ist ein selbstverständlicher Teil unserer Arbeit seit Jahrzehnten – nicht als Selbstzweck oder weil es modern war, sondern als unbedingte Voraussetzung für erfolgreiches Arbeiten mit Kindern und ihren Familien.

Netzwerke ermöglichen den Fachkräften in Kitas einen vertrauensvollen, zielgerichteten Zugang zu anderen Fachkräften und Einrichtungen und Akteur/innen im Ortsteil, die sie darin unterstützen können, Lebens- und Entwicklungschancen der Kinder und ihrer Eltern zu erhöhen. Zugleich wirken wir damit auch auf andere Akteur/innen im Interesse der Kinder ein! (Anne Knauf)

Ziele des Arbeitskreises:

- gegenseitige Information über die Erfahrungen und aktuellen Schwerpunkte der Einrichtungen/Dienste,
- Kooperation zwischen einzelnen Akteur/innen des Netzwerkes,
- Solidarität als Prinzip des Zusammenwirkens (bei aller objektiv gegebenen Konkurrenz),
- Herstellen des Gemeinwesenbezugs (Austausch über Entwicklungen im Gemeinwesen; z.B. Mieten, Sanierungsplanungen, neue Infrastruktur wie Übergangsheime für Geflüchtete etc.),
- sozialpolitische Einmischung und Veränderung im Interesse der Kinder und Familien und weiterer Bewohner/innen (Aktionen, Einmischung von unten in Politik).

Die Treffen finden einmal im Monat statt. Die Vorbereitungsgruppe (2–3 Personen aus verschiedenen Einrichtungen) verantwortet sechs Monate lang die Vorbereitung der Sitzungen mit Tagesordnung und Protokoll sowie die Umsetzung der Beschlüsse. Danach kommen die nächsten 2–3 Personen aus anderen Einrichtungen dran. Entscheidungen werden im Konsens getroffen.

Bremen: Memorandum – Inklusion in Schule und Bildungspolitik ins Zentrum rücken!

Ein breites Bündnis entwickelte in Bremen ein gemeinsames Memorandum mit Forderungen zur Umsetzung inklusiver Prozesse im Bildungsbereich. Insgesamt 25 Organisationen unterstützen das Memorandum. Es beschreibt Anforderungen an die Schulen sowie an die politisch Verantwortlichen. Das Fazit: „Die inklusive Schule ist ein lohnenswertes Ziel. Ihr Gelingen erfordert die Anstrengung aller Pädagog/innen, Mitarbeiter/innen und Eltern vor Ort. Von den Verantwortlichen in Politik und Verwaltung

[26] *Memorandum – Inklusion in Schule und Bildungspolitik*, Seite 2

erwarten wir, dass alles getan wird, um die erforderlichen Rahmenbedingungen herzustellen. Dazu gehört eine deutliche Erhöhung der personellen, räumlichen und sächlichen Ausstattung für die schulische Inklusion in Bremen."[26]

Osterholz-Scharmbeck/Niedersachsen: Bildungscampus

Prozessbeispiel *Bildungscampus,* **Osterholz-Scharmbeck, Seite 257**

Ein inklusiver Lern- und Begegnungsort für alle Generationen und alle sozialen Gruppen: Der Bildungscampus Osterholz-Scharmbeck verbindet in einem Bildungszentrum Oberschule (Lernhaus), Gymnasium, Medienhaus (zum Beispiel Bibliothek) und Bildungshaus (zum Beispiel Volkshochschule) rund um einen Campusplatz. Die Abbildung zeigt, wie die Einrichtungen vor Ort eine gemeinsame Struktur bilden. Wichtig dabei ist: Die rein örtliche Anordnung verschiedener Bildungseinrichtungen auf einer Fläche ist noch nicht inklusiv. Inklusiv wird es dann, wenn man Angebote miteinander verknüpft, Übergänge öffnet, Menschen und Ressourcen zusammenbringt und sich gemeinsam kontinuierlich darum kümmert, diesen Prozess weiterzuführen.

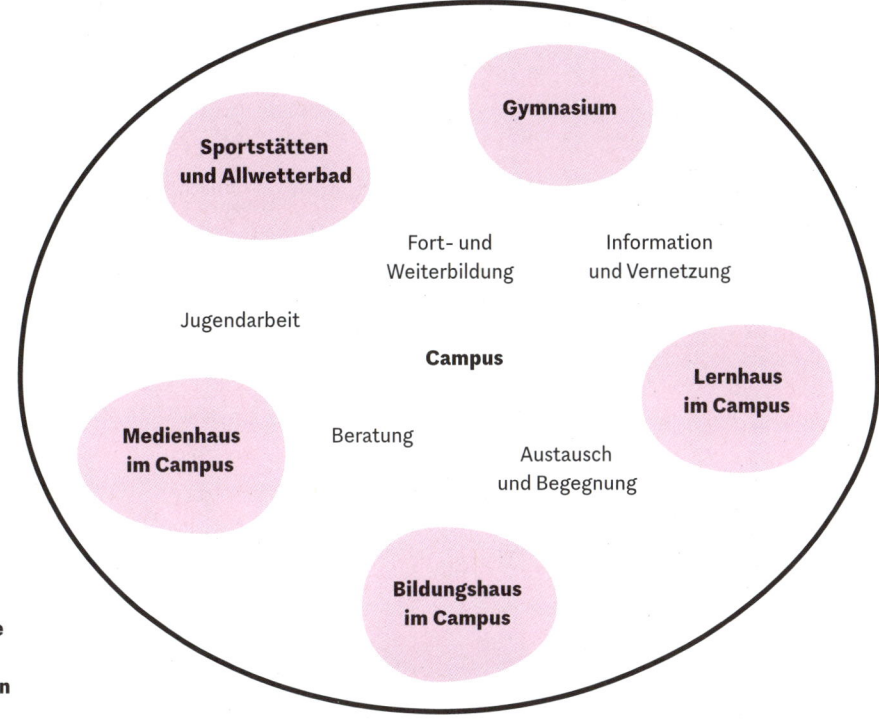

Bildungscampus: verschiedene Bildungseinrichtungen

Osterholz-Scharmbeck/Niedersachsen: Inklusionsnetzwerk LINES

LINES steht für „Lokales Inklusions-Netzwerk zur Werte- und Normenbildung im Elementar-, Primar- und Sekundarbereich". Kindern, Jugendlichen und jungen Erwachsenen sollen unabhängig von ihrer Herkunft optimale, ihren Fähigkeiten und Neigungen entsprechende Bildungschancen eröffnet werden. Ziel ist es, aus vorhandenen Netzwerkstrukturen ein lokales Netzwerk der Inklusion aufzubauen und zu verstetigen, um die inklusive Bildung und Erziehung zu fördern.

Kinder und Jugendliche mit Migrationshintergrund oder aus bildungsfernen oder finanziell benachteiligten Familien sowie deren Eltern sollen über die bisherigen Ansätze hinaus stärker in den Bildungsprozess eingebunden werden, ihre soziale und kulturelle Teilhabe soll gefördert und die Chancengleichheit erhöht werden.

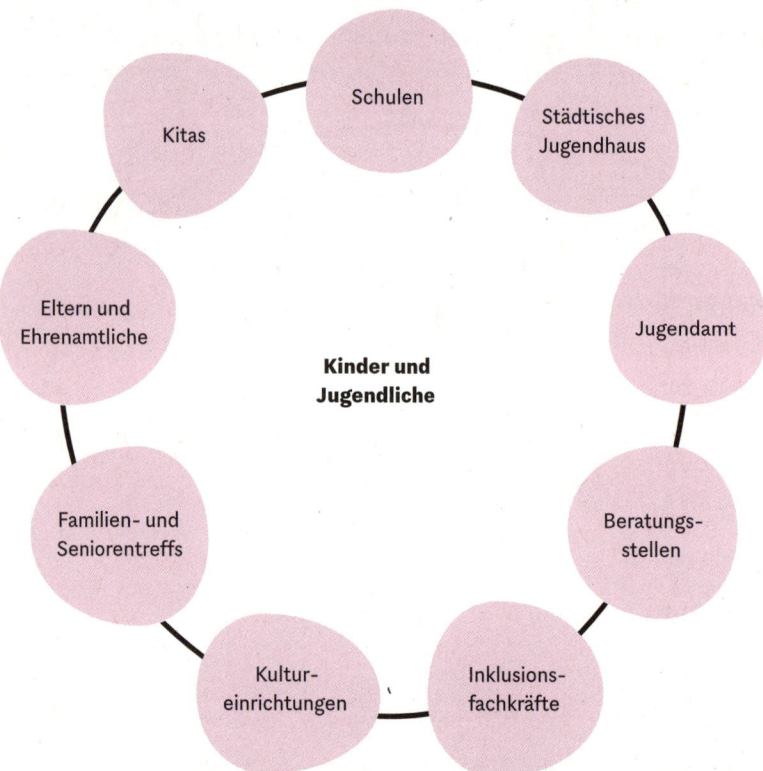

Inklusionsnetzwerk LINES in Osterholz-Scharmbek

Durch Fachveranstaltungen, Fortbildungen und Beratung werden Kindertagesstätten und Schulen sowie Eltern und Ehrenamtliche dabei unterstützt, besser zusammenzuarbeiten und jedem Kind die nötige individuelle Unterstützung zukommen zu lassen. Die Stadt Osterholz-Scharmbeck führt das Projekt gemeinsam mit ihren Partnern Arbeitsgemeinschaft Berufsbildung und örtliche Entwicklung (ABÖE) e.V. und der Volkshochschule Osterholz-Scharmbeck Hambergen Schwanewede e.V. durch.

Oldenburg/Niedersachsen: Netzwerk Inklusion*konkret!*
Rund 60 Oldenburger/innen gaben am 2. Juli 2015 dem neuen „Oldenburger Netzwerk Inklusion*konkret!*" in der ersten Sitzung ein Gesicht und entwickelten konkrete Handlungsaufträge.

Aufgaben des Netzwerkes:
- die Umsetzung der Maßnahmen aus dem Kommunalen Aktionsplan Inklusion in Oldenburg kritisch-konstruktiv begleiten,
- das Thema Inklusion über eine gezielte Öffentlichkeitsarbeit stärker in der Gesellschaft verankern,
- noch mehr Menschen für konkrete Maßnahmen ansprechen und für eine nachhaltige Beteiligung am Prozess der Inklusion motivieren.

Zum zweiten Treffen des Netzwerkes kamen ca. 60 Interessierte. Einige nahmen zum ersten Mal an einer Inklusionsveranstaltung im Rahmen des Projektes teil, andere stiegen nach längerer Zeit wieder ein. Dabei hat es sich bewährt, dass vor der Veranstaltung (17:00 – 20:00 Uhr) bereits um 16:00 Uhr eine „Kurzeinführung für (Neu-)Interessierte" angeboten wurde.

Duisburg/NRW: Netzwerk zur Gewaltprävention
Doris Freer, ehemalige Gleichstellungs- und Frauenbeauftragte der Stadt Duisburg, und Nicole Seyffert, Inklusionsbeauftragte der Stadt Duisburg, berichten über Initiativen und Vernetzungen zum Thema „Sicherheit und Schutz vor Gewalt in Duisburg":

Der Aufbau der heute bestehenden Vernetzungsstrukturen im Bereich „Gewalt gegen Frauen und Mädchen" geht zurück bis in die 1980er-Jahre. Damals hatte Doris Freer zusammen mit der damaligen Gleichstellungsbeauftragten der Polizei Duisburg einen Arbeitskreis „Gewalt gegen Frauen" gegründet. Allerdings spielte die Thematik „Frauen und Mädchen mit Behinderung" zunächst noch keine besondere Rolle. Es gab keine spezielle

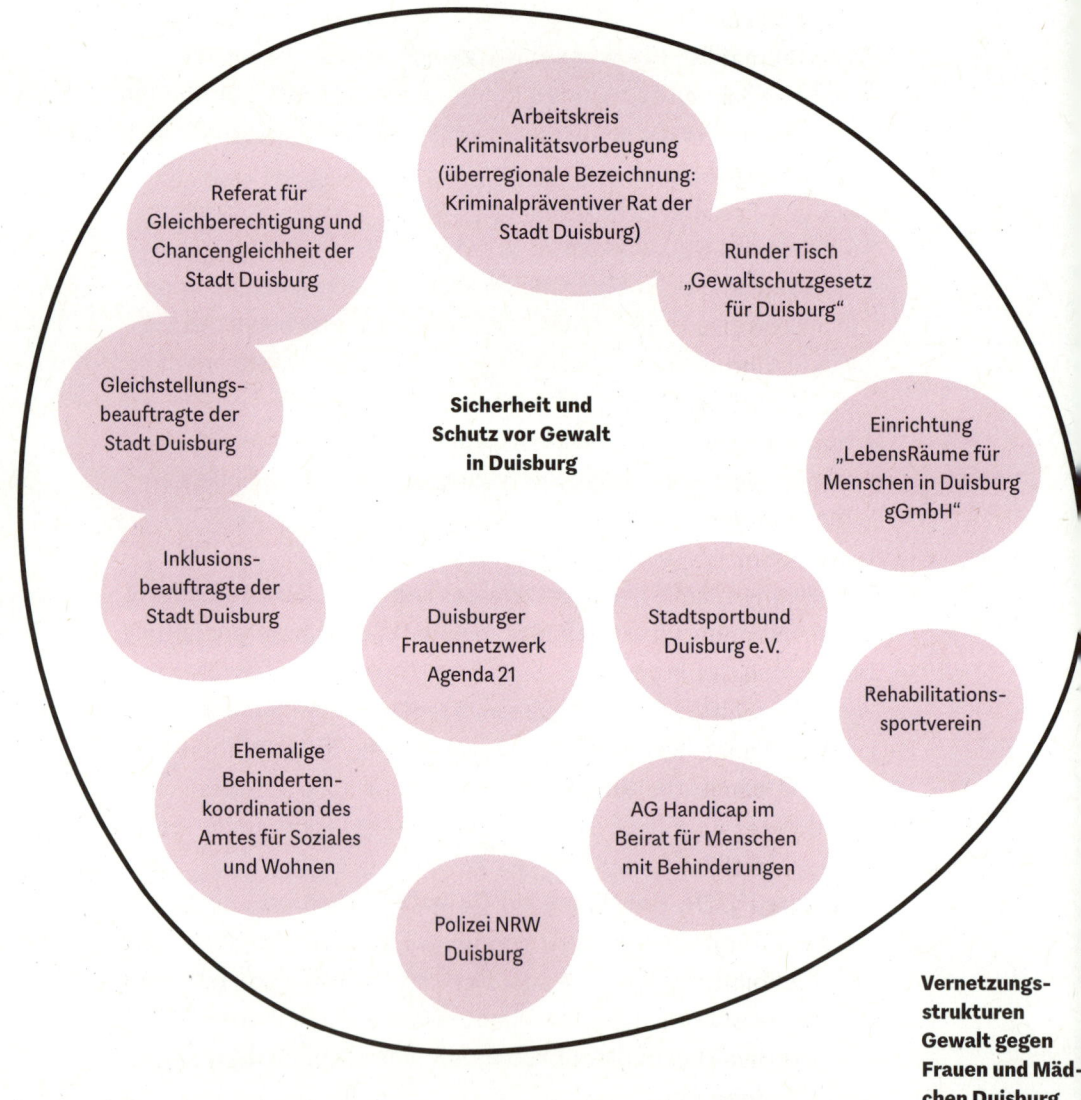

Arbeitskreis Kriminalitätsvorbeugung (überregionale Bezeichnung: Kriminalpräventiver Rat der Stadt Duisburg)

Referat für Gleichberechtigung und Chancengleichheit der Stadt Duisburg

Runder Tisch „Gewaltschutzgesetz für Duisburg"

Gleichstellungs-beauftragte der Stadt Duisburg

Sicherheit und Schutz vor Gewalt in Duisburg

Einrichtung „LebensRäume für Menschen in Duisburg gGmbH"

Inklusions-beauftragte der Stadt Duisburg

Duisburger Frauennetzwerk Agenda 21

Stadtsportbund Duisburg e.V.

Rehabilitations-sportverein

Ehemalige Behinderten-koordination des Amtes für Soziales und Wohnen

AG Handicap im Beirat für Menschen mit Behinderungen

Polizei NRW Duisburg

Vernetzungs-strukturen Gewalt gegen Frauen und Mäd-chen Duisburg

Infrastruktur für diese Zielgruppe, und die Bearbeitung von Vorgängen bewegte sich auf der Ebene von Einzelfällen. In kontinuierlichem Austausch wurde seitdem daran gearbeitet, neue Strukturen aufzubauen und dadurch die Arbeit zu optimieren.

Die UN-Behindertenrechtskonvention und die von 2009 bis 2011 im Auftrag des Bundesministeriums für Familie, Senioren, Frauen und Jugend durchgeführte Studie zu „Lebenssituation und Belastungen von Frauen mit Beeinträchtigungen und Behinderungen in Deutschland" bildeten eine neue Grundlage für die Entwicklung von Handlungsbedarfen und die Erkenntnis, dass diese Thematik in bestehende Strukturen einzufließen hat.

Im Jahr 2012 fand auf Initiative der AG Handicap im Beirat für Menschen mit Behinderungen eine Fachtagung zum Thema „Gewalt gegen Frauen – die unsichtbare Not behinderter Mädchen und Frauen" statt. Die Umsetzung übernahm die damalige Behindertenkoordinatorin des Amtes für Soziales und Wohnen gemeinsam mit dem Frauenbüro der Stadt Duisburg.

Das „Duisburger Frauennetzwerk Agenda 21", das von der Frauen- und Gleichstellungsbeauftragten der Stadt Duisburg geleitet wird, befasst sich intensiv mit der Frage „Wie können wir gemeinsam etwas – vor allem für Frauen – in Duisburg bewegen?" In dieses Netzwerk waren entsprechend der Philosophie von Inklusion auch Frauen mit Beeinträchtigungen und Behinderung, z.B. aus der Frauengruppe der Einrichtung „LebensRäume für Menschen in Duisburg gGmbH", einbezogen.

Aus einer der Kooperationen mit dem Stadtsportbund Duisburg ist ein Trainingsangebot zur Selbstbehauptung und Selbstverteidigung von Frauen und Mädchen mit Behinderungen hervorgegangen. Im Anschluss haben die Teilnehmerinnen in Eigenregie einen Duisburger Verein gewinnen können, der die Kurse als festes Angebot in sein Programm aufnahm und die Arbeit seitdem fortführt.

Am 3. Dezember 2015 organisierte die Inklusionsbeauftragte der Stadt Duisburg in Kooperation mit dem Behinderten- und Rehabilitationssportverband Nordrhein-Westfalen und dem Stadtsportbund Duisburg e.V. ein Fachgespräch über das Thema „Inklusive Duisburger Sportlandschaft?!" Hier wurden etliche weitere Ideen und Vorschläge gesammelt, die im „Aktionsplan

für die Stadt Duisburg auf der Basis der UN-Behindertenrechtskonvention (UN-BRK)" eingearbeitet wurden und werden.

> *Die Verknüpfungen zwischen den verschiedenen Akteur/innen
> werden immer engmaschiger. Natürlich gab es an einigen Stellen
> auch Schwierigkeiten. Zwar haben wir es geschafft, für alle Ver-
> anstaltungen Örtlichkeiten mit barrierefreiem Zugang zu finden;
> Probleme gab es aber zum Beispiel mit der barrierefreien Über-
> mittlung von Informationen. Aber wir sehen solche Erfahrungen
> positiv, denn nur wenn wir Defizite ermitteln, können wir ent-
> sprechende inklusive und frauenspezifische Konzepte entwickeln.*
> (Doris Freer, Nicole Seyffert)

Bonn/NRW: Vielfalt vor Ort (VivO)

Mit dem Ziel, eine inklusive Bildungslandschaft im Bonner Stadtteil Beuel aufzubauen, haben sich Vertreter/innen der Beueler
Schulen, der Kindertagesstätten, der Jugendfarm, der freien Träger der Kinder- und Jugendhilfe sowie des Schul- und Jugend-
amtes zusammengeschlossen und erste gemeinsame Aktionen
initiiert. So haben Kinder und Jugendliche unterschiedlicher Einrichtungen das gemeinsame Projekt „Garten der Vielfalt" erfolgreich beim Wettbewerb „Bonner Chancen" eingereicht. Dieser

Garten kann von allen aus dem Sozialraum als Lernort genutzt werden. Durch die gemeinsame Gestaltung wissen die Kinder und Jugendlichen der unterschiedlichen Einrichtungen heute um die Bedürfnisse der jeweils anderen und beraten sich gemeinsam, wenn es um die Gestaltung des Gartens geht.

Bonn/NRW: Netzwerk für den Alltag

Nach Abschluss eines internationalen Austauschprojektes im Rahmen des Comeniusprogramms der EU hatten wir uns vorgenommen, unser in den benachbarten Stadtteilen Tannenbusch und Dransdorf entstandenes Netzwerk zu erweitern und vor Ort zu festigen. Wir waren zwei Grundschulen, ein Familienzentrum, Vertreter/innen der kommunalen Verwaltung der Stadt Bonn, eine Schulamtsdirektorin und eine Vertreterin der Montag Stiftung Jugend und Gesellschaft. Wir schätzten den Bedarf vor Ort ein und organisierten Fachgespräche und Austauschveranstaltungen, bei denen zu aktuellen Bildungsfragen gearbeitet und diskutiert wurde. Dann war „die Luft raus". Zum weiteren Vorgehen hatten wir unterschiedliche Meinungen und Interessen. Wir trudelten im Widerspruch zwischen dem Wunsch, uns zu konsolidieren und dem, „nach außen zu gehen", und stellten fest: Wir brauchten Zeit, um uns selbst zu vergewissern. Wir nahmen uns die Zeit, machten die Erfahrung, dass eine Gruppe auch eine Existenzberechtigung hat, wenn sie sich als Netzwerk für die vielen Herausforderungen des Alltags stärkt und sich gegenseitig berät. Ein Netzwerk muss nicht immer größer werden. (Evelyn Jarosch)

Intakis – Interkommunaler Arbeitskreis Inklusion Sieg

INTAKIS steht für Interkommunaler Arbeitskreis Inklusion Sieg. Das Bündnis war zunächst darauf angelegt, den interkommunalen Erfahrungsaustausch und die Vernetzung von Menschen zu fördern, die im Bereich Inklusion vor Ort tätig sind.

Im März 2017 fand unter der Schirmherrschaft des Bürgermeisters der Stadt Hennef ein erster Fachtag des Bündnisses statt. Eingeladen waren Vertreter/innen von Vereinen, Initiativen und Institutionen aus dem Rhein-Sieg-Kreis sowie Studierende und Lehrende der Universität Siegen. Ziel der Fachtagung waren der Austausch von Erfahrungen und konkreten Aktionen und Maßnahmen im Bereich Inklusion sowie die Vernetzung und die Entwicklung neuer Ideen. Anhand der Leitfragen: „Was machen wir derzeit? Wo wollen wir hin? Was machen und brauchen wir auf unserem weiteren Weg, und was hilft uns dabei?" wurde in Arbeitsgruppen diskutiert. In den lebhaften Diskussionen wurden zahlreiche Mut machende Beispiele für inklusive Maßnahmen sichtbar. Ein zweiter Fachtag und eine Erweiterung des Netzwerks sind geplant.

Die Zahl der Gemeinden in unserer Kooperation hat sich inzwischen deutlich erhöht: Sankt Augustin, Troisdorf, Lohmar, Ruppichteroth, Windeck und Bornheim. Wir wollen kommunale Stellen zusammenführen und gleichzeitig mit „freien" oder anders entstandenen, auch professionellen, Initiativen koppeln. (Walter Hövel)

Weitere interessante Kooperationen und Netzwerke

- Die Charta der Vielfalt – eines der größten unternehmerischen Netzwerke Deutschlands → www.charta-der-vielfalt.de
- Deutscher Verein für öffentliche und private Fürsorge e.V. – das Forum des Sozialen → www.deutscher-verein.de
- KGSt – die Kommunale Gemeinschaftsstelle für Verwaltungsmanagement → www.kgst.de
- Das Demographie Netzwerk e.V. (ddn) – Netzwerk von Unternehmen für Unternehmen → www.demographie-netzwerk.de
- Deutsches Institut für Menschenrechte → www.institut-fuer-menschenrechte.de

Wie erreichen wir andere?

Kommunikation und Öffentlichkeitsarbeit

Kommunikation ist eine wichtige Voraussetzung für Inklusion: Wenn Menschen zusammenkommen, müssen sie sich mit anderen verständigen. Das gilt für alle Bereiche einer Kommune – und für jeden Prozess. Gerade, wer etwas Neues aufbaut, muss viel kommunizieren: fragen, erklären, informieren, Transparenz herstellen, Mitstreiter/innen finden, Ideen mit anderen gemeinsam weiterentwickeln ... Kommunikation kann auf vielen Wegen stattfinden: über Text, Sprache(n), Bilder, Zeichen etc. Dazu stellt sich immer die Frage: Wer soll erreicht werden? Was ist das Anliegen? Welche Kommunikationsmittel sind am besten geeignet? Die Bandbreite der Möglichkeiten, Menschen zu erreichen – und selbst für andere erreichbar zu sein – ist riesig.

Sich verständigen

Das Thema Kommunikation geht Hand in Hand mit dem Thema Inklusion. Schon weil Inklusion für Beteiligung und Teilhabe steht, kommt der Art und Weise, wie wir kommunizieren, eine besondere Bedeutung zu.

„Kommunikation" kommt aus dem Lateinischen. Dort heißt „communicatio" nicht nur „Mitteilung", sondern auch „Gemeinschaft" und „Teilnahme". Das zeigt, wie eng diese Begriffe zusammenhängen: Mitteilungen zu verstehen und selbst Gehör zu finden sind die Voraussetzung dafür, sich als Teil einer Gemeinschaft zu fühlen. Dabei haben sich bestimmte Kommunikationswege im Alltag durchgesetzt, die aber nicht für alle Menschen geeignet sind.

Sprachliche Barrieren überwinden

In der gebauten Welt gibt es bauliche Barrieren, die es für viele Menschen schwierig machen, eigenständig mobil zu sein oder Zugang zu Gebäuden, Wegen und Räumen zu finden. Genauso gibt es im Austausch zwischen Menschen Barrieren, die den Zugang zu Informationen und ein gegenseitiges Verstehen erschweren können. Auch damit hat Inklusion zu tun: Barrieren in der Kommunikation zu erkennen und Lösungen zu finden, damit alle Zugang zu Informationen, Kontakten und Verständigung haben.

Die richtige Sprache finden

Es gibt viele „Sprachen", um Menschen zu erreichen – und dabei können alle Sinne genutzt werden. Aber auch die Art der Ansprache und die Inhalte müssen zu denen passen, die man erreichen will. Deshalb sind auch die Fragen wichtig: Was interessiert diese Menschen? Was brauchen und erwarten sie? Wo und wie können wir uns „gedanklich" treffen, um uns gegenseitig zu verstehen?

Gebärdete Sprache

Gebärdendolmetscher/innen übersetzen gesprochene Sprache in gebärdete Sprache und umgekehrt. Sie helfen so Menschen mit Hörbehinderung, an Informationen teilzuhaben. Bei größeren Veranstaltungen ist es immer weiter verbreitet, diese Form der Übersetzung anzubieten. Das ist auch für hörende Menschen interessant. Im neuen Bundesteilhabegesetz ist ein/e Dolmetscher/in rechtlich verankert.

Leichte und Einfache deutsche Sprache

Es gibt Menschen, die fast gar nicht lesen können, zum Beispiel Menschen mit kognitiven Beeinträchtigungen. Für sie werden Texte in Leichte Sprache oder in Einfache Sprache übersetzt. Dafür gibt es Regeln. Bei der Leichten Sprache müssen die Sätze kurz sein, Zeichen und Bilder werden genutzt, um etwas zu erklären. Einfache Sprache orientiert sich an den Regeln für Leichte Sprache, die Texte sind jedoch ein wenig schwieriger, u.a. können die Sätze länger sein. Einfache Sprache ist auch für Menschen mit geringen Kenntnissen der deutschen Sprache hilfreich. Amtliche Schreiben und Bekanntmachungen sollten in Einfacher Sprache verfasst werden, je nach Zielgruppe auch in Leichter Sprache.

Mehrsprachigkeit

Mehrsprachige Informationsangebote werden eingesetzt, um Menschen anzusprechen, die kein oder wenig Deutsch können – und die oft auch gar nicht wissen und erwarten, dass bestimmte Informationen (auch) für sie gedacht und für sie interessant sind. Mehrsprachigkeit allein hilft aber nicht, wenn man nicht auch den Hintergrund und die Bedürfnisse der Menschen berücksichtigt, mit denen man kommunizieren möchte.

Apothekentafel

Die Apothekentafel „UKAPO" (Unterstützte Kommunikation in der Apotheke) hilft beim Abbau von Sprachbarrieren im Gesundheitswesen: In einem Ringbuch sind umfassende Bildkärtchen zusammengestellt, die Menschen helfen, ihre Beschwerden zu beschreiben. Entwickelt wurde die Apothekentafel in einem vierjährigen Forschungsprojekt der Carl von Ossietzky Universität Oldenburg.

Ohne Worte

„Point it" ist ein Bilderwörterbuch – ursprünglich gedacht für Tourist/innen. Es lässt sich auch gut von nicht Deutsch sprechenden Menschen benutzen.

Hörschleife

Eine Hörschleife ist ein technisches Zusatzgerät, das hörbehinderte Menschen mit Hörgerät nutzen können. Durch die

Reduktion von Stör- und Nebengeräuschen wird die Tonqualität verbessert – man hört und versteht vieles einfacher.

Braille
Braille ist eine speziell für sehbehinderte Menschen entwickelte Schrift, die man durch Ertasten mit den Fingern lesen kann: Verschiedene Punktemuster, die eingestanzt werden, ersetzen die Buchstaben und können als Erhöhungen gefühlt werden.

Zeichen
Bilder, Symbole, Piktogramme und, im weiteren Sinne, auch Gesten und Gebärden, Laute und Mimik, Bewegungen oder Gegenstände können helfen, sich gegenseitig zu verständigen. Häufig verwendet man Zeichen zum Beispiel für die Ausschilderung von Wegen. Zeichen sind nicht automatisch für alle Menschen gleich verständlich. Man muss sich fragen, ob und wie verschiedene Menschen Zeichen verstehen.

Gemeinsam etwas tun
Bei gemeinsamen Aktivitäten entstehen immer Chancen und Momente, um sich auszutauschen: Musik, Trommeln, Theater, Pantomime, Malen, Bauen, Buddeln, Gärtnern, Kochen, Spielen, Zirkus etc.

Der Sprachen Kompass Eitorf-Windeck
In Eitorf helfen sich die Menschen gegenseitig bei der Verständigung: In einem Sprachen Kompass sind Bürger/innen mit Kontakt, Telefonnummer und/oder E-Mail-Adresse aufgelistet, die beim Übersetzen helfen können – aus einer anderen Sprache ins Deutsche oder umgekehrt. Insgesamt sind über 70 Sprachen vor Ort abgedeckt, für weitere Sprachen gibt es E-Mail-Kontakte außerhalb von Eitorf.

Menschen wollen Inklusion, nicht das Ausgeschlossen- und Ausgegrenztwerden. Wir leben bereits in einer neuen Welt, in der wir lernen können, uns selbst zu verstehen. Der Mittelpunkt dieser Welt ist für uns Eitorf. Wir haben kein anderes „Dorf" zum Leben. Eitorf

ist Heimat. Diese haben wir selbst gestaltet, mit unserer Verschie-
denheit, mit unseren Fehlern und unseren Erfolgen, mit und in der
Vielfalt unserer Sprachen. Mit dem „Sprachen Kompass Eitorf-
Windeck" wollen wir zu unserer eigenen Verständigung beitragen.
(Walter Hövel)

Zusammen essen, miteinander sprechen

Nachbarschaftsfeste, Quartiersfrühstück, Fest der Töpfe, Kochen
mit wenig Geld, Welcome Dinner: In vielen Städten und Gemeinden blitzt das Thema (gemeinsames) Essen im Rahmen inklusiver
Projekte (und solcher, die sich so gar nicht bezeichnen) auf. Das
Zubereiten und Einnehmen von Mahlzeiten hat in jeder Kultur
eine Bedeutung. Überall bedeutet Essen Erfahrung, Erinnerung,
Sozialisation, Prägung, Ausdruck eines Lebensstils.

[27] Lübke,
„Essen ist Musik",
Seite 21

„Die Freude am gemeinsamen Kochen und Essen teilt jeder
Mensch – egal ob jung oder alt, egal welcher Herkunft und Farbe,
egal ob mit oder ohne Behinderung. Jede unserer Landesküchen
hat ihre Eigenart und Raffinesse durch die Einflüsse fremder Ess-
kulturen. Sie ist das Ergebnis von zusammen leben – und zusammen kochen. (...) Gemeinsames Essen bewirkt zwischenmenschlichen Austausch über soziale und kulturelle Grenzen hinweg. Wir
kommen ins Gespräch – auch ohne Sprache." [27]

Wie das funktionieren kann, zeigen die Erfahrungen von Menschen, die Unbekannte aus anderen Kulturen zum sogenannten
Welcome Dinner zu sich nach Hause einladen. Zu Beginn ver-
unsichert der fremden Sprachen wegen, werden die Bedenken
nach und nach aufgehoben durch das, was alle Menschen verbindet: das Bedürfnis, den Hunger zu stillen. Die Gastgeber/innen

erleben, dass durch das gemeinsame Essen, das Zusammensitzen an einem Tisch, eine Atmosphäre entsteht, in der gefragt, erzählt, zugehört, gestikuliert wird. Am Ende der Begegnung steht meist das Gefühl eines besonderen Erlebnisses.

Vorsicht Sprachfalle!

Sprache ist Teil einer Gemeinschaft. Sie ist sozusagen ein Bindeglied zwischen den Menschen. Beide – die Gemeinschaft und die in ihr verwendete Sprache – beeinflussen sich gegenseitig. Sprache sagt viel über allgemein anerkannte und verbreitete Sichtweisen, Meinungen, Bilder aus. Und sie kann selbst diskriminierend oder ausgrenzend wirken – ob gezielt oder unbewusst. Deshalb ist es wichtig, den Gebrauch von Sprache immer wieder kritisch zu hinterfragen: Wer sagt das so? Welche Sichtweise steckt dahinter? Und wie denken die Menschen, über die wir da sprechen, eigentlich darüber? Würden sie das oder sich selbst so nennen? Wie möchten sie angesprochen werden?

Ein Beispiel: Ist oder wird man behindert? Viele der Behinderungen, die Behinderte jeden Tag erleben, kann man reduzieren, beseitigen, verbessern. Kann man dann noch sagen, ein Mensch ist behindert?

Oder: Wer ist hier eigentlich „sozial schwach"? Der Quartiersmanager Joachim Barloschky sagt: „Ich verbitte mir, die Bewohner/innen benachteiligter Quartiere als ‚sozial schwach' zu bezeichnen, so, als fehle ihnen die ‚soziale Ader'. Sozial schwach sind für mich beispielsweise Politiker, die mit Hartz IV die soziale Spaltung der Gesellschaft weiter vorantreiben und gleichzeitig durch Steuersenkungsorgien für die Reichen die öffentliche Armut zementiert und verstärkt haben und so die Mittel rauben, die zur Kompensation von Benachteiligung und sozialem und ökologischem Umbau der Gesellschaft dringend gebraucht werden. Und sozial nicht stark und unsolidarisch verhalten sich schließlich die, die krampfhaft bei den Debatten um Schulreformen ihre bzw. ihrer Kinder Bevorteilung aufrechterhalten wollen."

„Sozial schwach" sind also alle, die von einer Gemeinschaft profitieren, aber ihr nichts zurückgeben wollen. Aber nirgendwo würden Menschen sich selbst so bezeichnen – oder?

Zu Kommunikation und Sich-Verständigen gehören auch Zuhören und Verstehen-*Wollen* als Haltung. Barrieren entstehen nicht allein, weil die Kommunikationsmittel fehlen oder unpassend sind. Sie liegen oft in den Menschen selbst begründet, ob bewusst oder unbewusst. Und oft gelingt eine Kommunikation auch ohne Übersetzung, „mit Händen und Füßen", „mit den Augen", „im Tun". Eine inklusive Gesellschaft versucht, beides zu verstärken: Die Haltung, die Verständigung mit anderen zu suchen, und die Mittel, die das für alle erleichtern.

Zum ehrlichen Bemühen um eine diskriminierungsfreie Gesellschaft gehört sicher auch der aufmerksame Umgang mit Sprache. Aber nicht jede begriffliche Ungenauigkeit bedeutet gleich, dass der Sprecher oder die Sprecherin Diskriminierungstendenzen hat. Wenn wir uns gegenseitig zugestehen, unsicher zu sein, ist das entlastend. Je nachdem, wer meine Gesprächspartner/innen sind, muss ich auch Rücksicht auf deren Sprachgebrauch nehmen. Ich muss sprachlich auf sie zugehen. Auf eine einfache Formel gebracht: Ich muss Sprache wichtig nehmen, ohne Worte auf die Goldwaage zu legen. (Veronika Kabis)

Für andere sichtbar werden

Inklusion braucht Offenheit und Transparenz – und beides ist ohne eine gut geplante und durchdachte Kommunikation nicht möglich. Kommunikation bedeutet, nach innen und außen zu zeigen, wofür man als Organisation, als Projekt oder als Kommune steht. Die Planung der Kommunikationsaktivitäten ist somit auch ein Teil der Auseinandersetzung mit dem eigenen Anspruch, den eigenen Zielen und der verfolgten Strategie. Sie sollte von Anfang an mitgedacht werden.

Ein guter Ausgangspunkt für die Planung ist ein gemeinsames Leitbild. Im Kapitel „Erste Schritte und Hilfsmittel" wird bereits beschrieben, dass ein Leitbild eine ähnliche Funktion hat wie die „Corporate Identity" bei einem Unternehmen, nämlich die gemeinsamen Werte und das darauf aufbauende Handeln deutlich zu machen. Ein Leitbild enthält wichtige Ziele und Absichten, die eine Basis für alle Kommunikationsmaßnahmen sind.

→ Leitbild, Strategie und Ziele entwickeln, Seite 85

Kommunikation – nach innen und außen

Eine klare Kommunikation über das eigene Selbstverständnis ist für alle Mitwirkenden wichtig: Sie motiviert, schafft ein Gefühl des Miteinanders und erleichtert die Beteiligung. Außerdem dient sie natürlich dazu, nach außen für das jeweilige Projekt, aber auch für die Idee der Inklusion selbst, zu werben. Etwa bei Politik und Verwaltung, bei potenziellen Mitstreiter/innen, bei den Bewohner/innen des Stadtviertels oder in der breiten Öffentlichkeit.

Die Mittel, die zur Verfügung stehen, reichen vom eigenen Logo über den Webauftritt und das Engagement in Sozialen Medien bis hin zum Infoabend (als Teil der Öffentlichkeitsarbeit) oder anderen öffentlichen Veranstaltungen. Welche der Maßnahmen bzw. welcher Maßnahmenmix sinnvoll ist, hängt vom Projekt und den verfolgten Zielen ab und davon, welche Menschen wir erreichen möchten.

In Oldenburg haben wir während des gesamten Projektverlaufes immer wieder festgestellt, dass es ohne die (lokale) Medienlandschaft (vor allem Funk und Printmedien) kein erfolgreiches Arbeiten nach außen gibt. Medien sind Meinungsbildner und dienen auch als Multiplikator und wichtiges Sprachrohr, um Menschen zu erreichen und zur Mitarbeit zu bewegen. Seitens der Stadt geschieht dies hauptsächlich über die Internetpräsenz. Hier werden seit Beginn des Inklusionsprozesses alle Informationen gesammelt und der breiten Öffentlichkeit zur Verfügung gestellt – nicht nur Neuigkeiten und Veranstaltungshinweise, sondern auch Materialien, Hinweise und Mitwirkungsmöglichkeiten. Die Veröffentlichung von Ansprechpartner/innen und Kontaktadressen erhöht die Interaktion der Beteiligten noch einmal immens. Die zunehmenden Klickraten (Seitenaufrufe) der Internetseiten unterstreichen die Wichtigkeit dieser Kommunikationsplattform. (Peter Dresen)

Basics: Name, Logo, Claim & Co.

Jede Organisation und Initiative gibt sich einen Namen, der ihre Arbeit beschreibt und der sie für andere erkennbar macht. In vielen Fällen ist es sinnvoll, diesen Namen um ein bildliches Erkennungszeichen, also ein Logo, und gegebenenfalls um einen Claim zu ergänzen, der das Anliegen auf den Punkt bringt. Logo und Claim werden in allen Materialien – vom Briefpapier bis hin zur Dokumentation – abgebildet. Sie erhöhen die Wiedererkennbarkeit und tragen dazu bei, das Projekt im Gedächtnis vieler Menschen zu verankern.

Gerade ein Logo prägt sich leicht ein und wird rasch wiedererkannt – einfach, weil das menschliche Gehirn Bilder schneller verarbeitet als Text. Ein eigenes Logo kann auch nach innen sehr positiv wirken und den Zusammenhalt unterstützen – vor allem, wenn man das Logo gemeinsam entwickelt.

Auch die Kleidung kann als Erkennungszeichen dienen, ähnlich wie ein Logo: In Wiener Neudorf hat eine Nähschule ihr eigenes Dirndl entwickelt. Eine eigene „Tracht" steht so bildlich für das gemeinsame Projekt. Sie wirkt, wie ein Logo, sowohl nach innen als auch nach außen:

Eines unserer größten Projekte war die Entwicklung eines „Wiener Neudorf Dirndls". In unserer Region haben viele Orte eine typische Tracht – wir hatten bis dahin keine. Gemeinsam wurden Farben und Schnitte überlegt, die die Geschichte Wiener Neudorfs widerspiegeln. Das Dirndl kann jeder bei uns selbst nähen – wir helfen so lange, bis es fertig ist. (Veronika Satra)

Ein Logo ist ein wichtiges visuelles Erkennungszeichen. Es sollte zum Vorhaben passen und professionell aussehen. Ein schlechtes Logo lässt eine Initiative oder ein Projekt unprofessionell wirken. Deshalb sollte bei der Logo-Entwicklung jemand dabei sein, der damit Erfahrung hat.

Gute Briefings

Ein gutes Briefing ist die Grundlage für eine erfolgreiche Zusammenarbeit mit Grafikbüros und Agenturen. Es verbessert die Zusammenarbeit und das Ergebnis, wenn Aufgabe, Ziele und das gewünschte Ergebnis klar und detailliert beschrieben werden:

- Worum geht es? Welche Ziele verfolgen wir?
- Wen möchten wir ansprechen?
- Welche ähnlichen Projekte gibt es? Wie möchten wir uns von ihnen abgrenzen?
- Was sind die aktuellen Herausforderungen und Probleme?

- Welche Kommunikationsmaßnahmen wurden bzw. werden bereits umgesetzt?
- Gibt es Vorgaben für die Gestaltung? („Corporate Design")
- Wie hoch ist das Budget?
- Gab es bereits Erfahrungen mit anderen Agenturen oder Dienstleistern? Wie sahen die aus?
- Bei Einzelprojekten: Wie lange soll die Zusammenarbeit dauern? Was genau soll am Ende dieses Zeitraums erreicht sein?
- Und: Wann ist die Deadline? Nicht nur die Erstellung, auch die Abstimmung kostet Zeit.

Wir haben zwei Grafikbüros angesprochen, die uns Ideen und Vorschläge für ein Gesamtkonzept unterbreiten sollten. Als Ergebnis erhofften wir uns Unterstützung bei der Entwicklung eines Logos, Flyers sowie der Erstellung einer „mitwachsenden" Webseite. Dafür war es aber noch zu früh: Uns fehlte es an Auswahlkriterien und einer Zielsetzung, um zu entscheiden, welche Konzeptausrichtung am besten zu uns passt und welches Büro das geeignete für die Auftragsausführung ist. Wir entschieden uns für den Weg, zusammen mit einer erfahrenen Prozessbegleiterin in Klausur zu gehen. Wir erstellen jetzt – wie ursprünglich gedacht – ein Leitbild. Im nächsten Schritt werden wir wieder an die Grafikbüros herantreten. Der erstellte Orientierungsrahmen wird uns dann die gemeinsame Kommunikation erleichtern. (Dietlind Gloystein)

Informationen zugänglich machen

Keine Transparenz und kein Austausch ohne Information. Von den Zielen und dem Umfeld hängt es ab, wie die Informationen am besten aufbereitet und verbreitet werden.

Verschiedene Formate nutzen

Das Internet ist natürlich die Informationsquelle Nummer Eins. Aber nicht jede/n erreicht man auf diesem Weg. Mit gedruckten Materialien kann man bestimmte Menschen besser ansprechen oder gezielter an bestimmten Orten.

Webseiten

Fast jeder sucht Informationen heute im Internet. Für Organisationen ist es deshalb sehr wichtig, hier auffindbar zu sein. Ebenso wichtig ist es, dass der Webauftritt widerspiegelt, was das Projekt ausmacht, und dass er die Fragen der Webseitenbesucher/innen klar und verständlich beantwortet.

Dafür braucht es umfangreiche Vorüberlegungen und Webrecherchen: Wie sehen verwandte Auftritte aus? Welche Fragen werden, zum Beispiel in Fachforen, gestellt? Welche

Suchbegriffe werden rund um das Thema Inklusion in die Suchmaschinen eingegeben? Solche Recherchen können auch bei Agenturen in Auftrag gegeben werden.

Gute Webseiten ...
- sind Anlaufstelle und „Heimat" einer Organisation oder Person im Internet;
- sind übersichtlich und verständlich, auch für Außenstehende und Fachfremde;
- machen es einfach, wichtige Infos und die richtigen Ansprechpartner/innen zu finden;
- sind sauber programmiert, sodass sie von Suchmaschinen gut gefunden und gerankt werden;
- sind durch Baukästen oder freie Blog-Software mit Vorlagen inzwischen relativ einfach einzurichten und zu pflegen.

Mailings
E-Mailings, Newsletter oder auch gedruckte Mailings sind sehr effektiv, wenn man bestimmte Gruppen von Menschen ansprechen möchte. Sie bieten sich zum Beispiel für Einladungen oder regelmäßige Newsletter an. Das Wichtigste neben Inhalt und Gestaltung sind die passenden Adressen, die regelmäßig gesammelt und gepflegt werden müssen. E-Mailings sollten so aufbereitet sein, dass sie ohne Aufwand weitergeleitet werden können.

Gedruckte Materialien

Auch in digitalen Zeiten kommen gedruckte Materialien zum Einsatz: vom einfachen Aushang, Poster oder Infoflyer bis zur regelmäßig erscheinenden Dorfzeitung und kreativen Sonderformaten. Die Vorteile: Gedruckte Materialien lassen sich vor Ort verteilen oder aufhängen, also da, wo sich die Menschen, die man erreichen möchte, aufhalten. Je nach Gestaltung und je nachdem, wie passgenau der Inhalt ist, können sie viel Aufmerksamkeit generieren.

Gedruckte Materialien können heute schon relativ günstig produziert werden. Dennoch sind sie in der Herstellung und in der Verbreitung meist teurer als digitale Materialien. Deshalb werden Infos heute zum großen Teil digital verbreitet. Auch gedruckte Flyer oder Poster können parallel als PDF auf die Webseite gestellt, verlinkt oder verschickt werden.

Protokolle und Dokumentationen

Auch das sind wichtige Informationsquellen: Protokolle, Mitschriften, Foto- oder andere Dokumentationen dienen sowohl der internen als auch der öffentlichen Information. Sie sichern Transparenz und Verbindlichkeiten. Protokollant/innen nutzen den Prozess des Protokollierens auch häufig für eine Zusammenfassung des Diskutierten und eine Verständigung über wesentliche Inhalte in einer Arbeitsgruppe. Es macht Sinn, sich im Vorfeld über die Form der Mitschrift zu verständigen und Verantwortliche festzulegen.

Es macht vielleicht nicht direkt Spaß, ein Protokoll zu schreiben, aber trotzdem mache ich es gerne, weil ich weiß: Es bringt nur Vorteile! Für die Gruppe, für die Organisation und für mich. (Thomas Kruse)

Werden unterschiedliche Kommunikationsmittel genutzt, um alle zu erreichen?

Social Media

Soziale Medien prägen den Alltag vieler Menschen. Ihre Stärke ist es, Menschen zu verbinden. Das ist bei einem Thema wie Inklusion, bei dem es stark um die Vernetzung und Kooperation von Menschen geht, natürlich ein großer Vorteil. Aber diese Offenheit hat auch Nachteile. Deshalb stehen Soziale Medien immer wieder in der Kritik. Zum einen, weil sie auch menschenverachtenden Stimmen ein Forum geben und dann nur schlecht zu kontrollieren sind. Zum anderen, weil die Macht der Daten und ihre undurchsichtige Nutzung durch Unternehmen wie Facebook und Google unser Leben mehr beeinflussen, als viele denken.

Wichtig ist, sich Vor- und Nachteile gut zu überlegen, bevor man sich für eine Nutzung entscheidet. Das Medium muss zu den eigenen Zielen passen – und man muss die Ressourcen haben, um es richtig zu „pflegen". Denn Social Media kosten Zeit. Die Erfahrungen von anderen können helfen.

Chancen und Risiken von Sozialen Medien
Es gibt typische Chancen und Risiken von Social-Media-Nutzung, die, abhängig vom Einzelfall, abzuwägen sind:

Chancen:
- bessere Sichtbarkeit des Projekts und z.B. konkreter Veranstaltungen;
- modernere, zugänglichere und damit sympathischere Wirkung durch hochwertigen Social-Media-Auftritt (schafft Vertrauen);
- stärkere Bindung der Dialoggruppen an die Organisation bzw. stärkere Identifikation mit dem Projekt durch intensiveren Dialog;
- Dialoggruppen und ihre Wünsche besser kennenlernen;
- mehr Offenheit und Transparenz.

Risiken:
- Bei halbherziger Betreuung wirkt ein Auftritt lieblos (negative Imagewirkung).

- Der Aufwand ist generell hoch, er variiert je nach Plattform.
- Erfolge zeigen sich oft erst mittel- oder langfristig: Es besteht die Gefahr, zu Beginn zu hohe Erwartungen zu haben und zu schnell aufzugeben.
- „Fans/Follower" können auch Negativbotschaften posten; hier ist schnelle und angemessene Reaktion notwendig.
- Eine Datenverwertung durch Konzerne wie Facebook und Google muss in Kauf genommen werden.

Auch und gerade wer Social Media nutzt, sollte auf eine eigene Webseite oder einen eigenen Blog nicht verzichten. Die Webseite ist das „Zuhause" der Inhalte, also der Artikel, Fotos u. ä. Soziale Medien eignen sich dazu, auf diese Inhalte hinzuweisen und (neue) Besucher/innen auf die Webseite zu bringen.

Soziales Netzwerken – verbreitete Medien

Blog

Ein Blog ist eine unkomplizierte Webseite für rein redaktionelle Inhalte. Er ist perfekt, um umfangreiche Informationen wie Dokumentationen, Protokolle oder Hintergrundartikel zu veröffentlichen und um mit interessanten Inhalten die eigene Kompetenz zu demonstrieren.

WhatsApp

Der weit verbreitete Instant-Messaging-Dienst ist vor allem für den Austausch der am Projekt Beteiligten geeignet (Alternativen: Threema, Telegram, Messenger u. a.).

Facebook

Die nach wie vor enorm beliebte Plattform zum Netzwerken und Teilen von Inhalten eignet sich gut, um Aufmerksamkeit zu wecken und auf Veranstaltungen hinzuweisen. Facebook ist sehr international und wird in den meisten Ländern und Kulturen noch intensiver und bedenkenloser genutzt als in Deutschland. Insbesondere für mehrsprachige Veranstaltungen kann das ein Vorteil sein.

Twitter

Der Mikrobloggingdienst ist in vielen Ländern beliebt, führt in Deutschland aber seit jeher ein Nischendasein. Twittern ist empfehlenswert, wenn es zur angesprochenen Zielgruppe passt, z.B., wenn primär Journalist/innen erreicht werden sollen. Vorteile: sehr schnell, Links und Hinweise auf andere Medien lassen sich einfach verbreiten.

Instagram

Die Plattform für das Präsentieren und Teilen von Bildern wächst zurzeit stark. Falls gutes oder ungewöhnliches Bildmaterial vorliegt, kann es beispielsweise für die Veröffentlichung von Veranstaltungsfotos interessant sein.

YouTube

Die Plattform für Internetvideos. Gerade viele junge Menschen informieren sich direkt auf YouTube, das sie häufig als Suchplattform anstelle von Google nutzen. Ein eigener YouTube-Kanal kann deshalb sinnvoll sein. Hier können zum Beispiel Mitwirkende zu Wort kommen, Expert/innen interviewt und Veranstaltungen übertragen werden.

Snapchat

Instant Messenger für Fotos und Videos. Die Inhalte löschen sich nach einigen Sekunden von selbst, außerdem lassen sich diverse Filter verwenden, um die Bilder und Videos aufzupeppen. Kann für die Ansprache sehr junger Zielgruppen interessant sein, aber: kann auch schnell wieder von einem anderen Format abgelöst werden.

Kann man Videos für Soziale Medien selber machen? Voraussetzung sind entsprechende Ressourcen, vor allem Zeit, Ideen und Engagement. Die technischen Herausforderungen sind weniger kompliziert: Je nach Kontext reicht ein mit dem Smartphone gedrehtes Video völlig aus. Ein guter Ton ist allerdings wichtig, hier lohnt es sich, in ein hochwertiges Mikrofon zu investieren.

Presse- und Medienarbeit

Auch Presse und Medien benötigen Informationen – und helfen bei ihrer Verbreitung. Spätestens, wenn die breite Öffentlichkeit über das Projekt informiert und eingebunden werden soll, ist Pressearbeit unverzichtbar. Artikel in den relevanten Medien unterstreichen die Wichtigkeit des eigenen Engagements und sorgen dafür, dass viele Menschen erreicht werden – auch solche, mit denen man bisher noch keinen oder kaum Kontakt hatte.

Die Basics einer erfolgreichen Presse- und Medienarbeit
- Vorüberlegung: Was will ich wem mitteilen?;
- die passenden Medien finden: Wo informieren sich die Menschen, die wir erreichen möchten? In welche Medien passen unsere Inhalte?;
- in den ausgewählten Medien die passende Redaktion/den oder die zuständige/n Redakteur/in finden (im Internet, ggf. per Anruf);
- Mediapläne beachten: Wann müssen meine Informationen vorliegen, damit die Info in welche Ausgabe kommen kann?
- Terminübersichten passender Publikationen „füttern", wenn man Veranstaltungen hat;
- Pressemitteilungen schreiben und versenden;
- mit Medienvertreter/innen ins Gespräch kommen und im Gespräch bleiben.

Veranstaltungen, Aktionen, Projekte

Auch Veranstaltungen, Aktionen und Projekte sind ein Teil der Öffentlichkeitsarbeit. Denn sie sind ein Mittel, um mit der Öffentlichkeit in Kontakt zu kommen: Menschen einzubinden, über das Thema Inklusion zu informieren, ein Projekt zu starten, Bewusstsein zu wecken, Anlässe für Begegnung und Verständigung zu stiften. Dabei ist es wichtig, Inklusion nicht nur als Thema zu verbreiten, sondern die jeweilige Maßnahme auch selbst inklusiv zu planen, zum Beispiel als barrierefreie Veranstaltung.

Veranstaltungen barrierefrei gestalten

Veranstaltungen können nicht nur baulich, sondern auch sprachlich und emotional barrierefrei gestaltet werden: Planung, Terminierung, Anmeldeverfahren, Kosten, Veranstaltungsort, Anfahrt, Zugänglichkeit und Räume, technische Ausstattung und Bestuhlung, Kommunikation, Übersetzungsangebote, Verpflegung … Es gibt viele Barrieren für eine Teilnahme – und viele Möglichkeiten, diese Barrieren abzubauen.

Umfangreiche Tipps und Checklisten zur barrierefreien Gestaltung von Veranstaltungen sind auf der Webseite von Ramp-Up.me zu finden.

Wir laden alle Menschen vor Ort ein, ihre Ideen und ihr Wissen einzubringen, um unser Festival ZAMMA gemeinsam zu gestalten. Dabei wollen wir auch die erreichen, die bisher nicht oder wenig an Kultur-Angeboten teilgenommen haben. Dafür sind viele Überlegungen der Planungsgruppe notwendig, wir haben eine lange Checkliste. Wichtig ist: Wie laden wir ein? Unser Einladungsschreiben geht an einen umfangreichen Verteiler. Darüber hinaus laden wir mit der Auslage von Einladungs-Postkarten ein, über unsere barrierefreie ZAMMA-Homepage und über Social Media. Dabei ist wichtig, dass der Einladungstext einfach und für jede/n verständlich ist. Wir weisen bereits bei der Einladung darauf hin, dass die Räume barrierefrei sind und Gebärdensprachdolmetscher/innen sowie Induktionsschleifen vorhanden sind. So müssen Interessenten nicht extra nachfragen. Außerdem können die Interessierten bei der Anmeldung angeben, falls Sie weiteren Assistenzbedarf benötigen. Neben den schriftlichen Einladungen sind persönliche Einladungs-Gespräche sehr wichtig, da in diesen oft noch ganz anders vermittelt werden kann: ZAMMA ist ein Festival für alle Bürger/innen einer Region. (Petra Kellermann)

Aktionen und Projekte

Es gibt unzählige kleine und große Aktionen und Projekte, die sich mit dem Thema Inklusion auseinandersetzen oder zum Ziel haben, Menschen zusammenzubringen. Das Material, das die Mitwirkenden dieses Buches zusammengetragen haben, ist so umfangreich, dass man daraus ein eigenes Buch machen könnte. Vieles davon steht im Download-Bereich zur Verfügung. Im Folgenden zeigen einige Beispiele die Vielfalt der Ideen, Möglichkeiten und Anlässe.

ABC der Inklusion (St. Arnual)
Zeitungs-Serie, die Begrifflichkeiten rund um das Thema Inklusion erklärt: A wie Armut, D wie Demokratie, F wie Fairness etc.

Ausstellung „Das geht!" (Ostholstein)
Jugendliche fotografierten Motive ihrer Stadt zum Thema Inklusion und Barrierefreiheit. Anschließend wurden die Aufnahmen bearbeitet, mit Zitaten versehen und ausgestellt.

Bürgernetzwerk Inklusion (Monheim am Rhein)
Das Netzwerk gründete sich nach der Verabschiedung des Aktionsplans. Bisher Beteiligte und weitere Interessierte überlegten Maßnahmen für den weiteren Prozess vor Ort.

Fest der Töpfe (Wiener Neudorf)
Alle Wiener Neudorfer/innen wurden zum Mitmachen eingeladen, traditionelle Speisen ihres Landes oder einen kleinen kulturellen Beitrag vorzustellen.

Fest der Vielfalt (an vielen Orten)
Veranstaltungen für (Neu-)Bürger/innen mit und ohne Flucht- und Migrationshintergrund. Gestaltet durch Vereine, Organisationen, Projekt- und Jugendgruppen sowie Einzelpersonen. An einem oder mehreren Tagen, auf Marktplätzen oder im Stadtzentrum, mit Tanz, Musik, Essen, Mode, Kunst und Handwerk.

Fotoaktion (Bonn)
Zu der Aktion anlässlich des UNESCO-Gipfels „Inklusion – Die Zukunft der Bildung" reichten Bonner/innen Fotos ein, die für Inklusion, Vielfalt und Teilhabe stehen. Fünf Fotos wurden ausgewählt, die dann als Plakate überall in der Stadt präsent waren. Bei der Ausstellung zur Aktion stellten alle Fotograf/innen ihre Bilder und Geschichten vor.

Interkulturelle Gärten (an vielen Orten)
Gärten werden von Menschen unterschiedlicher Herkunft gemeinsam bewirtschaftet. Individuell angepflanzte Kräuter und Blumen, Obst und Gemüse aus den Heimatländern schlagen Wurzeln – wie die Menschen. Seit 1996 sind interkulturelle Gärten eine bundesweit anerkannte soziale Bewegung im Rahmen von Integrationsarbeit und bürgerschaftlichem Engagement.

Interkultureller Spaziergang (Eitorf)
Rundgang zum Kennenlernen und Eintauchen in die Traditionen und Geschichte der Gemeinde und der vielfältigen Kulturen und Einrichtungen vor Ort. Besuch der Moschee, des Heimatvereins, des türkischen Elternvereins, des Jugendcafés.

KuK-Kochbuch – Kochen mit wenig Geld (Hürth)
Eltern, die nur über wenig Geld zum Leben verfügen, treffen sich
mit anderen Eltern und Kindern zum gemeinsamen Kochen und
Essen im Familienzentrum. Hieraus entstanden ist ein Kochbuch.
Die Mengenangaben aller Gerichte sind für 4–6 Personen ausgelegt und benötigen meist nur wenige Zutaten. Zu allen Gerichten
ist die Kostenangabe pro Person angegeben.

Party der Vielfalt (Oldenburg)
Disco für Menschen mit und ohne Behinderung und größtmög-
licher Barrierefreiheit (stufenlosen Zugang, ausreichend Be-
wegungsfreiheit, genügend Sitzgelegenheiten, barrierefreie
Getränkekarte) und vielfältiger Musik.

Platz für wilde Spiele (Jugendfarm Bonn)
Hier können Kinder mit zu wenig Spielraum selbstständig und
unbeaufsichtigt mit anderen Kindern spielen. Zunächst als Bau-
spielplatz, mit Feuerstelle, Tieren und Ställen. Heute mit über 270
Mitarbeitenden an über 20 Standorten. Arbeitsbereiche werden
miteinander vernetzt: Offene Kinder- und Jugendarbeit mit den
Hilfen zur Erziehung, der Offene Ganztag mit der Schule für ein
gemeinsames Konzept „Offene Ganztagsschule".

Rollstuhlrallye (Eutin)
Aktion, bei der nicht-gehbehinderte Menschen aus Sicht von
Menschen im Rollstuhl scheinbar Alltägliches praktizieren und
Barrieren nachempfinden. Beispielsweise an Automaten Konto-
auszüge drucken oder Geld abheben; rollstuhlgerechte Toilet-
ten finden und allein nutzen können; Läden mit rollstuhlgerechter
Umkleidekabine ausfindig machen.

talentCAMPus (Köln)
Ein Angebot der Volkshochschule in Kooperation mit der „Lernenden Region" und dem „Kommunalen Integrationszentrum" für 180
Kinder und Jugendliche zwischen 10 und 18 Jahren, insbesondere
Geflüchtete, in den Herbstferien: Theater, Choreografie, Fotogra-
fie, Gestaltung, Mode, Comic, Hip-Hop, Chor, Journalismus u.v.m.;
von 9–17 Uhr, inkl. Mittagessen und Fahrschein für den Nahverkehr.

Tanzflash/Flashmob (an vielen Orten)

Alte und junge Menschen – mit und ohne Behinderung – feiern ein Generationen übergreifendes Innenstadtfest mit einem „Tanzflash". An vielen Orten in Deutschland sind sogenannte Flashmobs zu beobachten: Über soziale Netzwerke werden Ort/ Tag/Uhrzeit bekannt gegeben. Unbekannte Menschen treffen aufeinander, tanzen, singen oder musizieren gemeinsam.

Theater im Linienbus (Saarbrücken)

Ein Kunstexperiment, das Fragen zur aktuellen Politik aufwerfen will. Eine Gruppe tourte in einem Linienbus und spielte live vor den Fahrgästen. An Bord gab es Improvisationen und einstudierte Szenen, die sich mit der Situation der Flüchtlinge in ihren Heimatländern und in Deutschland auseinandersetzten.

Toilette für alle (Oldenburg)

Die erforderlichen Umbaumaßnahmen bieten meist schon im Vorfeld Anlass, über barrierefreie Zugänge, Öffnungen des Vereins/der Institution nach außen und über eine Willkommenskultur nachzudenken.

Wheel-Map (an vielen Orten)

Erfinder ist Raúl Krauthausen. Eine digitale Karte für öffentliche, rollstuhlgerechte Orte. Jede/r kann mitmachen und Orte entsprechend ihrer Barrierefreiheit nach einem Ampelsystem markieren.

Zamma (Oberbayern)

Alle zwei Jahre stattfindendes Kulturfestival über eine Woche mit rund 50 Veranstaltungen aus Musik, Theater, Tanz, Bildende Kunst, Literatur, Film, Medien u.v.m. Ziel sind Veranstaltungen, die von Menschen mit und ohne Behinderung, unterschiedlichen Generationen und Kulturen gemeinsam entwickelt und realisiert werden, sowie neue Partnerschaften zwischen den Bereichen Kultur, Jugend, Soziales, Bildung und Umwelt.

Was tut sich vor Ort?

12 Prozessbeispiele

Gesamt-städtischer Prozess, Hennef

<u>Wo?</u> Stadt Hennef (Sieg), Rhein-Sieg-Kreis, NRW, 47.000 Einwohner/innen; „Stadt der 100 Dörfer"
<u>Was?</u> Nach dem erfolgreichen Prozess im Schulbereich wird das Thema Inklusion als gesamtstädtisches Thema aufgegriffen.
<u>Wann?</u> Seit Oktober 2015
<u>Wer?</u> Akteur/innen aus Verwaltung, Politik und Zivilgesellschaft
<u>Kontakt:</u> Stabsstelle Inklusion/Älterwerden Stadt Hennef, Judith Norden
<u>Weitere Informationen:</u> → www.hennef.de

Zeitschiene

23.6.2014: Ratsbeschluss zur Einrichtung einer Stabsstelle Inklusion ⟶ 1.10.2015: Bürgermeister richtet Stabsstelle ein ⟶ 3.3.2016: Auftaktveranstaltung „Inklusionsprozess in Hennef" mit Vorlage Organisationsplan der Stabsstelle, Bildung von Arbeitskreisen ⟶ 27.10.2016: Treffen der Arbeitskreise zur Besprechung des weiteren Prozessverlaufs ⟶ *geplant* ⟶ September 2017: Vorstellung Aktionsplanentwurf ⟶ November 2017: Vorlage Aktionsplan zur Abstimmung im Stadtrat ⟶ März 2018: Aktionsplan wird Öffentlichkeit vorgestellt

Einrichten einer Stabsstelle

Am 1. Oktober 2015 richtet der Bürgermeister die Stabsstelle In-
klusion/Älterwerden in seinem Dezernat ein, um die ersten be-
gonnenen inklusiven Schritte im Jugendhilfe- und Schulbe-
reich als Inklusionsprozess gesamtstädtisch auszurichten, wie es
der Rat in einem Beschluss vom 23. Juni 2014 gefordert hat. Die
Stabsstelle soll die Koordination und Steuerung des gesamten
Inklusionsprozesses übernehmen.

Auftaktveranstaltung „Inklusionsprozess in Hennef"

Die erste größere Aktion der Stabsstelle unter der Leitung von
Judith Norden ist die Auftaktveranstaltung am 3. März 2016. Im
Vorfeld werden alle Ämter der Stadtverwaltung zu zwei Treffen
eingeladen, um gemeinsam die Organisation des Prozesses zu er-
örtern. Das erste Treffen wird extern moderiert. Der während des
ersten Treffens vorgelegte Organisationsplan wird auf Basis der
Anregungen durch die Mitarbeiter/innen der Ämter modifiziert
und bei der Auftaktveranstaltung vorgestellt. Der Zeitplan der
Stabsstelle wird nach Bedarf dem Prozess angepasst.

Vertreter/innen aus Politik, Vereinen, Verbänden sowie interessierte Hennefer/innen nehmen an dieser Veranstaltung teil.
Nach der Einführung in das Thema „Inklusion vor Ort" und „Auf
dem Weg zur inklusiven Stadt – der Aktionsplan" startet die Pro-
zessarbeit mit der Gründung von Arbeitskreisen zu acht kommunalen Handlungsfeldern. Jeder AK wählt eine/n Sprecher/in. Abschließend erläutert Judith Norden den Projektablauf sowie den
Zeitplan und die Arbeitsweise.

Arbeit in den Arbeitskreisen und Klärung von Rolle und Aufgaben

Die Arbeitskreise treffen sich in der Folgezeit regelmäßig, um mit
Unterstützung von Verwaltung und Stabsstelle Maßnahmen für
den Aktionsplan zusammenzustellen. Um den Prozess voranzutreiben, wird die Anregung aus der Lenkungsgruppe aufgegriffen, die
weitere Moderation an Externe zu vergeben. Der Bürgermeister
erklärt sich bereit, im Haushalt dafür zusätzliche finanzielle Mittel

bereitzustellen. Auf seine Einladung treffen sich schließlich alle Arbeitskreismitglieder, um die Fragen nach Rollen und Aufgaben im Prozess zu klären. Die Ergebnisse aus den Arbeitskreisen werden von den Fachämtern in der Verwaltung bewertet und budgetiert.

Die nächsten Schritte

- Die Stabsstelle Inklusion fasst die Ergebnisse aus den Arbeitskreisen mit den Stellungnahmen der Fachämter zusammen und erstellt einen Entwurf des Aktionsplanes, der im September 2017 dem Verwaltungsvorstand vorgelegt wird.
- Nach einer abschließenden Besprechung im Lenkungsgremium mit allen Arbeitsgruppensprecher/innen wird der Entwurf des Aktionsplans in die entsprechenden Ausschüsse des Rates gegeben und dann dem Rat der Stadt zur Abstimmung vorgelegt.
- Bei Zustimmung wird der Aktionsplan anschließend der Öffentlichkeit vorgestellt.
- Die Aktions- und Ideensammlung zu Projekten und Initiativen für den Inklusionsprozess soll in den folgenden Jahren nach und nach umgesetzt werden. Ein jährlicher Bericht in den Ausschüssen und im Rat wird den Prozess weiterhin begleiten.

> *„Inklusion, darin sind sich alle Akteur/innen einig, ist ein Generationenprojekt. Hennef hat sich auf den Weg gemacht."* (Judith Norden)

Gesamtstädtischer Prozess, Oldenburg

Wo? Kreisfreie Stadt Oldenburg, Niedersachsen, über 163.000 Einwohner/innen; gehört zur Metropolregion Bremen/ Oldenburg; Universitätsstadt; Rat der Stadt mit 50 Mitgliedern
Was? Erstellung eines Aktionsplanes unter hoher Beteiligung von Verwaltung, Politik, Zivilgesellschaft und Wirtschaft, die anschließende Umsetzung der geplanten Maßnahmen wird direkt mitgedacht und sichergestellt.
Wann? Seit 2012
Wer? Über 300 Einwohner/innen der Stadt, Mitarbeiter/innen aus der Verwaltung sowie Vertreter/innen vieler Vereine und Verbände sowie der Politik
Kontakt: Fachstelle Inklusion (Koordination des gesamt-städtischen Inklusionsprozesses), angesiedelt beim Amt für Teilhabe und Soziales (vorher Sozialamt), Peter Dresen und Lena Haddenhorst
Weitere Informationen:
→ www.oldenburg.de/microsites/inklusion.html

Zeitschiene

21.5.2012: Rat der Stadt beschließt Erarbeitung eines Aktions-plans ⟶ 5.6.2012: Schulausschuss beschließt Einsetzung einer Arbeitsgruppe „Inklusion an Oldenburger Schulen" ⟶ 9.10.2012: Fachtagung „Die inklusive Übermorgenstadt – Wege und Visi-onen für ein inklusives Oldenburg" ⟶ 5.3.2013: 1. Info- und

Mitmach-Veranstaltung aller Interessierten ⟶ 1.4.2013: Start für den kommunalen Aktionsplan, Einrichtung einer neuen Fachstelle Inklusion ⟶ Juni 2013: Arbeitsgruppen zu unterschiedlichen Handlungsfeldern beginnen ihre Arbeit ⟶ 28.8.2013: Sozialausschuss des Rates der Stadt beschließt Einsatz einer Steuerungsgruppe ⟶ 30.8.2013: Treffen der Sprecher/innenrunde ⟶ 20.11.2013: Fachtag für alle Mitarbeiter/innen des Sozialamtes ⟶ 9.12.13: Konstituierende Sitzung der Steuerungsgruppe ⟶ 16.10.2014: Steuerungsgruppe beschließt Zuständigkeiten für Inklusionsprozess ⟶ Ende 2014: Fertigstellung des Kommunalen Aktionsplans Inklusion ⟶ Februar/März 2015: Beratung des Aktionsplans in allen Ausschüssen des Rates der Stadt ⟶ 23.3.2015: Verabschiedung des Aktionsplans durch den Rat der Stadt ⟶ 23.4.2015: Konstituierung der dezernatsübergreifenden Arbeitsgruppe Inklusive Stadtverwaltung Oldenburg ⟶ 2.7.2015: Gründung Oldenburger Netzwerk „Inklusion*konkret!*" ⟶ Seit 2015: Umsetzung der Maßnahmen des Kommunalen Aktionsplans Inklusion

Vorgehensweise in Schritten

Der Rat der Stadt Oldenburg beschließt einstimmig: „Oldenburg will Inklusion – Ein kommunaler Aktionsplan soll erarbeitet werden." Der Schulausschuss beschließt die Einsetzung einer Arbeitsgruppe „Inklusion an Oldenburger Schulen".

Auf der Auftaktveranstaltung unter dem Motto „Inklusion in den Köpfen und vor Ort" sammeln Vertreter/innen von Vereinen, Verbänden, Unternehmen, Politik und Verwaltung, Träger sozialer Einrichtungen und Kirchen sowie interessierte Bürger/innen Ideen zum Thema Inklusion für die „inklusive Übermorgenstadt" (damalige Leitidee der Stadt Oldenburg). Im Anschluss an die Fachtagung findet eine „1. Info- und Mitmachveranstaltung Inklusion" für alle Interessierten statt. Dort wird über die Ergebnisse der Fachtagung informiert und es werden erste Schritte zur Gründung von Arbeitsgruppen in den Handlungsfeldern unternommen.

Der erste Schritt zur Arbeit am kommunalen Aktionsplan ist die Einrichtung einer neuen Fachstelle Inklusion, angesiedelt im Sozialamt (heute Amt für Soziales und Teilhabe). Aufgabe: Den

Ratsbeschluss der Stadt Oldenburg zur Inklusion mit umzusetzen, die vielfältigen Netzwerke im Kontext Inklusion zu begleiten und Gremien, Gruppierungen und die Öffentlichkeit für die Querschnittsaufgabe Inklusion zu gewinnen. Als Partnerkommune im Projekt „Inklusion vor Ort" der Montag Stiftung Jugend und Gesellschaft erhält die Stadt Oldenburg Unterstützung durch externe Prozessbegleiter/innen, die die Stadt auf ihrem Weg zur Inklusion begleiten.

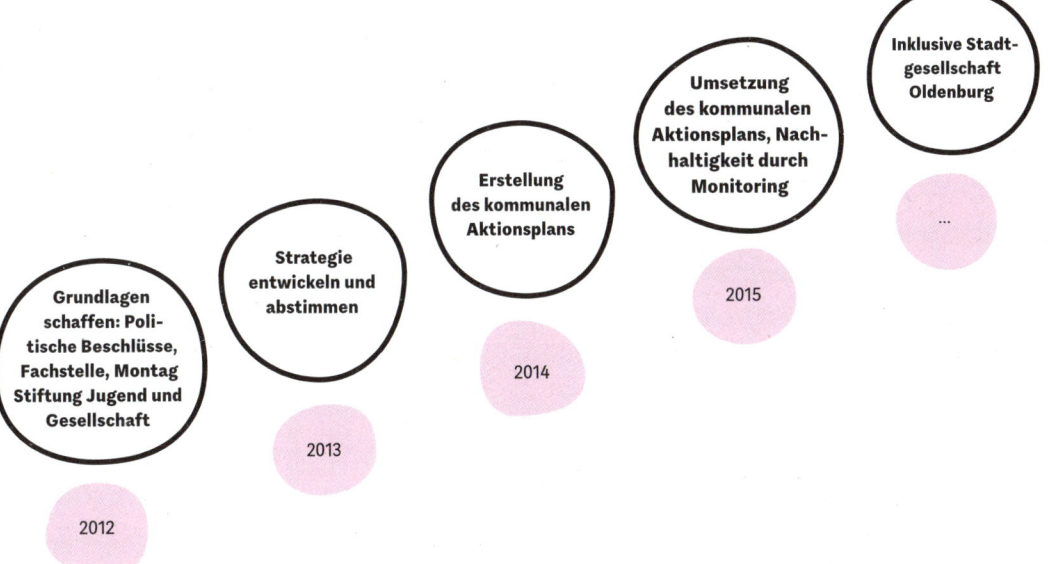

Die gesamte Prozessskizze ist auf der o.g. Homepage als Präsentation anzusehen. Hier ist ein Ausschnitt mit den geplanten Schritten abgebildet.

Die Arbeitsgruppen beginnen ihre Arbeit zum kommunalen Aktionsplan Inklusion (KAI).

Aufgaben:

1. Inklusive Werte – Welche Werte, welche Haltung verbinden wir allgemein und in den zehn Handlungsfeldern mit Inklusion?
2. Ist-Analyse der Ressourcen in den zehn Handlungsfeldern – Was haben wir und wollen es unbedingt behalten?
3. Entwicklung der Vision in den zehn Handlungsfeldern – Wie sieht die ideale inklusive Gesellschaft aus? Was muss sich dazu ändern?
4. Ableitung der Maßnahmen in den zehn Handlungsfeldern – Was muss ich, was müssen wir dafür tun?

<u>Ziel</u>: Erarbeitung eines Kommunalen Aktionsplans.
Jede Gruppe wählt zwei Sprecher/innen, die gemeinsam die
Sprecher/innenrunde bilden.

Der Sozialausschuss des Rates der Stadt beschließt, eine Steuerungsgruppe aus Bürgergesellschaft, Politik und Verwaltung für
den Inklusionsprozess einzusetzen. Die Steuerungsgruppe tagt
alle drei Monate. Dem Oberbürgermeister obliegt der Vorsitz der
Steuerungsgruppe, der Sozialdezernentin die Stellvertretung und
der Fachstelle Inklusion die Geschäftsführung. Auf einer konstituierenden Sitzung trifft sich die Sprecher/innenrunde. Für die
Mitarbeiter/innen des Sozialamtes wird ein Fachtag organisiert
mit dem Motto: „... und jetzt auch noch Inklusion!" Nach einer
konstituierenden Sitzung erarbeitet und beschließt die Steuerungsgruppe im weiteren Verlauf die Zuständigkeiten für den Inklusionsprozess der Stadt Oldenburg.

      Nach der Fertigstellung des Kommunalen Aktionsplans In-
klusion (KAI) wird dieser in allen Ausschüssen des Rates der Stadt
beraten und verabschiedet. Der Rat der Stadt nimmt die „Vorschläge für den Kommunalen Aktionsplan Inklusion" zur Kenntnis
und beauftragt die Verwaltung, die zahlreichen Vorschläge zügig
zu bewerten. Darüber hinaus sollen die Akteur/innen an der Bewertung, Umsetzung und Weiterentwicklung des Kommunalen
Aktionsplans beteiligt sein. Die dezernatsübergreifende Arbeitsgruppe Inklusion soll den Prozess zu einer inklusiven Verwaltung
vorantreiben.

      Ein neues Beteiligungsformat wird gegründet: das Olden-
burger Netzwerk Inklusion*konkret!* mit der Aufgabe, die Umsetzung und Weiterentwicklung des Kommunalen Aktionsplans zu
begleiten.

Ist es selbstverständlich, dass öffentliche Angebote von allen Menschen genutzt werden können?

Leitbild und Führungsleitlinien, Oldenburg

<u>Wo?</u> Oldenburg (s. Steckbrief Seite 227); die Oldenburger Stadtverwaltung hat 2.500 Beschäftigte an 40 Standorten, untergliedert in vier Dezernate und einige Stabsstellen beim Oberbürgermeister
<u>Was?</u> Entwicklung einer Zielvereinbarung zwischen Oberbürgermeister und Führungskräften zur Umsetzung der Inklusion in der Stadtverwaltung
<u>Wann?</u> Seit 2015
<u>Wer?</u> 60 Führungskräfte der Oldenburger Verwaltung unter der Leitung des Oberbürgermeisters
<u>Kontakt:</u> Stadt Oldenburg, Amt für Teilhabe und Soziales, Strategische Sozialplanung – Demografie, Inklusion und Soziales, Susanne Jungkunz und Malte van Mark, Projektleitungsteam Inklusive Verwaltung für Oldenburg

2015 wird die „Dezernatsübergreifende Arbeitsgruppe zur inklusiven Ausrichtung der Stadtverwaltung" (DezüAG) eingerichtet, in der alle Dezernate sowie die Personalvertretung durch eine Führungskraft vertreten sind und auch das Büro des Oberbürgermeisters eingebunden ist. Für die Projektleitung und Projektassistenz werden Personalstellenanteile zur Verfügung gestellt.

Wesentliche Arbeitsaufträge:

- Erarbeitung inklusiver universeller Werte und Leitvisionen der Stadtverwaltung (Leitbild der Verwaltung) sowie der inklusiven Strategie der Ämter,
- Bearbeitung der Themenfelder des kommunalen *Index für Inklusion* (Organisationsentwicklung; was haben wir bereits; zukünftige Aufgaben),
- Ableitung von Maßnahmen/Zielvereinbarungen,
- Klärung des Monitorings und Umsetzung der Maßnahmen.

Vorüberlegungen zur Erarbeitung einer Leitvision der Stadtverwaltung

Um sich Klarheit zu verschaffen, an welcher Stelle diese Leitvision verankert werden könnte, verabredet sich die DezüAG zu einem Workshop „Inklusion im Kontext von Leitbild, Führungsleitlinien und Stadtstrategie 2014–2021".

Es wird beschlossen, einen Führungskräfte-Workshop zur Erarbeitung eines Leitbildes als „Gemeinsame Erklärung zur Umsetzung der Inklusion in der und durch die Stadtverwaltung Oldenburg" zu gestalten. Der Oberbürgermeister lädt zu diesem Fachtag ein und bringt auch einen Entwurf für die zu verabschiedende Erklärung ein. Dieser Entwurf ist in seinem Auftrag von der DezüAG erarbeitet und mit ihm abgestimmt. Im Rahmen der Veranstaltung haben die etwa 60 anwesenden Führungskräfte die Möglichkeit, in drei Arbeitsgruppen eigene Vorstellungen und Änderungen in den Entwurf einzubringen.

Zusammen mit der Einladung wird der Entwurf der Gemeinsamen Erklärung allen Führungskräften der Stadt zur Verfügung gestellt. Damit haben alle die Möglichkeit, sich mit den Inhalten auseinanderzusetzen und über Änderungen im Vorfeld nachzudenken.

Am Fachtag selbst führt der Oberbürgermeister im Rahmen der Begrüßung in das Papier ein und bezieht pointiert Position im Blick auf die Bedeutung der Vorbildwirkung einer inklusiven Stadtverwaltung für die Entwicklung einer inklusiven Stadtgesellschaft.

Gemeinsame Erklärung zur Umsetzung der Inklusion in der und durch die Stadtverwaltung Oldenburg

Inklusion ist ein Menschenrecht. Inklusion bedeutet die gleichberechtigte Teilhabemöglichkeit aller Menschen an allen Lebensbereichen. Sie zu verwirklichen erfordert Werte wie Respekt, Wertschätzung von Vielfalt und Orientierung an Stärken.

Gemeinsam wollen wir – der Oberbürgermeister der Stadt Oldenburg, die Dezernentinnen, die weiteren Führungskräfte der Stadtverwaltung und die Personalvertretungen – uns der Herausforderung stellen, diese inklusiven Werte in Oldenburg, sowohl in der Arbeit der Stadtverwaltung als auch für die Öffentlichkeit, sichtbar und erfahrbar zu machen.

Ziel unserer gemeinsamen Arbeit ist es, jedem Menschen und damit auch jeder Mitarbeiterin und jedem Mitarbeiter unserer Stadt Teilhabe und Partizipation am Leben in unserer Gesellschaft zu ermöglichen und zu sichern.

Dazu werden wir
- Barrieren in allen Formen (kommunikativ, sozial, interkulturell und baulich) abbauen oder mindestens verringern,
- darauf hinwirken, dass unser Verwaltungshandeln, unsere Vorschriften und Maßnahmen nach Möglichkeit nicht zu Barrieren führen, sondern Teilhabe ermöglichen,
- auf Transparenz und Klarheit im Sinne gegenseitiger Wertschätzung achten.

Die dafür notwendigen Maßnahmen in der Stadt Oldenburg werden wir gemeinsam gestalten. In diesem Prozess werden wir die Kompetenzen der Mitarbeiterinnen und Mitarbeiter stärken, diese nutzen und niemanden dabei ausgrenzen, diskriminieren oder beschämen.

Wir werden die im zivilgesellschaftlichen Prozess in Oldenburg erarbeiteten inklusiven Werte beachten: Respekt – Vielfalt – Beteiligung – Selbstbestimmung – Gleichberechtigung – Einfühlungsvermögen – Stärken wertschätzen – Barrierefreiheit. Wir sehen es als unsere Aufgabe an, eine inklusive Haltung beispielhaft vorzuleben und unseren Mitarbeiterinnen und Mitarbeitern zu vermitteln.

Alle Menschen sollen sich in der Verwaltung der Stadt Oldenburg willkommen fühlen.

Die Umsetzung der gemeinsamen Erklärung wird 2018 auf ihre Wirksamkeit überprüft.

Diese gemeinsame Erklärung ist in einem partizipativen Prozess von Führungskräften erarbeitet worden.

Oldenburg, den 18. November 2015
Jürgen Krogmann
Oberbürgermeister

Die Oldenburger Erklärung sieht vor, dass im Jahr 2018 ihre Umsetzung auf ihre Wirksamkeit hin überprüft wird. Dazu wird eine Gruppe von 30 Mitarbeiter/innen aller Dezernate und Hierarchieebenen Handlungsempfehlungen zum Abbau der unterschiedlichen Barrieren erstellen.

Im Sinne einer begleitenden Evaluation oder eines Monitorings soll regelmäßig erhoben werden,
· ob die Gemeinsame Erklärung tatsächlich Akzeptanz gefunden hat, also die Aussagen als Orientierung für das eigene Führungshandeln und den Umgang in der eigenen Organisationseinheit akzeptiert und praktiziert werden;
· inwieweit sich das Verhalten der Mitarbeiter/innen, insbesondere der Führungskräfte, tatsächlich verändert hat;
· in welchem Ausmaß die Aussagen der Gemeinsamen Erklärung verwirklicht werden.

Zwar sehr aufwendig, aber lohnend, wäre auch eine Befragung der Bürger/innen, die die Dienstleistungen der Verwaltung wahrnehmen.

Inklusives Rathaus, Verden

Wo? Kreisstadt Verden, Niedersachen, ca. 27.000 Einwohner/innen

Was? Der Rat der Stadt hat die Ausarbeitung einer Nachhaltigkeitsstrategie/eines Zukunftskonzepts für die Stadt Verden beschlossen. Ziel ist es, die sozialen, ökologischen und ökonomischen Dimensionen einer nachhaltigen Entwicklung in der Stadtpolitik zu verankern. Einen Teil des Gesamtprozesses stellt die Arbeit der AG Inklusives Rathaus dar.

Wann? Seit 2013

Wer? Die Verwaltung umfasst 400 Mitarbeiter/innen, davon 100 im Rathaus, 300 vor Ort. Es gibt sechs Fachbereiche und einen Eigenbetrieb (Abwasser): Finanzen und Vermögen, Interner Service (Personal), Sicherheit und Ordnung, Bildung und Kultur, Straßen und Stadtgrün, Stadtentwicklung.

Kontakt: Stadt Verden, Fachbereich 4 „Bildung und Kultur", Dr. Christiane Morré und Sabine Mandel, info@verden.de

Weitere Informationen: → www.verden.de/leben-in-verden/zukunftskonzept

Das „Inklusive Rathaus" entwickelt sich aus der Beschäftigung mit der Frage, wie der inklusive Prozess über den Fachbereich Bildung und Kultur hinaus in die Gesamtverwaltung getragen werden kann. Die Steuergruppe des Projektes beschließt gemeinsam mit Bürgermeister Brockmann, das Thema Inklusion fachbereichsübergreifend zu bearbeiten.

Ein Ziel: Das bürgernahe Rathaus

Die regelmäßig tagende Fachbereichsleiterrunde hat die Projektgruppe mit dem Mandat ausgestattet, die inklusive Entwicklung der Verwaltung vor dem Hintergrund einer „wechselseitigen Kompetenzvermutung" zu gestalten. Durch die Verwaltungsstrukturreform ist eine Abgrenzung der Bereiche eingetreten, die es jetzt zu überwinden gilt. Deshalb ist auch der „Blick über den Tellerrand der Fachbereiche" ein Qualitätsmerkmal der Projektgruppe.

In der ersten Zeit wird in erster Linie am Thema „Haltung und Kultur" gearbeitet, der *Index für Inklusion* ist von Beginn an und bis heute ein maßgebliches Instrument (auch in der wöchentlichen Fachbereichsleiterrunde wird damit gearbeitet).

Arbeitsweise der Projektgruppe

Moderiert und begleitet von zwei Prozessbegleiter/innen trifft sich die Projektgruppe zunächst ca. alle vier Wochen für zwei Stunden; dann alle sechs Wochen für 2,5 Stunden (effektiver). Im Wesentlichen geht es um inhaltliche Fragen der Zusammenarbeit der Fachbereiche:

- Problematiken des jeweils anderen Fachbereichs;
- Ermöglichung von Hospitationen;
- Schreibtischtausch zwischen den Fachbereichen.

Bisherige Erfahrungen im Bereich Partizipation, aber auch in der Führung von Mitarbeiter/innen zeigen, dass eine engagierte Mitarbeit eher auf freiwilliger Basis erfolgt. So wird entschieden, zwar alle Mitarbeiter/innen des Rathauses anzusprechen und aufzufordern, im Rahmen ihrer Arbeitszeit beim inklusiven Rathaus mitzuwirken, die Teilnahme aber nicht verpflichtend zu gestalten.

Die AG Inklusives Rathaus führt nach einem Jahr Arbeitsphase einen Infotag für alle Mitarbeiter/innen durch, um zu informieren und weitere Menschen für die Mitarbeit zu gewinnen. Dieser Infotag wird in vier Blöcken durchgeführt, um alle Mitarbeiter/innen zu erreichen.

Die Personalvertretung ist in die Projektgruppe mit zwei Personen eingebunden; allerdings scheint die rückkoppelnde

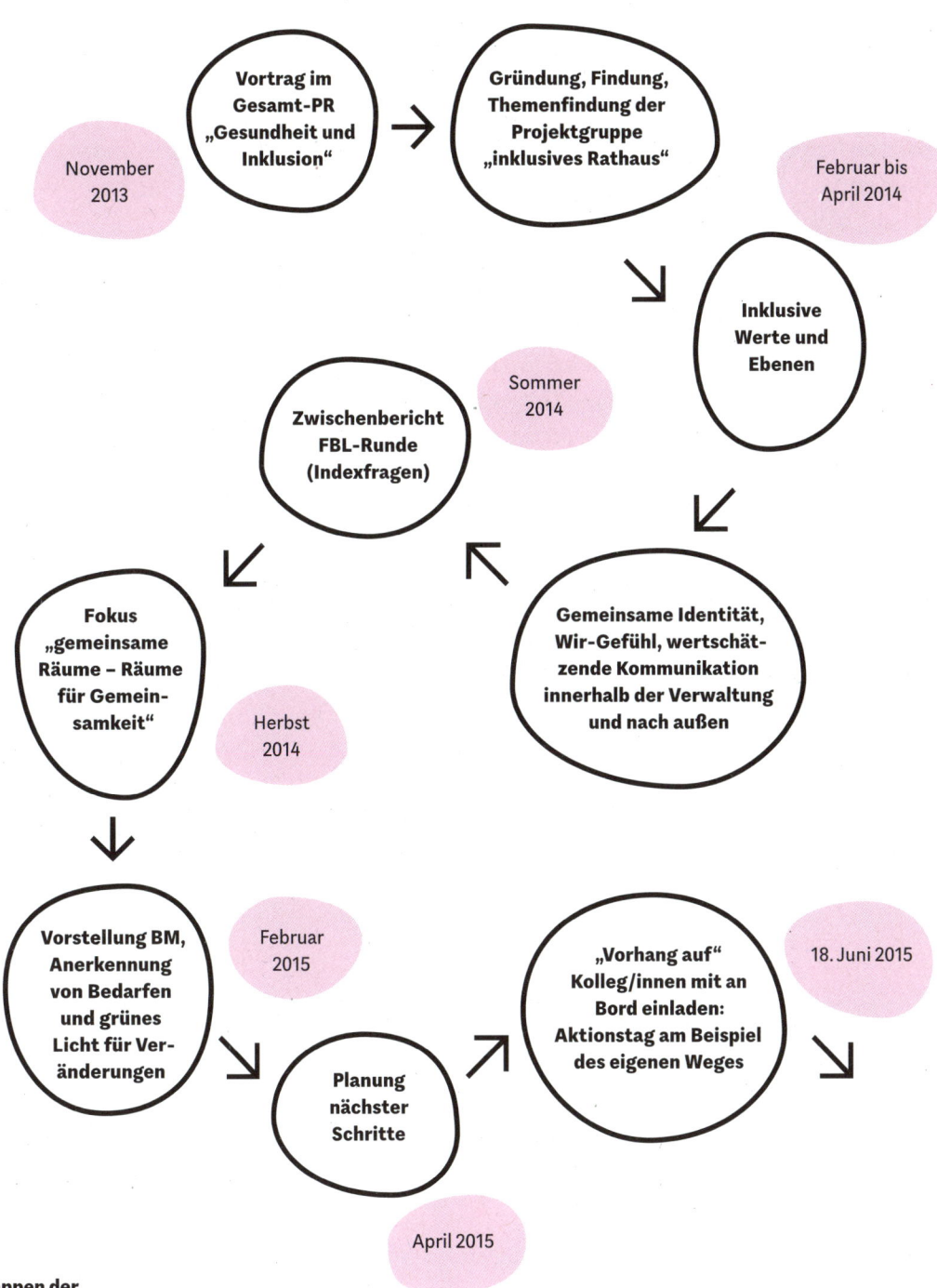

November 2013

Vortrag im Gesamt-PR „Gesundheit und Inklusion"

Gründung, Findung, Themenfindung der Projektgruppe „inklusives Rathaus"

Februar bis April 2014

Inklusive Werte und Ebenen

Sommer 2014

Zwischenbericht FBL-Runde (Indexfragen)

Gemeinsame Identität, Wir-Gefühl, wertschätzende Kommunikation innerhalb der Verwaltung und nach außen

Fokus „gemeinsame Räume – Räume für Gemeinsamkeit"

Herbst 2014

Vorstellung BM, Anerkennung von Bedarfen und grünes Licht für Veränderungen

Februar 2015

Planung nächster Schritte

„Vorhang auf" Kolleg/innen mit an Bord einladen: Aktionstag am Beispiel des eigenen Weges

18. Juni 2015

April 2015

Etappen der Projektgruppe „Inklusives Rathaus"

Kommunikation in die Personalvertretung hinein noch unklar zu sein. Koordiniert und moderiert werden die Treffen momentan von der Produktverantwortlichen für den Bereich Kindertagesstätten und Bildungskoordinatorin und der Gleichstellungsbeauftragten.

> *Die Qualität des Prozesses in Verden besteht darin, dass er von Menschen ausging (drei Kitaleiterinnen) und mit hoher Partizipation weiter verbreitert wurde – im Sinne eines Graswurzel-Prozesses von unten. Wichtige Personen auf den Leitungsebenen, darunter der Bürgermeister, haben diesen Prozess unterstützend begleitet und Strukturen geschaffen oder ermöglicht.* (Christiane Morré)

Interkulturelle Öffnung der Stadtbibliothek, Bremen

<u>Wo?</u> Freie Hansestadt Bremen; Bundesland mit ca. 557.000 Einwohner/innen; zum 2-Städte-Staat gehört noch das 53 km nördlich gelegene Bremerhaven.

<u>Was?</u> Im Rahmen des Projektes „ikö-Bremen" (Interkulturelle Öffnung der Bremischen Verwaltung) werden interkulturelle und Diversity-Management-Fortbildungen sowie Workshops für Führungskräfte durchgeführt und begleitet. Das drittmittelgeförderte Projekt speiste sich zunächst aus ESF-Mitteln und Eigenmitteln des Kooperationspartners, der Senatorin für Finanzen. Seit 2013 ist es IQ-Teilprojekt („ikö-diversity") und wird aus Bundesmitteln finanziert. Zurzeit wird der dritte Ausbildungsgang realisiert. Beschrieben wird der Prozess am Beispiel der Stadtbibliothek.

<u>Wann?</u> Seit 2008

<u>Wer?</u> Projektträger ist die Wirtschafts- und Sozialakademie der Arbeitnehmerkammer Bremen (wisoak). Kooperationspartner sind die Bremer Senatorin für Finanzen (Referat 33) und das Aus- und Fortbildungszentrum für den Bremischen Öffentlichen Dienst (AFZ). Die Stadtbibliothek Bremen verfügt über neun Standorte und zählt jährlich über 2 Millionen Besucher/innen.

<u>Kontakt:</u> Wirtschafts- und Sozialakademie der Arbeitnehmerkammer Bremen, Projektleitung Dr. Asmus Nitschke

<u>Weitere Informationen:</u> → www.ikoe-bremen.de
→ www.prozesskette-bremen.de/ikoe-diversity
Stadtbibliothek: → www.stabi-hb.de

→ *Weiterbildungen für Inklusion, Seite 130*

Für Direktorin Barbara Lison war interkulturelle Öffnung schon immer ein wichtiges Anliegen. Sie selbst informiert sich im Rahmen von IKÖ in einem „Schnupperkurs für Führungskräfte" und in der Folge bilden sich alle Mitarbeiter/innen der Stadtbibliothek fort. Für die Mitarbeiterschulung werden die Trainer/innen zum Teil mit anderen Verwaltungen getauscht. Viele der Teilnehmenden machen Diversity zu ihrer eigenen Sache und entwickeln aus der Fortbildung neue Ideen, um die Bibliotheksangebote für alle Nutzergruppen zu öffnen.

Im Diversity-Training lernen die Teilnehmenden, ihre eigenen Vorurteile wahrzunehmen und zu hinterfragen. Die Beschäftigten lernen, im Kontakt mit unterschiedlichen Menschen und Situationen so zu kommunizieren, dass sich alle Beteiligten damit wohlfühlen.

> *Die institutionelle Barriere ist immer da, egal, wie freundlich ich bin. Es gibt ein Machtgefälle, Regeln, Gesetze. Umso wichtiger ist es, sich Vorurteile bewusst zu machen und gegenüber Kund/innen aus allen Kulturen eine offene Haltung einzunehmen. Wenn die Grundhaltung verinnerlicht worden ist, ändert sich nach und nach fast automatisch die Einstellung und damit auch das Verhalten oder der Tonfall. Wichtig ist, dass man die interkulturelle Öffnung auch nach der Schulung immer wieder zur Sprache bringt und auch auf Teamleitersitzungen immer wieder reflektiert. (Tina Echterdiek)*

Fremdsprachige Angebote für Kinder und Erwachsene

Interkulturelle Öffnung hat in der Stadtbibliothek Bremen schon eine lange Tradition, so gibt es beispielsweise Medien und Veranstaltungen in vielen Sprachen für Kinder und Erwachsene.

> *Wir sind für alle da, aber was das eigentlich heißt, haben wir in den letzten Jahren noch viel genauer definiert. Was können wir Migrantengruppen anbieten und wie können wir es präsentieren? Und: Wie erfahren die Menschen in den Stadtteilen davon? Was macht die Angebote attraktiv? (Tina Echterdiek)*

Ein Beispiel ist das zweisprachige „Bilderbuchkino". Während die Kinder in einem Piratenschiff sitzen, werden Bilderbücher auf eine Leinwand projiziert. Die Geschichte des Bilderbuchs wird zweisprachig und interaktiv präsentiert, Deutsch und Türkisch oder in der Kombination mit Russisch, Arabisch und weiteren Sprachen. So tauchen die Kinder in die Welt der Bilderbücher ein und werden gleichzeitig dazu angeregt, selbst aktiv mit Sprache umzugehen. In deutscher und türkischer Sprache bieten die Zentralbibliothek sowie die Stadtteilbibliotheken Huchting, West, Vegesack, Vahr und Osterholz regelmäßig Bilderbuchkinos an. Der Bücherbus bringt das Bilderbuchkino in die Stadtteile.

Mehr Wissen dank Zielgruppenbeauftragter

Gemeinsam mit einer Zielgruppenbeauftragten wird überlegt: Was brauchen die Menschen, um auf uns aufmerksam zu werden? Ein Schritt besteht darin, zu erheben, welche Sprachen die Menschen im Einzugsgebiet der einzelnen Bibliotheksstandorte sprechen. In der Zweigstelle Gröpelingen wurde daraufhin beispielsweise der Bestand an türkischen Medien aufgestockt. Eine weitere Idee ist, mehr Veranstaltungen für die Zielgruppen anzubieten. Dabei sollen die Besucherzahlen ermittelt und dafür künftig Zielzahlen festgelegt werden.

Ansprache durch Multiplikator/innen

Ein anderer Weg ist die Arbeit mit Multiplikator/innen. Dafür bieten die Zentral- und Stadtteilbibliotheken zum Beispiel Bibliotheksführungen für Teilnehmende an Integrations- oder Deutsch-als-Fremdsprache-Kursen an. Die spannende Frage dabei: Was kann man tun, damit sie sich wohlfühlen und ihr Interesse geweckt wird? Um zu demonstrieren, wie das Suchsystem der Bibliothek funktioniert, wird gemeinsam ein Reiseführer aus dem Herkunftsland der Besucher/innen gesucht. Dann wird den Gästen Tee angeboten, eine kleine Willkommensgeste, die dazu beiträgt, dass Barrieren abgebaut werden und neue Besuchergruppen die Stadtbibliothek für sich entdecken können.

Workshop „Willkommenskultur"

Weiteren Input holen sich die Verantwortlichen der Stadtbibliothek in einem Workshop zum Thema Willkommenskultur, für den sie eine Agentur für interkulturelles Marketing einladen. Auch hier sind die Teilnehmenden geradezu verblüfft, dass man mit so wenigen Mitteln so viel erreichen kann. Angeregt durch die Veranstaltung werden z.B. im Eingangsbereich große Banner aufgehängt, auf denen in verschiedenen Sprachen „Herzlich Willkommen" steht und die bei den Besucher/innen gut ankommen. Für die Zentralbibliothek ist ein neuer interkultureller Gebäudeplan für das verschachtelte Gebäude das nächste Projekt, um innere und äußere Hürden abzubauen.

Können sich alle Menschen
gleichermaßen willkommen fühlen?

Zukunftskonferenzen, Bornheim

Wo? Stadt Bornheim, Rhein-Sieg-Kreis, NRW; 14 Stadtteile, fast 50.000 Einwohner/innen; drittgrößte Stadt des Rhein-Sieg-Kreises

Was? Auf jährlich stattfindenden Zukunftskonferenzen zur gemeinsamen Aktionsplanung sitzen alle an einem Tisch, die im weitesten Sinne mit Bildung in der Stadt Bornheim zu tun haben. Dort werden auch „heiße Eisen" angepackt, Entscheidungen getroffen, und das weitere Vorgehen wird vereinbart.

Wann? Seit 2009

Wer? Alle Bildungsakteur/innen aus Verwaltung und Politik, Vertreter/innen von Bildungsträgern, Bildungseinrichtungen, Eltern, Schüler/innen

Kontakt: Stadt Bornheim, Leiterin Inklusionsbüro- und Demografiebeauftragte, Doris Lanzrath

Weitere Informationen: → www.bornheim.de/bildung-soziales/inklusion.html

Unsere Stadt hat eine Eigenschaft, die würde ich gerne mit „bornheimsch" beschreiben. Es ist ein Effekt, der mit Zuversicht zu tun hat. Auf eine knappe Formel gebracht der Grundsatz: „Und es klappt doch." Schwieriges oder Neues geht zwar nicht so schnell, aber wenn die Bornheimer/innen eine Hürde genommen haben, indem aus Befremdung Neugierde, aus Nichtwissen Wissen, aus Furcht Mut wird, dann gibt es kein Halten mehr – und das Neue kann plötzlich nicht schnell genug umgesetzt werden. (Markus Schnapka)

Die Bornheimer/innen veranstalten jedes Jahr eine Zukunftskonferenz. Das hat Tradition seit 2009 und ist im Wesentlichen durch den damaligen Sozialdezernenten und Beigeordneten initiiert worden. Es geht darum, alle, die mit Bildung – im weitesten Sinne – in der Stadt zu tun haben, an einen Tisch zu bringen und zwar an anderthalb Tagen und außerhalb von Bornheim, damit auch möglichst viele am Abend da sind und über Nacht bleiben, weil ein wichtiger Aspekt ist: sich gegenseitig kennenlernen und ins Gespräch kommen. Dafür geht es in ein schönes Hotel am Rhein. Die Gesamtatmosphäre ist sehr wertschätzend, mit einem angenehmen Rhythmus von Arbeitsphasen und Pausen, gutem Essen und Abendprogramm. Mittlerweile duzen sich alle und haben sich intensiv kennengelernt, bei allen personellen Wechseln.

In einer Gruppe, wo beispielsweise der schulpolitische Sprecher einer Partei mit der Stadtelternvertretung, mit der Schülervertretung der Europaschule und mit zwei Schulleitungen und einer Kitaleitung zusammensitzt und ein bildungsproblematisches oder herausforderndes Thema in der Stadt diskutiert, wirklich Zeit zu haben und zu Ergebnissen zu kommen: Das ist einmalig. (Raimund Patt)

Aktionsplanung von unten nach oben

Zu den Bildungsakteur/innen gehören alle Fachbereiche der Stadt, also auch das Jugendamt und die Schulabteilung. Alle Vertretungen der Kitas, auch der freien Kitaträger, die bildungspolitischen Sprecher/innen aller politischen Parteien, die im Rat sind. Elternvertretung, Schülervertretungen und die Schulleitungen, Leitungen der Volkshochschule und Stadtbücherei und noch freie Träger im Bereich der Bildung. Seit 2009 gelingt es immer wieder, in einen guten Austausch zu kommen, gemeinsames Bildungsverständnis im Sinne des lebenslangen Lernens auch miteinander zu finden und schwerpunktmäßig an konkreten Themen zu arbeiten. Ein Ergebnis ist der Übergang von Kita zu Grundschule, der gut standardisiert wurde. Aber auch die Einführung des gemeinsamen Lernens in der Stadt ist gut gelungen.

Jede einzelne Bildungseinrichtung erstellt eine interne Aktionsplanung „Inklusive Bildung", daraus ist so etwas wie ein Bericht zur inklusiven Bildung der Stadt entstanden, der die Gemeinsamkeiten aus den einzelnen Berichten zusammenführt. Und in der Stadt ist ein sogenanntes Inklusionsbüro entstanden, das alle Dinge, die mit Inklusion zu tun haben, koordinieren soll und einen Informationspool in Bezug auf die Besonderheiten und Möglichkeiten der Stadt aufbaut.

Was in der jeweiligen Zukunftswerkstatt erarbeitet wurde, daraus werden Folgerungen abgeleitet: Wer arbeitet an was weiter. Und die Kommunikation bleibt erhalten, die Akteur/innen bleiben im Gespräch.

Ressourcen gemeinsam priorisieren

Jede Bildungseinrichtung überlegt sich im Rahmen der Aktionsplanung, was sie an Geld und Ressourcen braucht, um die Maßnahmen umzusetzen. Dann setzen sich alle an einen Tisch und
schon bei der ersten einrichtungsübergreifenden Zusammen-
schau gibt es eine kritische Auslese, in der effiziente Maßnahmen mit Synergieeffekten entdeckt, Redundanzen vermieden
und allzu üppige Wünsche abgelehnt werden.

> *Das Prioritäten-Setzen kann durchaus auch auf der Praxisebene*
> *geschehen, das Zensieren ist kein Privileg der obersten Entschei-*
> *dungsebene.* (Markus Schnapka)

Der Konsens ist möglich, weil ein realistischer Blick auf die Möglichkeiten besteht. Es werden die Finanzmittel genommen, um
im Rahmen von Förderrichtlinien zu schauen, was damit erreicht
werden kann, das im Alltag der einzelnen Bildungseinrichtungen
auch unmittelbar sichtbar wird.

Stabile Strukturen unterstützen die Kontinuität

In Bornheim ist es gelungen, dass auch nach dem Weggang des
damaligen Initiators, dem Beigeordneten für Kinder, Jugend, Familien, Schulen, Integration, Senioren und Weiterbildung der
Stadt Bornheim, und bei allen personellen Wechseln, z.B. in der
Schulabteilung, die Kontinuität erhalten bleibt. Erstens: Die
Stadt hat den Hut auf, wenn es um Bildung in der Stadt geht.
Zweitens: Die Stadt sieht den Prozess als einen wichtigen Beteiligungsprozess und konzentriert sich nicht alleine auf Schule, sondern beteiligt von der Kita an alle Bildungsakteur/innen an diesem Prozess. Drittens: Es entsteht Kontinuität, eine Tradition. Da
alle Beteiligten einmal im Jahr anderthalb Tage zusammensitzen,
ist auch die Politik sehr intensiv mit in die Arbeitsprozesse eingebunden. Sie ist also nicht informiert, sondern sie arbeitet. Und
so werden politische Entscheidungen schon so vorbereitet, dass
sie auch durch die Ausschüsse und Ratssitzungen gehen.

Inklusive Entwicklung im AWO Wohlfahrtsverband, Berlin/bundesweit

<u>Wo?</u> AWO Bundesverband mit Sitz in Berlin; vertritt die fach-politischen Interessen des Gesamtverbandes auf der bundes-politischen und der europäischen Ebene; 333.121 Mitglieder (davon 65.629 Ehrenamtliche) in bundesweit 30 Bezirks- und Landesverbänden, 411 Kreisverbänden und 3.514 Ortsvereinen; über 13.000 Einrichtungen und Dienste/Dienstleistungen

<u>Was?</u> Entwicklung und Einsatz von inklusiven Maßnahmen und Projekten im ganzen Wohlfahrtsverband, um Inklusion als dauer-haften Prozess zu implementieren.

<u>Wann?</u> Seit 2013

<u>Wer?</u> Gliederungen (Landes- und Bezirksverbände sowie Kreisverbände) und Kolleg/innen aus unterschiedlichen päda-gogischen und psychosozialen Arbeitsfeldern

<u>Kontakt</u>: AWO Bundesverband e.V., Christiane Völz, Prof. Dr. Michael Komorek; info@awo.org

<u>Weitere Informationen</u>: → www.awo.org

Aus Sicht der AWO wird die Teilhabe aller Menschen nicht allein durch die individuelle Anstrengung einzelner Personen erreicht, sondern die Gesellschaft mit allen Mitgliedern und Institutionen hat die Verpflichtung und den Auftrag zum Handeln.

Inklusion als Aufgabe für den Gesamtverband

Auf ihrer Bundeskonferenz 2012 beschließt die AWO einen Aktionsplan zur Implementierung des Leitprinzips Inklusion. Ziele: die Verankerung inklusiver Werte im Leitbild der AWO, die Partizipation aller Beteiligten an der Entwicklung inklusiver Handlungspraktiken sowie die Entwicklung inklusiver Angebote und Sozialräume.

Der Beschluss ist für den Gesamtverband bindend und wird entsprechend der föderalen Struktur der Arbeiterwohlfahrt bundesweit individuell umgesetzt. Aktivitäten (Auswahl): Partizipative Leitbildentwicklungen, die Umgestaltung von Gebäuden zur Verbesserung der Angebote und Nutzung durch unterschiedliche Gruppen und Personen, Kampagnen zur Bewusstseinsbildung, Weiterentwicklung der Fort- und Weiterbildungen rund um Inklusion sowie die Initiierung von Forschungsprojekten zum empirischen Stand der Umsetzung von Inklusion und Teilhabe.

„Inklusion – Auch bei uns!" lautet der Titel der AWO-Sozialkonferenz im Sommer 2013, an der Delegierte aus allen Gliederungen teilnehmen. Im Ergebnis wird ein konkretisiertes Positionspapier des AWO-Präsidiums zu Inklusion – die Dortmunder Erklärung – verabschiedet. Die Erklärung beinhaltet die Selbstverpflichtung, Inklusion in allen Arbeitsfeldern zu diskutieren und sich mit einer starken Positionierung sozialpolitisch für Inklusion zu engagieren.

Inklusion durch Bildung

Durch die Qualifizierung von 250 Multiplikator/innen in Nordrhein-Westfalen in dem Projekt „Inklusion durch Bildung" (InDuBi) initiiert die AWO Veränderungen in der Handlungspraxis und bei bestehenden Strukturen. Das Projekt richtet sich an die Arbeitsfelder Kinder- und Jugendhilfe (Kindertagesstätten) und Altenhilfe. Das multidisziplinär ausgerichtete Weiterbildungssystem richtet sich zum einen an die Leitungsebene der Einrichtungen, die Fachberatungen und Trägervertreter/innen als Multiplikator/innen und zum anderen an pädagogisches und pflegerisches Fachpersonal sowie soziale Dienste, Betreuungspersonal und sonstiges pädagogisches Personal. Perspektivübergreifend wird

Werden Mitarbeiter/innen ermutigt, über die Auswirkungen von politischen und gesellschaftlichen Entwicklungen in ihrem Tätigkeitsbereich nachzudenken?

diskursiv mit allen Beteiligten über eine inklusive Haltung reflektiert, und gemeinsam werden Ausgrenzungsphänomene ermittelt und bearbeitet. Die Projekterfahrungen und eine umfangreiche Methodensammlung zur Initiierung von Inklusionsprozessen sowie zur Planung und Umsetzung von Maßnahmen werden im November 2014 in dem Arbeitsbuch *Auf dem Weg zur Inklusion* veröffentlicht.

Inklusion als Leitprinzip für Organisationsentwicklung

Um Inklusionsprozesse systematisch in sozialen Organisationen der Arbeiterwohlfahrt zu implementieren, initiiert der AWO Bundesverband das Modellprojekt „Inklusion als Handlungsmaxime der Organisationsentwicklung am Beispiel der Arbeiterwohlfahrt" mit Unterstützung der Deutschen Behindertenhilfe.

Ziel des fünfjährigen Projekts: Erarbeiten und Erproben von Arbeitshilfen und Handreichungen, Methoden und Instrumenten, um Organisationen bei ihrem Veränderungsprozess mit dem Ziel Inklusion kontinuierlich zu begleiten und zu unterstützen. An mehreren Modellstandorten werden gegenwärtig Inklusionsprojekte geplant, umgesetzt und evaluiert. Die teilnehmenden Leitungs- und Fachkräfte aus unterschiedlichen Arbeitsbereichen und -ebenen tauschen sich in regelmäßigen Arbeitstreffen untereinander aus. Aus dem Projekt werden Handreichungen zur Steuerung inklusiver Prozesse sowie ein inklusives Führungskonzept hervorgehen.

Aus Sicht von Leitungskräften und Personalverantwortlichen ergeben sich vielfältige positive Dimensionen durch die Anregung von Inklusionsprozessen innerhalb der Organisation:

- Partizipationsprozesse innerhalb der Organisation kommen auf den Prüfstand. Welche Mitarbeitenden werden wie und wann in Entscheidungsprozesse einbezogen? Wie werden Zielgruppen und Angehörige beteiligt, um Angebote und Abläufe innerhalb der Organisation mitzugestalten? Wie gehen Leitungskräfte in der Organisation mit Anregungen und Kritik von Mitarbeitenden oder von Nutzer/innen der Angebote um, und wie erfolgt die weitere Bearbeitung?

- Ein strukturell verankertes Beschwerdemanagement kann beispielsweise nur ein erster Indikator für eine mögliche inklusive Unternehmenskultur sein. Die rein quantitative Erfassung von Beschwerden bildet allerdings noch nicht die Zufriedenheit mit der bestehenden Kommunikationskultur und das Gefühl von Akzeptanz und Wertschätzung in der Auseinandersetzung ab. Hier gilt es, Möglichkeiten zu beschreiben, um „weiche Merkmale" wie Zufriedenheit, Transparenz, Akzeptanz usw. zu erfassen und abzubilden.
- Inklusionsprozesse haben zur Folge, dass Mitarbeiter/innen eigene Vorurteile hinterfragen und abbauen, Kompetenzen erweitern und ihre Vertretungsfunktion für benachteiligte Personen besser wahrnehmen können. Die breite Auseinandersetzung mit Inklusion unterstützt die Entwicklung einer inklusiven Kultur im Unternehmen.

Aktionsplan, Kreis Ostholstein

<u>Wo?</u> Kreis Ostholstein in Schleswig-Holstein mit Verwaltungs-sitz in Eutin; Wirtschaft wird vom Tourismus geprägt; der Kreis besteht aus 36 Gemeinden mit knapp 200.000 Einwohner/innen
<u>Was?</u> Prozess zur Erstellung eines Aktionsplanes auf Kreisebene
<u>Wann?</u> Seit März 2013
<u>Wer?</u> Akteur/innen aus Verwaltung, Politik und Zivilgesellschaft, Kreis- und Gemeindeebene
<u>Kontakt:</u> Kreis Ostholstein, Der Landrat, Koordinierungsstelle Aktionsplan Inklusion, „Ostholstein, erlebbar für alle", Dr. Stefan Doose
<u>Weitere Informationen:</u> → www.kreis-oh.de/inklusion

Zeitschiene

19.3.2013: Kreistag beschließt die Entwicklung eines Aktions-plans ⟶ 9.7.2014: Bildung Arbeitsgruppe mit Landrat, Füh-rungskräften der Verwaltung, Beirat, externen Fachleuten zur Vorbereitung des Prozesses ⟶ 26.8.2014: Hauptausschuss be-schließt Eckpunktepapier (Aufgaben/Strukturen/Vernetzung/Beteiligung/Inhalte/Zeitplan) ⟶ September 2014: Koordina-tionsstelle Aktionsplan Inklusion „Ostholstein, erlebbar für alle" wird eingerichtet ⟶ 3.12.2014: erstes Treffen Inklusionskom-mission ⟶ 23.2.2015: Inklusionskonferenz „Ostholstein, er-lebbar für alle" ⟶ 19.3.2015: Aktionstag „inklusionsorientierte Verwaltung" mit 50 Mitarbeiter/innen der Kreisverwaltung und

Expert/innen aus dem Kreis ⟶ März 2015 bis Frühjahr 2016: Erarbeitung Inhalte Aktionsplan in mehreren thematischen Foren ⟶ 30.6.2016: Vorstellung Entwurf Aktionsplan Inklusionskommission ⟶ 4.10.2016: Kreistag beschließt Aktionsplan Inklusion einstimmig ⟶ 24.11.2016: Veröffentlichung des Aktionsplans ⟶ *geplant* ⟶ bis Anfang 2018: Erste Umsetzungsphase mit Inklusionskonferenz Anfang 2018

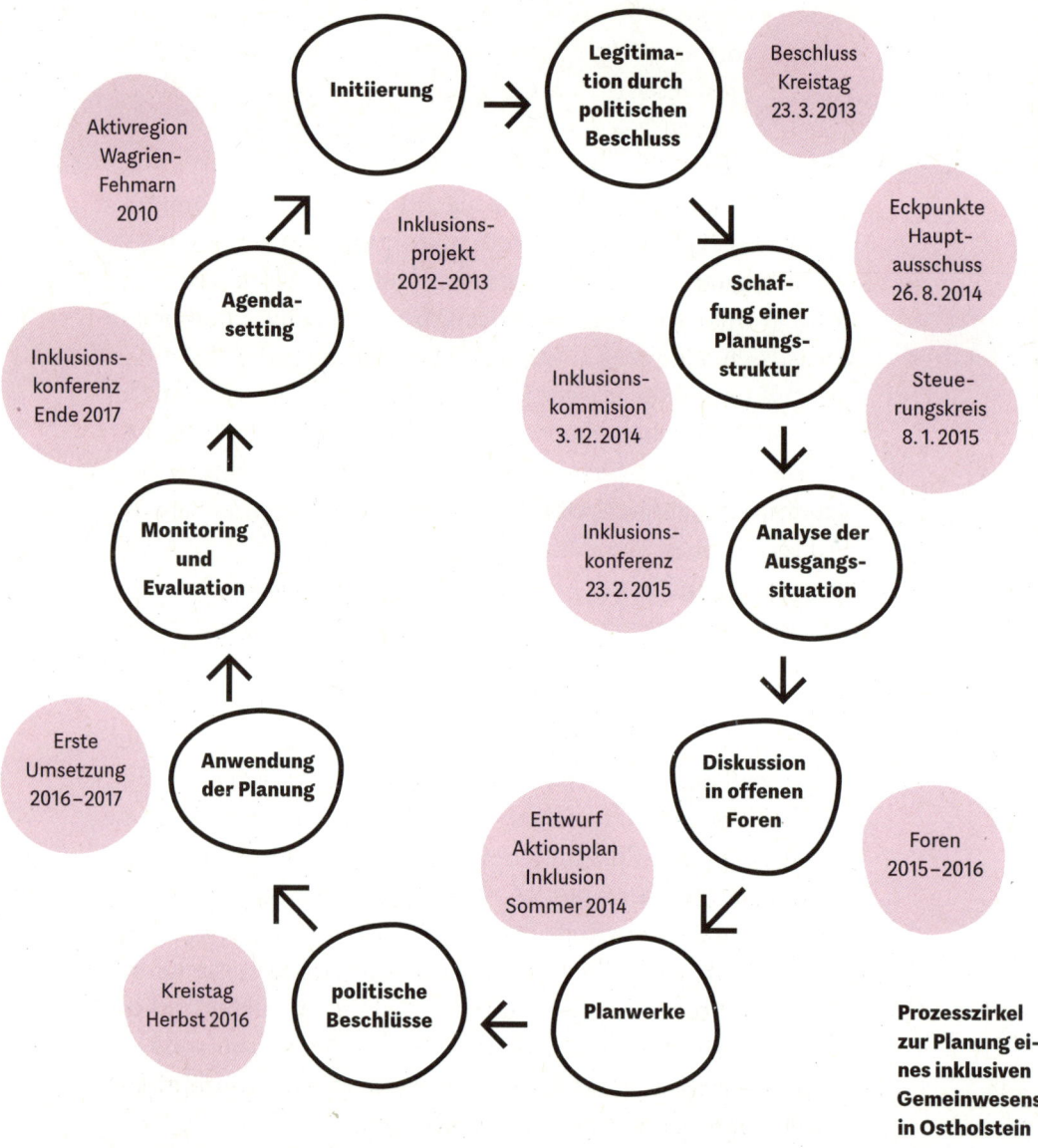

Planung eines inklusiven Gemeinwesens in Ostholstein

Ostholstein soll eine Region werden, in der alle Menschen in ihrer Vielfalt als Bürger/innen, Arbeitnehmer/innen, Gäste oder Kund/innen willkommen sind und selbstverständlich ohne Barrieren am gesellschaftlichen Leben teilhaben können.

Die Ziele des Aktionsplans stellen die regionale Entwicklung in den Mittelpunkt: Wie kann Ostholstein für Bürger/innen, für Tourist/innen, also für alle erlebbar sein? Menschen mit Behinderung und ältere Menschen sollen eine adäquate Infrastruktur vorfinden. Für den Kreis Ostholstein ist der Aktionsplan ein strategisch ausgerichtetes Handlungsprogramm auf Kreisebene, das für einen überschaubaren Zeitraum von vier Jahren formuliert ist.

Der Kreistag beschließt am 23. März 2013, gemeinsam mit dem Beirat für Menschen mit Behinderung und allen relevanten Gruppen und Personen, einen Aktionsplan zur Umsetzung der UN-Behindertenrechtskonvention für den Kreis Ostholstein zu entwickeln. Eine vorbereitende Arbeitsgruppe wird durch den Landrat eingeladen, um gemeinsam mit Vertreter/innen des Beirats für Menschen mit Behinderungen, fachbezogenen Akteur/innen sowie Vertreter/innen von Kreispolitik und -verwaltung die Eckpunkte zur Umsetzung der Gremienbeschlüsse auf den Weg zu bringen. (Wie lauten die konkreten Aufgaben für die Entwicklung eines Aktionsplans zur Umsetzung der UN-BRK? Welche Strukturen sind für den Planungsprozess sinnvoll? Welche Kompetenzen sind notwendig? Mit welchen Akteur/innen soll Vernetzung angestrebt werden?) Daraufhin beschließt der Hauptausschuss ein Eckpunktepapier zum Verständnis der Aufgaben und der Arbeitsstrukturen, zur Vernetzung und Beteiligung, zu den Inhalten und zum Zeitplan. Zudem bildet sich eine Arbeitsgruppe zur Sichtung beispielhafter Aktionspläne und zur Einbindung der Leitungsebenen in die Verwaltung.

Eine Koordinationsstelle Aktionsplan Inklusion „Ostholstein, erlebbar für alle" wird eingerichtet, die inhaltlich durch Herrn Dr. Stefan Doose koordiniert wird. Er wird vom Land Schleswig-Holstein zu diesem Zweck stundenweise an den Kreis Ostholstein abgeordnet. Von hier aus erfolgen die konzeptionellen und organisatorischen Vorbereitungen.

Der Prozess wird begleitet durch eine Inklusionskommission unter Vorsitz des Landrates, die 30 Mitglieder aus Politik, Wirtschaft, Verbänden und dem Beirat für Menschen mit Behinderungen umfasst und ca. halbjährlich tagt.

Ein kleinerer operativer Steuerungskreis wird von der Inklusionskommission eingesetzt, um die Arbeit der Koordinierungsstelle zu begleiten. Politisch begleitet wird der Prozess durch den Hauptausschuss, dem regelmäßig über den Fortgang des Prozesses berichtet wird. Damit wird auch verdeutlicht, dass es sich bei dem Prozess nicht nur um ein soziales Thema handelt, sondern um eine Querschnittsaufgabe, die alle Verwaltungsbereiche betrifft.

Inklusionskonferenz „Ostholstein, erlebbar für alle"

Im Frühjahr 2015 findet die erste Inklusionskonferenz „Ostholstein, erlebbar für alle" mit sechs Themenbereichen statt. Zu der großen öffentlichen Auftaktveranstaltung werden alle Beteiligten eingeladen. Außerdem gibt es einen Aktionstag „inklusionsorientierte Verwaltung" mit 50 Mitarbeiter/innen der Kreisverwaltung und Expert/innen mit unterschiedlichen Beeinträchtigungen aus dem Kreis. Dabei werden Wartebereiche, Türwiderstände, Fahrstühle, Wegeleitsystem u.v.m. in Augenschein genommen.

Von März 2015 bis zum Frühjahr 2016 werden an zahlreichen Orten in den Gemeinden des Kreises in thematischen Foren die Inhalte Stück für Stück entwickelt. Betroffene und Bürger/innen liefern im Rahmen der Foren Informationen für die Betrachtung der Ausgangslagen.

Aus den jeweiligen Ergebnissen werden Ziele, Maßnahmen und konkrete Schritte für den Aktionsplan generiert. Gesellschaftliche Akteur/innen (der Inklusionskommission) übernehmen Anregungen und Ideen für ihre Organisationen oder Betriebe.

Die folgenden Themen werden in sechs Foren erörtert:
1. Barrierefreie Infrastruktur (Öffentliche Räume, Mobilität, Kommunikation),
2. Barrierefrei Wohnen vor Ort mit inklusionsorientierten Unterstützungsdiensten (Assistenz, Pflege, Gesundheit),

3. Schule (allgemeinbildende und berufliche Schulen),
4. Inklusive Bildung (Kita, Familienbildung),
5. Arbeit, Beschäftigung und der Übergang Schule – Beruf,
6. Freizeit, Kultur, Sport, Tourismus.

Bewusstseinsbildung und Sensibilisierung der Öffentlichkeit/ Gesellschaft ist ein Querschnittsthema in allen Foren.

Die Kernaufgaben für die Realisierung der thematischen Foren liegen in der Verantwortung des Kreises, weitere Aufgaben wie z.B. die Impulsgebung für Aktivitäten im Kreis übernimmt die Koordinierungsstelle „Aktionsplan Inklusion".

Die Kreisverwaltung wertet aus und macht Vorschläge für die weitere Bearbeitung, indem sie Ziele und Maßnahmen formuliert. Bei der Bearbeitung der Ergebnisse aus den Fachforen stellt sich die Frage: Wo betreffen diese Themen originäre Verwaltungsaufgaben, und welcher Input von außen ist für welche Themen wichtig?

Aktionsplan Inklusion

Bei der Erstellung des Aktionsplanes Inklusion ist es dem Kreis Ostholstein wichtig, nicht einen möglichst erschöpfenden Forderungskatalog aufzustellen, sondern konkrete Maßnahmen für eine Weiterentwicklung der Inklusion anzugehen. Dabei gibt es Bereiche, die der Kreis Ostholstein in seiner eigenen Verantwortung mit seinen finanziell begrenzten Mitteln tun kann und muss, andere Dinge können gemeinsam mit anderen Akteur/innen wie Vereinen, Institutionen, Unternehmen und Kommunen im Kreis bewegt werden, wiederum andere Dinge sind von der Kreisebene aus nicht beeinflussbar, weil sie z.B. in den Regelungsbereich des Landes oder des Bundes fallen. Der Aktionsplan soll den Fokus auf die ersten beiden Bereiche legen. Dabei müssen im Rahmen der vorhandenen Ressourcen Prioritäten gesetzt werden.

Der Entwurf des Aktionsplanes wird Mitte 2016 in der Inklusionskommission vorgestellt und diskutiert und im Hauptausschuss beraten. Bis zum Herbst 2016 entsteht nach redaktioneller Bearbeitung des Aktionsplans ein 84-seitiges Produkt.

Der Hauptausschuss beschließt einstimmig die Verabschiedung des Aktionsplans, kurz darauf verabschiedet der Kreistag am 4. Oktober 2016 einstimmig den Aktionsplan.

Die erste Umsetzungsphase bis Anfang 2018 soll von der Koordinationsstelle und einer internen Stelle innerhalb der Verwaltung zum Thema Inklusion sowie der Steuerungsgruppe begleitet werden. Der Aktionsplan wird als dynamisches Dokument gesehen, das sich in seiner Umsetzungsphase weiterentwickeln kann. Anfang 2018 soll in einer weiteren Inklusionskonferenz eine Zwischenbilanz gezogen werden.

Gleichzeitig beteiligt sich der Kreis an einem neuen bürgerschaftlichen Projekt „Ostholstein für alle" von Kommunen im Rahmen der Aktivregionen, die das Thema Inklusion ab 2018 weiterentwickeln und verbreiten wollen.

Ein wesentlicher Zugang zur Beteiligungsbereitschaft ist die gemeinsame Erörterung der Vorteile für Akteur/innen aus den verschiedenen Disziplinen (Sport, Kultur, Wirtschaft, Gesundheit etc.). Sich für Inklusion zu engagieren, birgt auch die Chance, eigene (wirtschaftliche) Interessen wahrzunehmen, beispielsweise bezüglich der Gewinnung von Gästen oder Mitarbeiter/innen in der touristisch geprägten Region Ostholstein. Die Motive und Ziele von Personen und Institutionen, die sich an einem inklusiven Prozess beteiligen, sollten transparent sein. Offenheit in der Kommunikation ist dafür eine Grundlage. (Stefan Doose)

Bildungscampus, Osterholz-Scharmbeck

<u>Wo?</u> Osterholz-Scharmbeck, Kreisstadt des Landkreises Osterholz, Niedersachen; ca. 30.000 Einwohner/innen; einzige Stadt im Landkreis und selbstständige Gemeinde

<u>Was?</u> Entstehung eines neuen Bildungscampus als Zentrum für lebenslanges Lernen, mit Bildungs- und Begegnungsangeboten für alle Generationen

<u>Wann?</u> Seit 2010

<u>Wer?</u> Stadt Osterholz-Scharmbeck in Zusammenarbeit mit dem Landkreis Osterholz, den Campuseinrichtungen (Schulen, Medienhaus, VHS, Allwetterbad etc.) und weiteren Partnern

<u>Kontakt:</u> Campusmanagement, Dr. Ulrike Baumheier, campus@osterholz-scharmbeck.de

<u>Weitere Informationen:</u> → www.campus-ohz.de

▸ *Vernetzung im Quartier und darüber hinaus, Seite 187*

Mit dem Bildungscampus ist in der niedersächsischen Kreisstadt Osterholz-Scharmbeck ein ambitioniertes neues Bildungszentrum entstanden: Oberschule und Gymnasium, Bibliothek und Volkshochschule haben rund um einen Campusplatz eine neue Heimat gefunden und möchten gemeinsam mit weiteren Partnern einen inklusiven Lern- und Begegnungsort für alle Generationen und alle sozialen Gruppen schaffen. Ziel ist es, durch eine neue Oberschule mit einem innovativen pädagogischen Konzept und die bessere Verzahnung von Schulen und anderen Einrichtungen und Initiativen die Teilhabe und Bildungschancen für Kinder,

Jugendliche und Erwachsene zu verbessern. Seit dem Herbst 2014 gibt es die Stelle der Campusmanagerin, die die Zusammenarbeit der Einrichtungen am Campus koordiniert.

Konzept und Aufbau

Grundidee ist, durch den Neubau einer Schule mit einem außergewöhnlichen pädagogischen und architektonischen Konzept und ihre Verzahnung mit Partnern in der Kommune die Qualität der Bildungsangebote zu verbessern, sie für alle sozialen Gruppen attraktiv und gut erreichbar zu machen und Räume und Strukturen für bürgerschaftliches Engagement zu schaffen. Auf einem rund 4 ha großen innenstadtnahen Gelände entsteht zwischen 2010 und 2015 der Bildungscampus.

Kern des Campus ist die neue Oberschule „Lernhaus im Campus", die aus dem Zusammenschluss von Real- und Hauptschule entstanden ist. Im Mittelpunkt des neuen Schulkonzepts stehen selbstständiges und kooperatives Lernen und eine neue Lehrer-Schüler-Beziehung. Voraussetzung dafür ist eine neue Raumgestaltung: Ein großer Teil des Lernens findet in jahrgangsbezogenen „Lernlandschaften" statt, in denen alle Schüler/innen und die Lehrkräfte ihren eigenen Arbeitsplatz haben. Das gegenüberliegende „Medienhaus im Campus" enthält die Mensa für die Oberschule und das benachbarte Gymnasium und bündelt die Angebote der Bibliothek und weiterer Medieneinrichtungen. Ein stehengebliebener Gebäudetrakt der alten Realschule wird zum „Bildungshaus im Campus" umgebaut. Das Bildungshaus kombiniert das Weiterbildungsangebot der Volkshochschule mit niedrigschwelligen Beratungs- und Begegnungsangeboten.

Kooperationsprojekte

Die regelmäßige Zusammenarbeit von Schulen und außerschulischen Einrichtungen trägt dazu bei, dass auch Schüler/innen, die in der Schule Probleme haben oder eher ruhig sind, besondere Begabungen zeigen und entwickeln können und auch von ihren Lehrkräften anders wahrgenommen werden. So führt die Oberschule regelmäßig ein anspruchsvolles Tanzprojekt mit renom-

mierten Bremer Tanzchoreografen durch. In fünf Tagen wird mit einem Jahrgang eine Tanzaufführung zu einem aktuellen Thema – z.B. zum Thema Heimat – entwickelt. Die Ergebnisse sind bemerkenswert.

Ein anderes Projekt, bei dem Jugendliche zeigen können, was in ihnen steckt, ist eine Ausstellung zum Tagebuch der Anne Frank, die Oberschule und Gymnasium 2015 gemeinsam mit der Bibliothek und der örtlichen Kirchengemeinde durchführen. Schüler/innen der Oberschule und des Gymnasiums werden vom Berliner Anne-Frank-Zentrum zu ehrenamtlichen Ausstellungsbegleiter/innen ausgebildet und führen mit großem Engagement über 60 Schulklassen und andere Gruppen durch die Ausstellung. Es ist faszinierend, wie aufmerksam und konzentriert auch große Schülergruppen jeweils fast zwei Stunden lang mit ihren nur wenig älteren Ausstellungsbegleiter/innen arbeiten.

Die Chancen solcher gelingenden Kooperationsprojekte können durch gezielte Weiterqualifizierungen für Pädagog/innen und ihre Partner in der Kommune deutlich erhöht werden.

Aus diesem Grund werden im Rahmen der öffentlichen Veranstaltungsreihe „Campus inklusiv" Bildungsexpert/innen eingeladen und gute Praxisbeispiele vorgestellt. Im Rahmen des ESF-Projekts LINES (= Lokales Inklusionsnetzwerk) wird u.a. ein Lehrgang zur „Fachkraft Inklusion" entwickelt, der inzwischen im Rahmen der Reihe „VHS concept" niedersachsenweit angeboten wird. Ergänzt werden diese Angebote seit Herbst 2016 durch die Veranstaltungsreihe „Campus innovativ" mit überregional beachteten Fachtagen, z.B. zu den Themen Schulentwicklung und pädagogische Architektur.

→ Vernetzung im Quartier und darüber hinaus, Seite 188

Koordination der Zusammenarbeit

Die Erfahrungen zeigen, dass Kooperation auch bei räumlicher Nähe kein Selbstläufer ist. Gemeinsame Planung und Abstimmung kosten Zeit. Schulen und ihre Partner sind aber schon stark belastet mit ihrem Alltagsgeschäft. Kooperationsprojekte werden dann leicht als zusätzliche Belastung empfunden. Auch die multifunktionale Nutzung von Räumen auf dem Campus kann zu Konflikten führen. Eine wichtige Gelingensbedingung für die Zusammenarbeit einer breiten Vielfalt von Einrichtungen sind deshalb verlässliche Kooperationsstrukturen zwischen den beteiligten Einrichtungen und Professionen. Aus diesem Grund wurde bereits das inhaltliche Konzept für den Campus unter Einbindung der zukünftigen Nutzer/innen entwickelt. Inzwischen treffen sich die Einrichtungsleitungen zweimal jährlich zu Campusversammlungen. Ergänzend finden thematische Arbeitsgruppen und Fachveranstaltungen für das weitere Campusnetzwerk statt.

Wie fruchtbar die Zusammenarbeit am Campus sein kann, hat sich bei der Einbindung von Geflüchteten gezeigt. Viele Kinder aus geflüchteten Familien sind Schüler/innen der Oberschule, während ihre Eltern Deutsch- und Integrationskurse in der benachbarten Volkshochschule besuchen. Wenn Lehrkräfte der Oberschule aus sprachlichen oder kulturellen Gründen Probleme in der Kommunikation mit den Eltern haben, können sie die Lehrkräfte der VHS um Vermittlung bitten oder im Offenen Treff versuchen, eine/n Muttersprachler/in als Dolmetscher/in zu gewinnen. Die VHS kooperiert auch mit der Schule beim Angebot von

Werden interne und externe Quellen für Erfahrungstransfer systematisch erschlossen?

Sprachlernklassen. Im Rahmen von LINES entwickeln Ehrenamtliche und Geflüchtete gemeinsam mit einem Mitarbeiter der Niedersächsischen Landesmedienanstalt eine interaktive Stadtrallye per Smartphone.

Und schließlich macht auch das gemeinsame Feiern Spaß: So beteiligen sich beim Fest der Vielfalt auf dem Campusplatz zahlreiche Einrichtungen, Initiativen und Ehrenamtliche aller Altersgruppen und aller Generationen, mit und ohne Behinderung, und stellen ein spannendes Programm mit Mitmachangeboten für alle Interessierten zusammen.

Sozialraumorientierung Kreis Nordfriesland, Husum

<u>Wo?</u> Kreis Nordfriesland, knapp 165.000 Einwohner/innen
<u>Was?</u> Verbindung von auf Kinder und Jugendliche bezogener Sozialraumorientierung mit Inklusion und Auflösung der Versäulung
<u>Wann?</u> Seit 2000 (Jugendhilfe) bzw. 2008 (Eingliederungshilfe)
<u>Wer?</u> Jugendhilfe, Eingliederungshilfe, freie Träger und Akteur/innen im Sozialraum auf Kreisebene
<u>Kontakt:</u> Kreis Nordfriesland, Fachbereich Jugend, Familie und Bildung, Leitung: Daniel Thomsen
<u>Weitere Informationen:</u> → www.nordfriesland.de

Ein Paradigmenwechsel in der Praxis: Zwei in Deutschland normalerweise parallel laufende Projekte/Ideen (Sozialraumorientierung bezogen auf Kinder- und Jugendhilfe bzw. Inklusion) werden miteinander verbunden und ergeben Synergien, die neben dem gesellschaftlichen Zugewinn auch noch Mittel „einsparen", die in zusätzliche personelle Ressourcen sowie präventive Tätigkeiten investiert werden.

Inklusion als Querschnittsthema

Der Beschluss des Jugendhilfeausschusses, im Jahre 2000 ein Sozialraumprojekt zu installieren, leitet eine tiefgreifende Veränderung in der Erziehungshilfe (HzE) im Kreis Nordfriesland auf allen

Ebenen und bei allen Akteur/innen ein. Inklusion wird als Querschnittsthema in das Konzept der Sozialraumorientierung aufgenommen und umgesetzt. Dieses Vorgehen unterscheidet sich vom Grundsatz her von vielen anderen Umsetzungen der Sozialraumorientierung.

Eine Voraussetzung, Inklusion als Querschnittsthema zu implementieren, ist unter anderem die Auflösung der Versäulung, also der unverbundenen „Zuständigkeiten" zwischen den Fachbereichen Jugend, Familie und Bildung.

Infolge des Veränderungsprozesses sieht sich die öffentliche Jugendhilfe nicht mehr ausschließlich als Eingriffsbehörde auf Grundlage des SGB VIII, sondern als Kooperationspartnerin der freien Träger und aller anderen Akteur/innen im Sozialraum. Eine sachgebietsübergreifende Teamstruktur in den fünf Sozialräumen unterstützt dies maßgeblich. Gemeinsam entwickelte und vereinbarte Standards und Qualitätsmerkmale sind für alle Akteur/innen bindend und geben – wie eindeutige Strukturen – Orientierung.

Die freien Träger der Jugendhilfe (und Eingliederungshilfe) stellen sich in ihrem Selbstverständnis als Organisation neu auf, was zu einer Veränderung ihrer professionellen Haltung führt. Sie arbeiten ressourcen- und lösungsorientiert und sehen sich unabhängig von der Rolle als Auftragnehmer als Mitgestalter, als Teil des Systems im Sozialraum.

Rahmenbedingungen und Faktoren für das Gelingen

Entscheidende Faktoren für ein Gelingen des Projektes sind ein hohes Vertrauen und eine Unterstützung durch die politische Ebene (z.B. Landrat) und des Dezernenten/der Dezernentin, was sich auch in der Sicherung der finanziellen und personellen Ressourcen für die Umsetzung der Maßnahmen von Seiten des Kreises (politische und Verwaltungsebene) und in einer nachhaltigen Zufriedenheit der Mitarbeiter/innen niederschlägt.

Unabdingbare Voraussetzungen für die Umsetzung des Sozialraumkonzeptes sind eine transparente Vorgehensweise und ein Mitnehmen der Mitarbeiter/innen. Denn die Veränderung im System ist grundlegend, Strukturen verändern sich, Arbeitsgebiete werden neu zugeschnitten. Das bringt Verunsicherung, tagtäglich neue Fragen und ein Misstrauen zwischen den Mitarbeiter/innen des öffentlichen und der freien Träger mit sich. Mitarbeiter/innen in ihren Ängsten ernstzunehmen und gemeinsam entsprechende Maßnahmen abzuleiten, ist deshalb wichtig.

In verpflichtenden Teamentwicklungsworkshops mit externer Begleitung werden gemeinsam Themen des „roten Bereichs", die vielfältigen Bedenken der Mitarbeiter/innen, Rollen und Beziehungen und die Bedeutung von Leistung und Qualität etc. angesprochen, aufgearbeitet bzw. geklärt. Die Implementierung eines Steuerungsgremiums, bestehend aus öffentlichen und Sozialraumträgern und einer „Prozess-AG" zur gemeinsamen Entwicklung von Abläufen wie Hilfeplanverfahren unterstützen das offene partizipative Miteinander.

Die Aussagen der Mitarbeiter/innen aus heutiger Sicht bestätigen die Vorgehensweise im Prozess:
· Die Teamarbeit ist hilfreich und trägt uns.
· Unsere Arbeit ist viel professioneller geworden, und das stellen wir auch nach außen dar.
· Wir haben Spaß an der Arbeit.
· Wir haben die Veränderung als Chance begriffen.
· Wir übernehmen die Verantwortung für unser Budget.

Um die Voraussetzungen für Nachhaltigkeit zu schaffen, erhalten die Regionalteams bis heute regelmäßig „Training on the Job" und Fortbildungen durch das Institut für Stadtteilbezogene Soziale Arbeit und Beratung (ISSAB) sowie einmal jährlich einen Teamentwicklungsworkshop.

Die Rahmenbedingungen der (Regel-)Systeme können nur dann an die individuellen Bedürfnisse der Kinder und Jugendlichen angepasst werden, wenn dafür die haushaltstechnischen Voraussetzungen geschaffen und angewendet werden. Anders- und Querdenken sind gefordert.

Im Jahr 2002 wird die Verantwortung für die Kosten der HzE und im Jahr 2008 ergänzend für die Eingliederungshilfe auf die für die neu gebildeten Sozialräume zuständigen Regionalteams verlagert, woraus im Laufe des Prozesses die Sozialraumbudgets entwickelt werden. Verwaltet werden diese in Absprache von einem in diesem Sozialraum ansässigen freien Träger. Um Verlässlichkeit und Kontinuität zu gewährleisten, werden mit den freien Trägern der fünf Sozialräume Verträge mit einer Laufzeit von fünf Jahren abgeschlossen.

Da für alle Akteur/innen das Wohl der jungen Menschen im Vordergrund steht und nicht geschaut wird, welcher Träger am meisten verdient, können Gelder aus den Sozialraumbudgets nach Bedarf an Nicht-Sozialraumträger verteilt werden. Diese Verfahrensweise beruht auf der vertrauensvollen Zusammenarbeit im Sozialraum zwischen allen beteiligten Akteur/innen und Organisationen.

Aktionsleitfaden Technische Hochschule, Köln

Wo? Fakultät für Angewandte Sozialwissenschaften der
Technischen Hochschule Köln, Nordrhein-Westfalen
Was? Erstellung eines Aktionsleitfadens für eine inklusive
Fakultät. Der Prozess bezieht alle Fakultätsmitglieder ein.
Wann? 2012–2018
Wer? Akteur/innen aus der Fakultät, Träger des Prozesses ist
die AG Inklusion, ein loser Zusammenschluss von Studierenden,
Lehrenden und Mitarbeitenden
Kontakt: Melanie Werner, wissenschaftliche Mitarbeiterin,
TH Köln
Weitere Informationen: → www.th-koeln.de, Aktionsleitfaden

Zeitschiene

2011: Fakultätsentwicklungsplan (FEP) für die Jahre 2012–2018 wird
erarbeitet ⟶ Januar 2012: Fakultätsrat verabschiedet Fakultätsentwicklungsplan und stimmt der Entwicklung eines Aktionsleitfadens für eine inklusive Fakultät zu ⟶ 2012–2013: Arbeitsgruppe interessierter Mitarbeiter/innen erarbeitet Grundlage für
Aktionsleitfaden ⟶ *geplant* ⟶ bis 2018: Zeitschiene zur Erfül-
lung der Maßnahmen „auf dem Weg zur inklusiven Fakultät"

Im Jahr 2012 wird der unter Beteiligung aller Institute erarbeitete Fakultätsentwicklungsplan (FEP) der Fakultät für Angewandte Sozialwissenschaften durch den Fakultätsrat verabschiedet.

Dieser Fakultätsentwicklungsplan beschreibt das Selbstverständnis und die angestrebte Entwicklung der Fakultät bis zum Jahr 2018. In diesem FEP sind die Themen „Diversity", „Inklusion", „Gleichstellung" und „Internationalisierung" explizit als Querschnittsaufgabe verankert. Angestoßen von der Studiendekanin für Diversity, Prof. Dr. Sigrid Leitner, und koordiniert von einer dafür mit einer halben Stelle freigestellten wissenschaftlichen Mitarbeiterin, wird daran anknüpfend ein Aktionsleitfaden für eine inklusive Fakultät entwickelt – analog zum Internationalisierungskonzept und zum Gleichstellungskonzept. Alle drei Konzepte verstehen sich als Ergänzung, Vertiefung und Konkretisierung des Fakultätsentwicklungsplans.

Der „Aktionsleitfaden für eine inklusive Fakultät" gliedert sich in zwei Teile: Im ersten Teil wird im Sinne von Diversity die Bedeutung von Differenzen für alle Mitglieder der Fakultät reflektiert. Für eine Bestandsaufnahme werden Hochschulstatistiken, Daten aus dem Feedbackmanagement und aus der allgemeinen Verwaltung einbezogen. Erkenntnisleitend ist die Frage, inwiefern alle Fakultätsangehörigen gleichermaßen gute Bedingungen für „gelingendes" Studieren und Arbeiten vorfinden und welche Barrieren sich identifizieren lassen. Ein solches Denken in Zielgruppen unterliegt der Gefahr, Differenzen selbst erst zu (re-)produzieren, die eigentlich überwunden werden sollten. Deshalb wird im zweiten, handlungsweisenden Teil des Aktionsleitfadens dieses „Denken in Unterschieden" aufgegeben und Bedarfe formuliert für die Entwicklung inklusiver Kulturen, Strukturen und Praktiken, die allen Fakultätsangehörigen Studium und Arbeit an der Fakultät erleichtern. Es ist nicht wichtig, ob Studierende die Flexibilisierung des Studiums aufgrund von Kindern, Krankheit oder Berufstätigkeit benötigen oder ob ein Ruheraum zum Stillen, Ausruhen oder Beten genutzt wird. Die „Beweislast" wird umgekehrt: Nicht Studierende müssen begründen, warum sie einen bestimmten Bedarf haben, sondern die Fakultät muss bestrebt sein, ihre Kulturen, Strukturen und Praktiken so zu gestalten, dass Unterschiede keinen Unterschied mehr machen.

Identifizierte Bedarfe

Bedarfe in Anlehnung an die Systematik der inklusiven Kulturen, Strukturen und Praktiken von Tony Booth und Mel Ainscow im schulischen *Index für Inklusion*:

Kulturen

- Reflexion der Rolle als Wissenschaftler/in und Lehrende,
- Informationsfluss zwischen allen Fakultätsangehörigen verbessern, Kontinuität des Inklusionsprozesses sichern,
- Kommunikation/Positionierung zur inklusiven Hochschule nach innen und außen,
- Wissenschaft als guten Arbeitsplatz gestalten.

Strukturen

- Fortbildungen für Lehrende,
- Flexibilisierung des Studiums,
- Erleichterung des studiennahen Arbeitens,
- Barrierefreiheit.

Praktiken

- Inklusive Lehrangebote,
- Verbesserung der Datenlage,
- Entwicklung eines inklusiven Beratungskonzeptes,
- Inklusive Didaktik.

Im Aktionsleitfaden werden diese Bedarfe in Maßnahmen konkretisiert und Verbindlichkeiten für die Umsetzungen festgelegt. Träger des Prozesses ist die AG Inklusion, ein Zusammenschluss aller am Thema interessierten Studierenden und Lehrenden. Ein Treffen der AG Inklusion ist im Semesterplan vorgesehen, häufig kommen weitere themengebundene Treffen hinzu. Die Treffen dienen der Konkretisierung und Reflexion der im Aktionsleitfaden festgelegten Maßnahmen. Gleichzeitig wird hier mit dem *Index für Inklusion* gearbeitet, um über Inklusion an der Hochschule zu kommunizieren und zu reflektieren.

Inklusive Quartiersentwicklung, Hamburg-Altona

<u>Wo?</u> Bezirk Altona, westlichster von sieben Bezirken der Freien und Hansestadt Hamburg; Bezirk mit 14 sehr unterschiedlichen Stadtteilen; gut 270.000 Einwohner/innen

<u>Was?</u> Inklusion wird als ein Hauptthema für die Planung und Entwicklung von Hamburgs zweitgrößtem Stadtentwicklungsprojekt platziert. Das bezieht sich auf das Wohn- und Angebotskonzept ebenso wie auf den Prozess, der als Prozess der Zivilgesellschaft im Forum „Eine Mitte für Alle" gestaltet wird, moderiert und unterstützt von der Q8-Quartiersmanagerin.

<u>Wann?</u> Seit 2012

<u>Wer?</u> „Q8 – Quartiere bewegen" hat das Projekt „Eine Mitte für Alle" gestartet und begleitet. Q8 ist eine Initiative der Evangelischen Stiftung Alsterdorf in Partnerschaft mit der NORDMETALL-Stiftung. „Eine Mitte für Alle" in Hamburg-Altona ist ein Gemeinschaftswerk – von Bürger/innen, Initiativen und Einrichtungen, von Verwaltung, Politik und Eigentümer/innen.

<u>Kontakt:</u> Q8-Sozialraumentwicklung,
Leitung: Karen Haubenreisser

<u>Weitere Informationen:</u>
→ q-acht.net/altona/projekte/eine-mitte-fuer-alle.php

Zeitschiene

Februar 2012: Auftaktveranstaltung ⟶ Juli 2012: Forum „Eine Mitte für Alle" veröffentlicht erstes Ergebnispapier ⟶ August

2012 – Februar 2014: Bezirksversammlung beschließt Einbezug der Empfehlungen des Forums für eine inklusive Stadtentwicklung ⟶ 2014: Leitbild von „Eine Mitte für Alle" wird in bezirkliches Wohnungsbauprogramm aufgenommen ⟶ Juni 2014: Städtebaulicher Vertrag ⟶ April 2015: „Eine Mitte für Alle" wird in das Regierungsprogramm 2015–2020 aufgenommen ⟶ 2016: Start der ersten Baumaßnahmen ⟶ Januar 2017: Empfehlungen für das benachbarte Holstenquartier ⟶ *geplant* ⟶ Ende 2017: Erste Bewohner/innen ziehen ein

Wie kann ein inklusiver Stadtteil geplant werden? Wie kann damit den sozialen Herausforderungen einer Großstadt begegnet werden? Auf dem Gelände eines ehemaligen Güterbahnhofs im Herzen des Hamburger Stadtteils Altona entsteht die „Mitte Altona" mit 3.500 Wohnungen.

„Eine Mitte für Alle"

Im Zentrum des Prozesses steht das Forum „Eine Mitte für Alle". Daran nehmen Bürger/innen sowie Institutionen aus vielen Bereichen teil, u.a. aus Politik, Verwaltung, Wirtschaft und Stiftungen, aus Universität, Initiativen und Baugemeinschaften, aus Kirche und Stadtplanung – Menschen mit und ohne Behinderung und verschiedener Herkunfts- und Altersgruppen.

> *Die Geburt des Forums war Anfang 2012. Als Q8 zur Auftaktveranstaltung einlud, war das ein Versuch. Es kamen 250 Menschen. Das Interesse war groß. Zugleich wusste niemand, wie das gehen kann mit der inklusiven Stadtentwicklung. Es gab keine Vorbilder, keine Einträge in der Suchmaschine. Der Auftakt markierte den Bedarf ebenso wie die Leerstelle.* (Karen Haubenreisser)

„Eine Mitte für Alle" hat seit 2012 viele entscheidende Etappenziele erreicht: in über 20 Foren, einer Vielzahl von Arbeitssitzungen, umfangreicher Hintergrundarbeit sowie durch die Teilnahme an Tagungen und an politischen Gremien – und nicht zuletzt durch das große Engagement vieler Akteurinnen und Akteure.

Im Zentrum des Prozesses steht das Forum „Eine Mitte für alle"

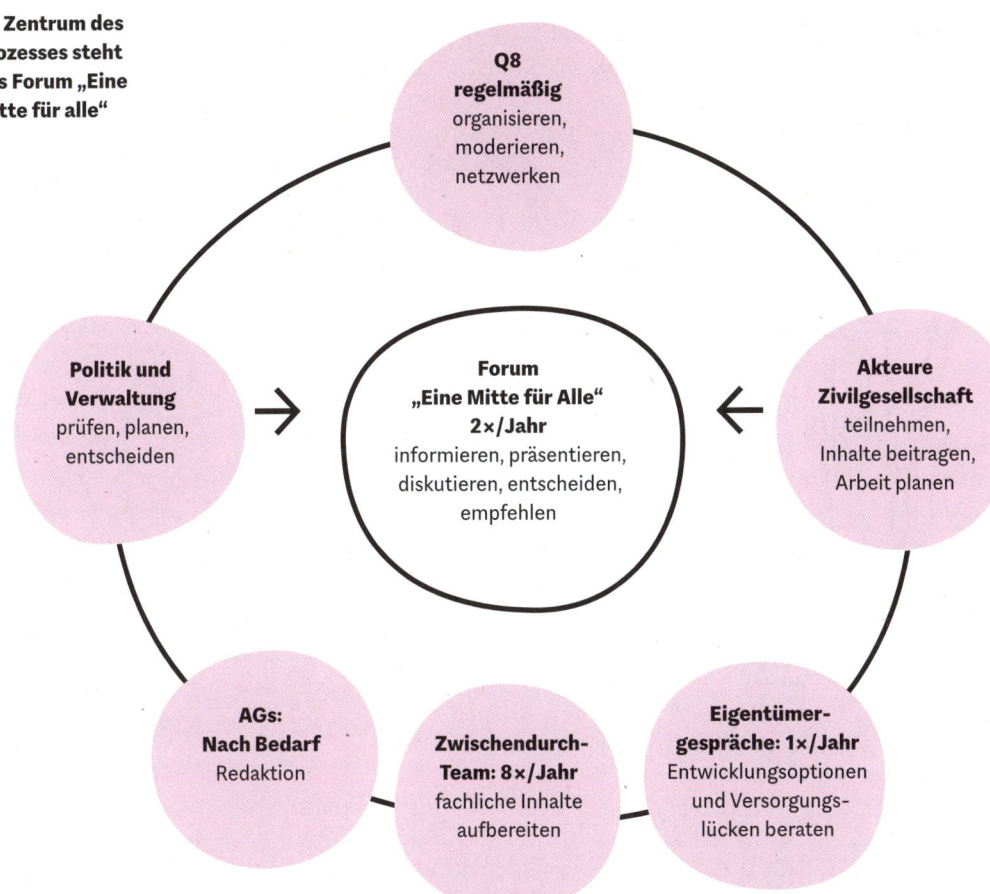

Q8 regelmäßig
organisieren, moderieren, netzwerken

Politik und Verwaltung
prüfen, planen, entscheiden

Forum „Eine Mitte für Alle" 2×/Jahr
informieren, präsentieren, diskutieren, entscheiden, empfehlen

Akteure Zivilgesellschaft
teilnehmen, Inhalte beitragen, Arbeit planen

AGs: Nach Bedarf
Redaktion

Zwischendurch-Team: 8×/Jahr
fachliche Inhalte aufbereiten

Eigentümer-gespräche: 1×/Jahr
Entwicklungsoptionen und Versorgungs-lücken beraten

Die wichtigsten Schritte im Überblick

Meilenstein 1: Februar 2012 – Auftaktveranstaltung mit 250 Teilnehmenden

Meilenstein 2: Juli 2012 – Das Forum veröffentlicht das Ergebnispapier zu „Zielen und Etappen inklusiver Stadtentwicklung" für Mitte Altona.

Meilenstein 3: August 2012 bis Februar 2014 – Die Bezirksversammlung Altona stimmt dafür, die Empfehlungen des Forums für eine inklusive Stadtentwicklung in Mitte Altona sowie bei allen zukünftigen Altonaer Bauvorhaben zu berücksichtigen. 2014 wird das Leitbild von „Eine Mitte für Alle" in das bezirkliche

Wohnungsbauprogramm aufgenommen. Die Bezirksversammlung beschließt, dass die Stadt und die Eigentümer/innen die inklusiven Empfehlungen im städtebaulichen Vertrag berücksichtigen sollen.

Meilenstein 4: Juni 2014 – Die Behörde für Stadtentwicklung und
Umwelt und die Eigentümer unterzeichnen den städtebaulichen
Vertrag. Inklusion findet Eingang in den Vertrag.

Meilenstein 5: April 2015 – SPD und Grüne nehmen „Eine Mitte für
Alle" in das Regierungsprogramm 2015–2020 auf.

Meilenstein 6: Januar 2017 – Ausgehend von den Erfahrungen in
Mitte Altona formuliert das Forum „Eine Mitte für Alle" Empfehlungen für eine inklusive Planung und Entwicklung des benachbarten Holstenquartiers.

Im Jahr 2016 sind die ersten Baumaßnahmen gestartet,
bereits Ende 2017 ziehen die ersten Bewohner/innen ein. Im ersten Abschnitt werden 1.600 Wohnungen, Gewerbeflächen, Kitas,
eine Schule, Straßen und Gehwege sowie ein Park gebaut.

Das Forum „Eine Mitte für Alle" hat auf mehreren Ebenen gewirkt.

- Es hat mit seinen Anregungen Eingang gefunden in politische Entscheidungen auf Ebene des Bezirks Altona und im Hamburger Senat.
- Es konnte auf Verwaltungsabläufe Einfluss nehmen.
- Es hat konkrete Projekte und soziale Angebote angeregt und entwickelt.
- Es gab der Verwaltung, Politik und Eigentümer/innen wichtige Anregungen.
- Es lieferte wertvolle Impulse zum Thema Inklusion in der Stadtentwicklung.

Die Erfahrungen mit inklusiver Stadtentwicklung in Mitte Altona finden in Hamburg, bundesweit und international Resonanz. Gäste aus anderen deutschen Städten, aber auch aus Wien oder Birmingham haben sich bereits Anregungen geholt. 2016 würdigen die Vereinten Nationen den Altonaer Prozess als Best-Practice-Beispiel im Feld inklusiver Stadtentwicklung.

Glossar

Glossar
Begriffe von A-Z

Das Glossar erklärt Begriffe aus dem Themen-feld Inklusion, die in den Erfahrungen der Kommunen eine Rolle spielen. Es enthält auch Begriffe, die auf den ersten Blick bekannt und klar erscheinen. Denn auch hinter dem Bekannten liegen oft interessante und viel-schichtige Aspekte. Das Nachdenken darüber lohnt sich. Das Glossar ist kein umfassendes „Lexikon" für kommunale Inklusion. Es zeigt keine wissenschaftlichen Hintergründe oder aktuellen Forschungsansätze und erhebt auch keinen Anspruch auf Vollständigkeit. Viele weitere Begriffe hätten es verdient, hier aufgenommen zu werden. Die Auswahl lädt dazu ein, die Vielfalt des Themas Inklusion kennenzulernen und weiterzudenken.

Agenda 2030

Die Agenda 2030 für nachhaltige Entwicklung wurde 2015 von den Vereinten Nationen verabschiedet. Ihr Ziel ist es, weltweit ein menschenwürdiges Leben unter Berücksichtigung von ökonomischen, ökologischen und sozialen Aspekten zu ermöglichen. Die Agenda umfasst 17 Ziele und 169 Unterziele. Inklusion ist in mehreren dieser Ziele verankert. Auch Deutschland unterstützt diese Agenda. Für ihre Umsetzung hat die Bundesregierung 2017 eine Deutsche Nachhaltigkeitsstrategie verabschiedet.

Aktionsplan

Ein Aktionsplan ist ein Maßnahmenplan, in dem auf kommunaler, Landes- und Bundesebene strategische Ziele und ihre Umsetzung verbindlich formuliert werden. In inklusiven Veränderungsprozessen hilft ein Aktionsplan, Maßnahmen zu planen, ihre Umsetzung zu begleiten und auszuwerten. Je mehr Menschen an der Erstellung und Weiterentwicklung eines Aktionsplans beteiligt sind, desto nachhaltiger und verbindlicher kann er wirken. Wichtig ist es, die Planung und Umsetzung von Aktionsplänen säulenübergreifend als Querschnittsthema anzugehen.

Alltag

Anders

„Anders" bedeutet immer „anders als". Wir blicken aus der eigenen Lebenswelt auf einen Anderen – und sehen Unterschiede. „Anders" ist keine Eigenschaft, sondern eine Wahrnehmung. Es hängt vom Umfeld und von den Menschen ab, ob sie jemanden als anders empfinden. Es gibt unendliche viele Variationen – und jede/r kann für andere „anders" sein. Oft fällt das „Andere" stärker auf als das Gemeinsame – vor allem, wenn es etwas Äußerliches, Sichtbares ist. So stark etwas oder jemand auch „anders" erscheint: Es gibt immer auch Gemeinsamkeiten, die stärker verbinden können, als das „Andere" trennt.

Armut

Armut bedeutet Ausgrenzung. Fast alle Angebote in unserer Gesellschaft kosten Geld. Wer davon ausgeschlossen ist, ist auch von vielen Chancen und Möglichkeiten ausgeschlossen: Bildung, Freizeit, Beruf, Wohnen, Mobilität, Ernährung etc. Kinderarmut bedeutet, schon von Anfang an viele Perspektiven unserer reichen Gesellschaft nicht zu haben. Armut ist nicht das Problem von Wenigen, sondern das Problem einer Gesellschaft, die es sich (auch zu ihrem eigenen Nachteil) leistet, Menschen in großer Zahl zurückzulassen.

Barrierefreiheit

Behindertenrechtskonvention (UN-BRK)

Die Behindertenrechtskonvention der Vereinten Nationen (UN-BRK) ist eine Konvention zur Durchsetzung der Allgemeinen Menschenrechte. Dabei geht es nicht um Sonderrechte für Behinderte, sondern darum, mit gezielten Maßnahmen sicherzustellen, dass niemand bei der Realisierung der Menschenrechte ausgegrenzt wird. Die Umsetzung der Konvention wird durch internationale Fachausschüsse regelmäßig überprüft. Deutschland schneidet dabei wiederholt nicht gut ab: „In vielen Bereichen bleiben Bedeutung und Tragweite der Konvention rechtlich und praktisch wirkungslos."

(Monitoring-Stelle zur UN-BRK 2015). Die Prüfung betont die Umsetzung der allgemeinen Menschenrechte und nicht einen möglichen Sonderstatus von Behinderten.

Behinderung
Behinderung ist weniger das, was bestimmte Menschen „haben", sondern das, was viele Menschen jeden Tag erleben. Sie werden behindert: durch Hindernisse, die jedem überall begegnen können. Für manche sind es bauliche Barrieren wie Treppen und Bahnsteige, zu hoch angebrachte Geldautomaten oder Regale, für andere schwer zugängliche oder unverständliche Informationen, komplizierte Bürokratie, zu hohe Kosten, fehlende oder nicht zugängliche Angebote etc. Inklusion bedeutet, Hindernisse zu erkennen und zu reduzieren, die Menschen behindern und ausgrenzen.

Chancengleichheit vs. Chancengerechtigkeit
Alle sollen die gleichen Chancen haben. Das ist das Ziel einer inklusiven Gesellschaft. Neben Chancengleichheit wird oft der Begriff Chancengerechtigkeit verwendet – und oft auch in gleicher oder umgekehrter Bedeutung. Mit „Chancengerechtigkeit" wird in der Regel argumentiert, um zu betonen, dass (gerechte) Chancen für alle bereits vorhanden seien. „Gleichheit" wird dann als „Gleichmachen" von natürlichen Unterschieden kritisiert. Diese Argumentation wird eingesetzt, um bestehende Ausgrenzungen zu erhalten und zu rechtfertigen. Aber: Chancen sind nicht dadurch schon gerecht, dass sie vorhanden sind – sie müssen auch erreichbar sein. Solange vorhandene Chancen für wenige in der Gesellschaft leicht, für viele aber nur schwer oder kaum zu erreichen sind, sind Chancen weder gleich noch gerecht. Unabhängig davon, welchen Begriff man dafür verwendet.

Charta der Vielfalt
Die Charta der Vielfalt ist eine Initiative, die die Anerkennung, Wertschätzung und Einbeziehung von Vielfalt in der Unternehmenskultur in Deutschland fördert. Sie wurde 2006 von Daimler, der BP Europa SE (ehemals Deutsche BP), der Deutschen Bank und der Deutschen Telekom ins Leben gerufen. Träger ist seit 2010 der gemeinnützige Verein Charta der Vielfalt e.V. Mehr als 2.700 (Stand November 2017) Unternehmen und öffentliche Einrichtungen haben die Charta der Vielfalt bereits

unterzeichnet. Der unternehmerische Nutzen von Vielfalt ist kein Ziel von Inklusion – aber ein Beispiel dafür, dass in der Vielfalt von Menschen wichtige Ressourcen liegen.

Demokratie

Diskriminierung
Diskriminierung ist in Deutschland verboten. Es gibt ein Antidiskriminierungsgesetz (Allgemeines Gleichbehandlungsgesetz) und die Antidiskriminierungsstelle des Bundes: eine unabhängige Anlaufstelle für alle Menschen, die sich von Diskriminierung betroffen fühlen.

Gesetze und Stellen können Diskriminierung zwar nicht abschaffen, aber das Bewusstsein dafür erhöhen, wo und wer wodurch diskriminiert wird. Dabei kann Diskriminierung auch unbemerkt und ungewollt passieren. Sie kann in gewohnten Verhaltensweisen bestehen und auf den ersten Blick gar nicht auffallen – wenn man nicht selbst betroffen ist. Es gibt „strukturelle Diskriminierung", die nicht durch Aktionen von Einzelnen, sondern durch bestehende Routinen, Strukturen oder Angebote der Gesamtgesellschaft bedingt sind. Es hilft, das eigene Handeln und das eigene Umfeld immer wieder zu überprüfen und zu fragen: Wie wirkt das auf andere? Wie und wo kann ich etwas verändern?

Diversity
Diversity bedeutet allgemein Verschiedenheit, Vielfalt. Im Deutschen ist vor allem der aus dem Englischen übernommene Begriff „Diversity Management" bekannt. Dahinter steht der Gedanke, die Vielfalt von Menschen positiv zu sehen und für ein Unternehmen, eine Organisation oder die Gesell-

schaft als Ressource zu nutzen. Inklusion zielt zwar nicht in erster Linie auf den Nutzen – aber es ist ein weiteres Argument dafür: Die Teilhabe von allen Menschen gut zu organisieren, ist nicht nur für Einzelne von Vorteil, sondern für die ganze Gemeinschaft und den Ort, an dem sie leben.

Enkulturation

Enkulturation bedeutet das Hineinwachsen in eine Kultur. Regeln und „Funktionsweisen" einer Kultur erschließen sich durch das Leben in ihr. In Niedersachsen gibt es ein Förderprogramm mit dem Titel „Inklusion durch Enkulturation". Ziel ist es, Kompetenzen zu vermitteln, mit der komplexen und heterogenen Gesellschaft konstruktiv und erfolgreich umzugehen.

Geflüchtete

Das Wort Geflüchtete (und nicht Flüchtlinge) zu verwenden, ist ein Beispiel für das Ringen um eine richtige Sprache, die Diskriminierung vermeidet. Am Begriff „Flüchtling" lässt sich zeigen, wie schwierig es ist, den Menschen gerecht zu werden, die sich hinter einer komplexen weltpolitischen Entwicklung als Einzelschicksale verbergen. Die Gesellschaft für deutsche Sprache erklärt zum Begriff „Flüchtling", dem „Wort des Jahres 2015": „Gebildet aus dem Verb flüchten und dem Ableitungssuffix -ling (,Person, die durch eine Eigenschaft oder ein Merkmal charakterisiert ist'), klingt Flüchtling für sprachsensible Ohren tendenziell abschätzig: Analoge Bildungen wie Eindringling, Emporkömmling oder Schreiberling sind negativ konnotiert, andere wie Prüfling, Lehrling, Findling, Sträfling oder Schützling haben eine deutlich passive Komponente. Neuerdings ist daher öfters alternativ von Geflüchteten die Rede. Ob sich dieser Ausdruck im allgemeinen Sprachgebrauch durchsetzen wird, bleibt abzuwarten." (gfds.de/wort-des-jahres-2015/)

Gender

Gender bezeichnet die „sozialen" Geschlechtseigenschaften einer Person. Geschlecht ist nicht nur biologisch, sondern auch gesellschaftlich und kulturell geprägt. Und es gibt sowohl biologisch als auch sozial mehr als nur zwei Geschlechter (Mann/Frau). Diese Zweiteilung ist anerkannt, wird aber der Realität von vielen Menschen nicht gerecht. Gender ist eine Quelle für Diskriminierung. Diskri-

minierend ist es zum Beispiel, es „übertrieben" zu finden, wenn nach Lösungen für Menschen gesucht wird, die aus der bekannten Zweiteilung „herausfallen". Wie bei allen Diskriminierungen lohnt es sich, darüber nachzudenken: Wie wäre es, wenn ich in der Rolle wäre? Würde es mich stören, wenn ich gesellschaftlich nicht vorkomme?

Gleichgewicht

Grundgesetz

Für alle in Deutschland lebenden Menschen ist das Grundgesetz die rechtlich verbindliche Basis des Zusammenlebens. Es umfasst 146 Artikel mit Unterpunkten, Fußnoten und einem Anhang. Die Artikel des Grundgesetzes bilden die Werte ab, die in Deutschland durch das Gesetz geschützt und damit „nicht verhandelbar" sind. Artikel 1 lautet: „(1) Die Würde des Menschen ist unantastbar. Sie zu achten und zu schützen ist Verpflichtung aller staatlichen Gewalt. (2) Das Deutsche Volk bekennt sich darum zu unverletzlichen und unveräußerlichen Menschenrechten als Grundlage jeder menschlichen Gemeinschaft, des Friedens und der Gerechtigkeit in der Welt. (3) Die nachfolgenden Grundrechte binden Gesetzgebung, vollziehende Gewalt und Rechtsprechung als unmittelbar geltendes Recht."

Hochbegabung

Hochbegabung ist eine Abweichung von einer scheinbaren Norm „nach oben", die in unserer Gesellschaft als positiv und erstrebenswert gilt. Dabei haben es Kinder und Jugendliche mit einer solchen Zuschreibung oft schwer, ihren (Bildungs-)Weg zu finden. Begabungen zu entdecken und zu fördern ist ein wichtiges Ziel von Inklusion. Dahinter steckt nicht der Gedanke, „Schwachen" zu helfen, sondern jeden Menschen individuell bestmöglich zu fordern und zu unterstützen.

Kleingedrucktes

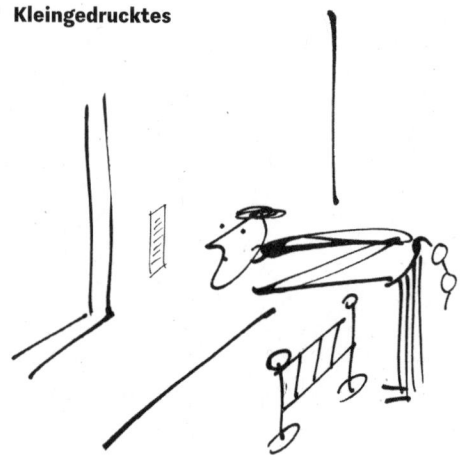

Klimaschutz

Das Klima verbindet alle Menschen auf der Erde. Ein intakter Planet mit einem funktionierenden Klima ist die Voraussetzung für alles andere. Wenn es der Weltgemeinschaft mit ihren zum Teil sehr unterschiedlichen Interessen nicht gelingt, ein Leben von Menschen und anderen Lebewesen auf der Erde auch weiterhin zu ermöglichen, kann keiner von ihnen weitere Ziele erreichen. Um das zu verstehen, benötigt man keine inklusive Haltung – aber wenn man sie hat, gehört dieser Gedanke dazu.

Kommune

Kommune ist ein sehr vielseitiger Begriff. Er steht für die Gesamtheit aller Bewohner/innen, Organisationen, Einrichtungen und Institutionen an einem Ort. Gleichzeitig kann er im engeren Sinne die Verwaltung einer Kommune bezeichnen. Kommunale Inklusion bedeutet in diesem Buch beides: die breite und von möglichst vielen getragene Umsetzung von Inklusion an einem Ort (Stadt, Dorf, Gemeinde, Stadtteil, Landkreis, Kreis) – und die Organisation von Strukturen in der Verwaltung, die diesen Prozess steuert und als Querschnittsaufgabe annimmt.

Komplexität

Die Welt ist zunehmend komplex. Das ist die Wahrnehmung von vielen Menschen, die die Lage in einer globalisierten und krisenhaften Welt als unüberschaubar empfinden. Das Wort komplex kommt aus dem Lateinischen und bedeutet so viel wie „zusammenhängend", „verwoben". Das trifft zu auf das, was in der Welt passiert. Auch das Zusammenleben vor Ort ist komplex: Es verbindet Menschen zu einer zusammenhängenden Gemeinschaft. Inklusion ist komplex, weil es eine Aufgabe für viele ist, die an vielen Stellen etwas verändert. Für komplexe Dinge gibt es keine einfachen Lösungen, aber es gibt Schritte, die etwas bewirken und die machbar sind.

Korrekte Sprache

Gleichstellung braucht mehr als „korrekte" Sprache. Wie man behinderte oder geflüchtete Menschen nun nennt – es ändert nichts an den Barrieren, von denen ihr Alltag voll ist. Trotzdem ist es wichtig, auch in der Sprache aufmerksam zu bleiben und zu fragen, wo sich Diskriminierung in gewohnten Details versteckt. Das oft kritisierte „Gendern" von Texten stört vielleicht die gewohnte Lesart, aber es ist auch ein Signal für ein ungelöstes Problem in der deutschen Sprache. Sprache ist lebendig. Es lohnt sich, darüber nachzudenken, nach Lösungen zu suchen – ohne das eigentliche Problem dahinter zu vergessen.

Kulturzentrismus

Die Frage, wie sich Kulturen zu anderen Kulturen verhalten, ist ein wichtiges Diskussionsthema. Eine Kultur als „zentral" zu bezeichnen und sie zum Bewertungsmaßstab anderer Kulturen zu machen, ist problematisch. Ab wann ist eine Kultur eine Kultur? Wo verlaufen Grenzen zwischen Kulturen? Was ist „die" zentrale Kultur in einem Land und wer entscheidet das? Hat nicht jeder eine andere Vorstellung von der „eigenen" Kultur? Und wie kann eine Kultur zentral sein in einer Zeit, in der überall „Kulturen" zusammenleben und sich gemeinsam weiterentwickeln? Es ist viel Nachdenken und präzise Begriffsarbeit nötig, um diesem vielschichtigen Thema gerecht zu werden – Kulturzentrismus selbst wird es nicht.

Machbar

Etwas ist machbar, wenn Menschen etwas tun können. Das Machbare an Inklusion ist, dass jeder Mensch damit anfangen kann. Das Buch zeigt, dass und wie Menschen es im kommunalen Bereich „machen" und wie sie es Schritt für Schritt weiterentwickeln. Nicht machbar ist etwas, für dessen

Machbarkeit wichtige Voraussetzungen fehlen. Bei Inklusion werden oft personelle und finanzielle Ressourcen dafür angeführt, dass es nicht gehen könne. Tatsächlich sind zusätzliche Ressourcen dringend notwendig und weiter einzufordern. Ein Anfang ist aber an vielen Stellen machbar – und gemacht.

Maßnahme

Menschenrechte

Die Allgemeine Erklärung der Menschenrechte (Resolution 217 A (III) vom 10.12.1948) besteht aus 30 Artikeln, beschlossen von den Vereinten Nationen. Die Artikel im Kurz-Überblick:

1: Freiheit, Gleichheit, Brüderlichkeit;
2: Verbot der Diskriminierung;
3: Recht auf Leben und Freiheit;
4: Verbot der Sklaverei und des Sklavenhandels;
5: Verbot der Folter;
6: Anerkennung als Rechtsperson;
7: Gleichheit vor dem Gesetz;
8: Anspruch auf Rechtsschutz;
9: Schutz vor Verhaftung und Ausweisung;
10: Anspruch auf faires Gerichtsverfahren;
11: Unschuldsvermutung;
12: Freiheitssphäre des Einzelnen;
13: Freizügigkeit und Auswanderungsfreiheit;
14: Asylrecht;
15: Recht auf Staatsangehörigkeit;
16: Eheschließung, Familie;
17: Recht auf Eigentum;
18: Gedanken-, Gewissens-, Religionsfreiheit;
19: Meinungs- und Informationsfreiheit;
20: Versammlungs- und Vereinigungsfreiheit;
21: Allgemeines und gleiches Wahlrecht;
22: Recht auf soziale Sicherheit;
23: Recht auf Arbeit, gleichen Lohn;
24: Recht auf Erholung und Freizeit;
25: Recht auf Wohlfahrt;
26: Recht auf Bildung;
27: Freiheit des Kulturlebens;
28: Soziale und internationale Ordnung;
29: Grundpflichten;
30: Auslegungsregel.

Migration

Migration bedeutet die Wanderung von einem Ort zu einem anderen – aus unterschiedlichen Gründen und mit nicht festgelegter Dauer. Die Gründe können vielfältig sein: Krieg, Verfolgung, Armut, Diskriminierung, Hunger, die Hoffnung auf bessere Perspektiven, ein besseres Leben. Völkerwanderung hat es immer schon gegeben. Aber zunehmende Globalisierung, Vernetzung und Mobilität haben sie verändert und beschleunigt. Die Ursachen für Migrationsbewegungen liegen nicht punktuell in einem Land, sondern betreffen die ganze Weltgemeinschaft. Herausforderungen, die daraus entstehen, erfordern eine gemeinsame Verantwortungsübernahme.

Normal

Normal ist, was als normal empfunden wird. Das verbindet „normal" mit „anders". Als normal empfunden werden Verhaltensweisen, die auf allgemein anerkannten Werten, Regeln und Normen basieren. Diese sind jedoch nicht fest und unveränderlich. Sie werden ausgehandelt, festgelegt, verinnerlicht – und können sich doch ständig ändern. Wie diese Normen ist Normalität relativ. Beide verändern sich zusammen mit den Menschen und der Gesellschaft.

Ökosystem

Wie alle Systeme muss ein Ökosystem im Gleichgewicht bleiben, damit es sich nicht selbst zerstört. Ungleichgewicht funktioniert ökologisch auf Dauer nicht. Auch die Gesellschaft und das Zusammenleben von Menschen sind empfindliche Ökosysteme.

Perspektivwechsel

Projekt vs. Prozess

Projekte sind eine Form, um die Arbeit an einer Herausforderung, einer Aufgabe oder einem Thema zu organisieren. Auf dem Weg zu einer inklusiven Kommune gibt es viele solcher als Projekte geplante Schritte: mit einem Start- und Endpunkt, einem Zeitplan und dafür vorgesehenen Ressourcen. Umgekehrt ist Inklusion selbst jedoch kein Projekt. Inklusion ist ein Prozess, d.h. eine kontinuierliche Entwicklung, die keinen „offiziellen" Abschluss hat. Vielmehr richtet sich dieser Prozess immer wieder neu am konkreten Leben in einer Kommune aus. Jedes Ziel, das auf diesem Weg erreicht wird, ist im Prozess ein neuer Anfang.

Ressourcenorientierung

Bei Ressourcen denkt jede/r sofort an Geld, Zeit, Stellen. Solche Ressourcen sind natürlich für die Umsetzung von Inklusion wichtig. Mangelt es an ihnen, kann ein Prozess ins Stocken geraten, die Motivation der Beteiligten leidet. Doch ist die wichtigste Ressource der Mensch selbst. Nicht aufgrund der Zahl seiner Arbeitsstunden, sondern aufgrund der individuellen Kompetenzen, Erfahrungen, Fähigkeiten, Eigenschaften, Hintergründe etc., die jeder Mensch mitbringt. Diese oft gar nicht bekannten Ressourcen in ihrer Vielfalt zu entdecken und zu erschließen, ist ein wichtiges Ziel in inklusiven Prozessen – und in einer inklusiven Gesellschaft.

Runder Tisch

Steuergruppe

Eine Steuergruppe ist eine Gruppe in einem System, die legitimiert ist, vorhandene Aktionen, Projekte etc. zur Weiterentwicklung zu koordinieren und den Gesamtprozess zu steuern. Im kommunalen Bereich ist die Steuergruppe (auch Steuerungsgruppe oder Lenkungsausschuss genannt) das verbindende Gremium zwischen Verwaltung/Politik und Projekt.

Wichtig ist eine saubere Klärung der Funktion und Rolle sowie eine Besetzung, die die Interessen aller Beteiligten in geeigneter Weise abbildet. Die Steuergruppe kann innerhalb der Verwaltung sicherstellen, dass Inklusion als ein Querschnittsthema behandelt wird, das alle Stellen betrifft.

Teilhabegesetz

Das Bundesteilhabegesetz (BTHG) bündelt die unterschiedlichen Unterstützungsregelungen. Bundesweit werden die Regelungen vereinheitlicht und so modernisiert. Damit sollen sie dem Leitbild der selbstbestimmten Lebensführung und echten Wahlfreiheit in allen Lebensbereichen gerecht werden. Kritiker/innen erkennen an, dass das BTHG in einigen Punkten deutliche Verbesserungen mit sich bringt. Aber ein Paradigmenwechsel weg von der Sozialleistung hin zu einer modernen Teilhaberegelung ist nicht gelungen: Immer noch wird die Entscheidungsfreiheit von Menschen mit Behinderung deutlich beschränkt.

Willkommenskultur

Zivilgesellschaft

Der Begriff Zivilgesellschaft ist in seiner Bedeutung vielschichtig. In der Regel bezeichnet er den neben Staat und Wirtschaft dritten Pfeiler einer demokratisch organisierten Gesellschaft. Dazu zählen neben den Bürger/innen unter anderem Parteien, Verbände, Vereine, Stiftungen und Nichtregierungsorganisationen. Zivil organisierte Gruppen, Vereine oder Stiftungen sind nicht automatisch darauf ausgerichtet, das Zusammenleben einer Gesellschaft zu stärken. Dennoch trägt ihr Engagement wesentlich zum Funktionieren einer Gesellschaft bei.

Der Staat ist in der Verantwortung, die Zivilgesellschaft zu stärken, ohne staatliche Aufgaben im Ge-
meinwohl zunehmend allein der Zivilgesellschaft zu
überlassen.

Zusammenarbeit

Anhang

Nachweise

Die folgende Liste enthält die im Buch zitierten Titel. Weitere Literatur befindet sich im Downloadbereich.

Auf dem Weg zur Inklusion. Ein Arbeitsbuch. Herausgegeben vom AWO Bundesverband e.V. Berlin 2014.

Braunsteiner, Maria-Luise/Brokamp, Barbara: „Inklusive Blickwechsel zwischen Hochschule und Kommune". In: Clemens Dannenbeck/Carmen Dorrance/Anna Moldenhauer/Andreas Oehme/Andrea Platte (Hrsg.): *Inklusionssensible Hochschule. Grundlagen, Ansätze und Konzepte für Hochschuldidaktik und Organisationsentwicklung.* Bad Heilbrunn 2016, Seiten 162–179.

Brecht, Bertolt: Werke XIV. *Gedichte 4. Gedichte und Gedichtfragmente 1928–1939;* Berlin/Weimar/Frankfurt am Main 1993.

Charta der Vielfalt. → www.charta-der-vielfalt.de/diversity-verstehen/diversity-management/chancen-und-vorteile/ (Abruf November 2017)

Da kann ja jede(r) kommen – Inklusion und kirchliche Praxis. Orientierungshilfe. Herausgegeben von der Abteilung Bildung im Landeskirchenamt und dem Pädagogisch-Theologischen Institut der Evangelischen Kirche im Rheinland (EKiR). Düsseldorf/Bonn 2013.

Dedinghausen aktuell. Ausgabe 474, Mai 2015.

Deutsches Institut für Menschenrechte: *Menschenrechte. Materialien für die Bildungsarbeit mit Jugendlichen und Erwachsenen.* Berlin 2016.

Deutsches Institut für Menschenrechte: *Positionen. Nr. 2: Aktionspläne zur Umsetzung der UN-Behindertenrechtskonvention.* Berlin 2010.

Frey, Anke / Dubiski, Judith: *Abschlussbericht der wissenschaftlichen Begleitung des Modellprojektes „Inklusion in der Jugendförderung"* (2012–2015). Schriftenreihe des Forschungsschwerpunkts Nonformale Bildung. Köln 2016.

Frisch machen. Inklusion in Jugendwerkstätten – Inspiration für die Arbeit gegen Ausgrenzung. Herausgegeben von der Landesarbeitsgemeinschaft Jugendsozialarbeit Nordrhein-Westfalen. Köln 2016.

Index für Inklusion. Ein Leitfaden für Schulentwicklung. Von Tony Booth und Mel Ainscow. Herausgegeben und adaptiert von Bruno Achermann, Donja Amirpur, Maria-Luise Braunsteiner, Heidrun Demo, Elisabeth Plate, Andrea Platte. Weinheim und Basel 2017.

Index für Inklusion in Kindertageseinrichtungen. Gemeinsam leben, spielen und lernen. Herausgegeben von der Gewerkschaft Erziehung und Wissenschaft. 5. Auflage. Frankfurt am Main 2017.

Inklusion auf dem Weg. Das Trainingshandbuch zur Prozessbegleitung. Herausgegeben von der Montag Stiftung Jugend und Gesellschaft. Berlin 2015.

Inklusion vor Ort. Der Kommunale Index für Inklusion – ein Praxishandbuch. Herausgegeben von der Montag Stiftung Jugend und Gesellschaft. Berlin 2011.

Inklusions-Netzwerk Osterholz-Scharmbeck: *Arbeitshilfe Elterneinbindung.* Unveröffentlichter Reader.

Jerg, Jo/Hils, Joachim: *Rastattinklusiv – Zentrale Aspekte bei der Entwicklung eines kommunalen Aktionsplans Inklusion (2016–2018).* Unveröffentlichter Bericht.

Knapp, Natalie: *Der unendliche Augenblick. Warum Zeiten der Unsicherheit so wertvoll sind.* Reinbek bei Hamburg 2015.

Lübke, Lula: „Essen ist Musik". In: Martinsclub Bremen e.V. (Hg.): *M: das Magazin zur Ausstellung Lieblingsräume.*

Memorandum – Inklusion in Schule und Bildungspolitik ins Zentrum rücken! Herausgegeben vom Bremer Bündnis für schulische Inklusion. Bremen 2015. → www.martinsclub.de/so-sieht-das-memorandum-vom-bremer-buendnis-fuer-schulische-inklusion-aus/ (Abruf November 2017)

Oldenburger Wertefächer. Inklusions-Check der Stadt Oldenburg für alle/für Institutionen und Unternehmen. → www.oldenburg.de/microsites/inklusion/inklusions-check.html (Abruf November 2017)

Online-Verwaltungslexikon: → www.olev.de/l/leitbild.htm (Abruf November 2017)

Download

Patt, Raimund: „Kommunale Strategien: Regionale Inklusionsplanung verbindlich gestalten". In: Reich, Kersten (Hg.): *Inklusion und Bildungsgerechtigkeit. Standards und Regeln zur Umsetzung einer inklusiven Schule.* Weinheim und Basel 2012, Seite 205 ff.

Rahmen und Richtlinien von „Inklusion durch Enkulturation". Newsletter Transferkompakt Januar 2016. Herausgegeben von der Transferagentur Kommunales Bildungsmanagement Niedersachsen. (Abruf November 2017) → www.transferagentur-niedersachsen.de/ information/newsletter-transferkompakt/ jan2016/inklusion-durch-enkulturation/

Reich, Kersten: „Demokratie und Didaktik – oder warum Schulentwicklung und Inklusion nicht beliebig sein können". In: Ziemen, Kerstin (Hg.): *Reflexive Didaktik. Annäherungen an eine Schule für alle.* Oberhausen 2008, Seiten 35–54.

Schmidt, Gunther: *Liebesaffären zwischen Problem und Lösung. Hypnosystemisches Arbeiten in schwierigen Kontexten.* Heidelberg 2012 (4).

Senge, Peter et al.: *Die notwendige Revolution. Wie Individuen und Organisationen zusammenarbeiten, um eine nachhaltige Welt zu schaffen.* Heidelberg 2011.

Stadt Gütersloh: *Handlungsempfehlungen für eine „inklusive" Kinder- und Jugendförderung.* Unveröffentlichtes Skript.

Unter Dach und Fach – Index für Inklusion zum Wohnen in der Gemeinde. Herausgegeben von der Bundesvereinigung Lebenshilfe e.V. Set mit Anwenderhandbuch, Handbuch in Leichter Sprache, 127 Karteikarten mit Fragen und Erläuterungen, vier Postern, CDROM mit Kopiervorlagen und einem Film auf DVD. Marburg 2016.

Vereinte Nationen: *Sustainable Development Goals (SDG).* → www.globalgoals.org. (Abruf November 2017)

Beim Abfragen von Input aus den Kommunen ist ein großes „Materiallager" entstanden. Vieles davon ist in diesem Buch verarbeitet, vieles konnte aber auch nicht oder nicht im vollen Umfang abgebildet werden. Eine Auswahl dieser Materialien steht auf der Webseite des Deutschen Vereins zum Download zur Verfügung. Hinzu kommen weiterführende Infos und Literatur.

→ www.deutscher-verein.de/de/download-sd56

Ausführliches Inhaltsverzeichnis

Mitwirkende

Wir danken allen Menschen, die uns ihre Erfahrungen in vielfältiger Form zur Verfügung gestellt haben und die uns geholfen haben, dieses Buch zu entwickeln. Besonders danken wir den vielen Akteur/innen und Beteiligten in den Kommunen und vor Ort. Denn Inklusion ist ein Gemeinschaftswerk, das von viel mehr Menschen getragen wird, als hier in dieses Buch passen. Wir hoffen, dass wir alle aktiv Mitwirkenden hier abgebildet haben. Sollte jemand seinen/ihren Namen vermissen, freuen wir uns über eine Nachricht unter jugend-und-gesellschaft@montag-stiftungen.de. In der nächsten Auflage und im Online-Bereich werden wir die Liste dann aktualisieren.

Kommunen und Orte

Berlin, Bezirk Oberbayern, Biberach, Bonn, Bornheim, Bremen, Dresden, Duisburg, Eitorf, Eutin, Gelsenkirchen, Gütersloh, Hamburg, Hennef, Hürth, Husum, Köln, Kreis Ostholstein, Kreis Soest, Kreis Steinburg, Lippstadt-Dedinghausen, Mönchengladbach, Monheim am Rhein, Oldenburg, Osnabrück, Osterholz-Scharmbeck, Potsdam, Rastatt, Saarbrücken, Schotten, Süderbrarup, Trier, Verden, Wiener Neudorf

Inputgeber/innen, Mitautor/innen, Zitierte

A

Hatice Akyün, Autorin, Berlin
Donja Amirpur, vertritt die Professur für Migration und Heterogenität an der Universität Koblenz, Post-Doc am Forschungsschwerpunkt Bildungsräume in Kindheit und Familie, TH Köln
Eva-Maria Antz, Stiftung Mitarbeit, Bonn

B

Joachim Barloschky, Quartiersmanager Bremen Tenever, Lehrbeauftragter der Hochschule Bremen
Ulrike Baumheier, Campusmanagerin, Stadt Osterholz-Scharmbeck
Anna Katharina Bechtoldt, Projektkoordinatorin für das Projekt „Inklusive Stadt Bremen",
Martinsclub Bremen e.V. (2014–2016), Koordinatorin für Kinder und Jugend, Martinsclub Bremen e.V.
Tony Bender, Leiter des Sport- und Bäderamtes der Landeshauptstadt Saarbrücken, zuvor stellvertretender Leiter Gebäudemanagement, Landeshauptstadt Saarbrücken
Julia Bennwitz-Heit, Caritasverband Trier e.V., Fachanleiterin Projekt Stromspar-Check Kommunal, Trier
Uschi Biedenkopf, Koordinierungsstelle Demografischer Wandel, Regionalverband Saarbrücken
Angelika Birk, Bürgermeisterin der Stadt Trier, Dezernentin für Bildung, Soziales, Wohnen, Jugend und Arbeit, Trier
Stefan Brand, Vorsitzender Arbeitsgemeinschaft St. Arnualer Ortsvereine und Kirchengemeinden e.V., Stadtverordneter Saarbrücken
Maria-Luise Braunsteiner, Dozentin PH Niederösterreich – Forschungsschwerpunkt „Inklusive Bildung"; Arbeit mit dem Index in einer Gemeinde; Mitglied des Qualitätssicherungsrats – Begutachtung der inklusiven Pädagogik in den Lehramtscurricula an Universitäten/Pädagogischen Hochschulen, Baden/Wiener Neudorf
Lutz Brockmann, Bürgermeister Stadt Verden
Barbara Brokamp, Montag Stiftung Jugend und Gesellschaft, Projektbereichsleitung Inklusion, Bonn
Simeon Buß, selbstständiger Künstler

C

Kerstin Collavo-Kasprik, Sprecherin des Arbeitskreises „Inklusion", Lippstadt-Dedinghausen

D

Stefan Doose, Leiter der Koordinierungsstelle Aktionsplan Inklusion, Kreis Ostholstein
Peter Dresen, Fachstelle Inklusion, Stadt Oldenburg
Judith Dubiski, Wissenschaftliche Mitarbeiterin am Forschungsschwerpunkt Nonformale Bildung, TH Köln

E

Tina Echterdiek, Leiterin der Zentralbibliothek/Stadtbibliothek Bremen

F

Manuela Fischer-Rollbühler, pädagogische Leitung einer bilingualen Kita, Köln

Uwe Flohr, stellvertretender Vorsitzender Hilfe für psychisch Kranke e.V., Bonn/Rhein-Sieg

Doris Freer, Gleichstellungs- und Frauenbeauftragte der Stadt Duisburg

G

Kristin Gehm, Montag Stiftung Urbane Räume, Team Urbane Dialoge, Bonn

Dietlind Gloystein, Verein Berlinklusiv e.V., Berlin

Angela Gredler, Musikschullehrerin, Inklusionsteam Wiener Neudorf

Claudia Grove, Bildungsmanagement Gesundheit, Mensch und Gesellschaft, VHS Oldenburg

Wilhelm Günther, Behindertenbeauftragter, Kreis Soest

Joachim Guttek, Leiter Controlling und Finanzen, Stadt Oldenburg

H

Lena Haddenhorst, Fachstelle Inklusion, Stadt Oldenburg

Sascha Hagedorn, Sprecher einer Arbeitsgruppe, Oldenburg

Stefan Hanraths, Erster Beigeordneter der Stadt Hennef (†)

Karen Haubenreisser, Leitung Q8-Sozialraumorientierung, Evangelische Stiftung Alsterdorf, Hamburg

Daniela Heimann, Büroleitung Abteilung Gesundheit, Büro des Behindertenbeauftragten des Kreises Soest

Joachim Hils, Fachbereich Jugend, Familie und Senioren, Stadt Rastatt

Franz Holsten, Kitaleitung, Stadt Verden

Antje Hörenz, ehemals Referatsleitung Beistandschaften/Unterhalt Minderjährige im Sozialzentrum Süd, jetzt Referatsleitung Unterhaltsvorschuss; Amt für Soziale Dienste, Bremen

Walter Hövel, Lehraufträge TH Köln, PH Linz, PH Klagenfurt, Uni Bremen, ehem. Leiter Grundschule Harmonie, Mitglied im Arbeitskreis „AlleInklusive" und „Interkommunaler Arbeitskreis Inklusion Sieg", INTAKIS, Eitorf

Andrea Hufeland, Fraktionssprecherin von Bündnis 90/Die Grünen im Rat der Stadt Oldenburg

I

Karl-Heinz Imhäuser, Carl Richard Montag Förderstiftung, Vorstand, Bonn

J

Eltje Jahnke, Vorständin des Kindertagesstätten- und Beratungsverbandes e.V. (KiB), Oldenburg

Ludwig Janssen, Autor und Redakteur, Köln

Evelyn Jarosch, Begleiterin inklusiver Prozesse; Schulamtsdirektorin i.R., Bonn

Jo Jerg, Professor für Inklusive Soziale Arbeit, Praxisforschung und Pädagogik der Frühen Kindheit an der Ev. Hochschule Ludwigsburg, Wiss. Begleitung der Stadt Rastatt, Ludwigsburg

Susanne Jungkunz, Leitung Strategische Sozialplanung – Demografie, Inklusion und Soziales, Stadt Oldenburg

K

Veronika Kabis, Leiterin des Zuwanderungs- und Integrationsbüros der Landeshauptstadt Saarbrücken

Petra Kellermann, Leiterin des Arbeitsgebiets Kultur beim Bezirk Oberbayern, Leiterin des inklusiven Kulturfestivals ZAMMA, Bezirk Oberbayern

Anne Knauf, Kitaleiterin, Bremen Tenever

Michael Komorek, Professur für Inklusion und Leitung des Projekts „Inklusion als Handlungsmaxime der Organisationsentwicklung", Berlin

Ann Marie Krewer, Leitung „Institut SO.CON – Forschung und Entwicklung für die Soziale Arbeit", Hochschule Niederrhein, Mönchengladbach

Thomas Kruse, Regionalverband Saarbrücken, Jugendamt: Jugendhilfeplanung und Fachcontrolling, Saarbrücken

L

Doris Lanzrath, Leiterin Inklusionsbüro und Demografiebeauftragte, Stadt Bornheim

Wiebke Lawrenz, Inklusive Systemische Organisationsentwicklung und Projektmanagement, Bornheim

Elena Lazaridou, Moderatorin und Prozessbegleiterin von Menschen und Organisationen in inklusiven Veränderungsprozessen, Leichlingen

Barbara Lison, Direktorin der Stadtbibliothek Bremen

Kathi Loch, Chefdramaturgin tjg. theater junge generation, Dresden

Sabine Lönne, Inhaberin FRAU LÖNNE Werbekontor, Oldenburg

Heike Lübben, Büro für Leichte Sprache, Oldenburg

Sabine Lukas, Amt für Kinder, Jugend und Familie, Bundesstadt Bonn

Marion Lundborg, Büro für Leichte Sprache, Oldenburg

M

Sabine Mandel, Fachbereichsleitung Bildung und Kultur, Stadt Verden

Annika Meinecke, Prozessbegleiterin für inklusive Veränderungsprozesse, Gleichstellungsbeauftragte der Stadt Verden

Lena Middendorf, Projektleitung, Lebenshilfe Ostholstein e.V., Bad Schwartau

Monika Möhlenkamp, Leitung F.O.K.U.S., Bildungszentrum für das psychiatrische Hilfesystem, Initiative e.V., Bremen

Liliana Mora Motta, Pädagogische Fachberaterin, Oldenburg

Christiane Morré, Bildungskoordinatorin der Stadt Verden

Ulrike Müller-Harth, Gesamtschulrektorin i.R., Prozessbegleitung in der inklusiven Unterrichts- und Schulentwicklung, Mitarbeiterin im Projekt „Coaches Inklusive Bildung", mittendrin e.V., Köln

N

Frank Neises, Leiter der Fachstelle für Übergänge in Ausbildung und Beruf (überaus.de), Bundesinstitut für Berufsbildung, Bonn

Rainer Neubert, Chefreporter bei der Tageszeitung Trierischer Volksfreund, Trier

Asmus Nitschke, Projektleiter des IQ-Projektes „ikö-diversity", Interkulturelle Öffnung (IKÖ) der Verwaltung, Bremen

Judith Norden, Leiterin Stabsstelle Inklusion/Älterwerden, Hennef

Lara Nünnerich, Studentin für Soziale Arbeit, Lippstadt-Dedinghausen

O

Ali Özgür Özdil, Islamwissenschaftler und Religionspädagoge, Direktor des Islamischen Wissenschafts- und Bildungsinstituts e.V., Hamburg

P

Mercedes Pascual-Iglesias, Integrationsagentur, AWO Bezirksverband Mittelrhein e.V., Köln

Raimund Patt, Entwicklungsbüro Bildung – Moderation und Beratung inklusiver Prozesse, Niederkassel

Miriam Pflüger, Montag Stiftung Urbane Räume, Team Urbane Dialoge, Bonn

Andrea Platte, Professur für Bildungsdidaktik mit dem Schwerpunkt Didaktik der Elementarpädagogik an der TH Köln, Studiengangsleitung BA Pädagogik der Kindheit & Familienbildung, Köln

Helmut Pöppelmann, Fachstelle Inklusion, Stadt Osnabrück

Jutta Pöstges, KUNSTHAUS KAT18, Mitinitiatorin und Künstlerische Leitung/Vorstand KUBiST e.V. und Inklusion und Kultur e.V., Köln

Marianne Puzich, Sonderschulrektorin a.D. Förderzentrum Geistige Entwicklung, Süderbrarup

R

Klaus Raschke, Ratsherr der CDU-Fraktion im Rat der Stadt Oldenburg und Mitglied der Steuerungsgruppe Inklusion

Wilfried Reckert, Lehrbeauftragter für Soziale Arbeit an der FH Dortmund, ehemals städtischer Senioren- und Behindertenbeauftragter, jetzt u.a. ehrenamtlicher Seniorenvertreter/Nachbarschaftsstifter, Gelsenkirchen

Miriam Remy, Prozessbegleiterin, Bonn

Uschi Resch, Mitbegründerin des Arbeitskreises „AlleInklusive" in Eitorf, Schulrätin im Rheinisch-Bergischen Kreis, Eitorf

Andrea Rokuß, Begleitung und Moderation von Veränderungsprozessen in den Handlungsfeldern Inklusion, Schulbau und Fundraising

Annedore Rönnau, Leiterin der Heilpädagogischen Tagesstätte und des Familienbildungszentrums im Amt Süderbrarup

Martha Rosenkranz, Hauptamtliche Pädagogische Mitarbeiterin Volkshochschule Regionalverband Saarbrücken, Projektleitung Kommunale Bildungskoordination Regionalverband Saarbrücken

Corinna Rüffer, Bundestagsabgeordnete von Bündnis 90/Die Grünen, Trier

S

Dagmar Sachse, Sozialdezernentin, Stadt Oldenburg

Veronika Satra, Leiterin der Inklusiven Nähschule, Wiener Neudorf

Stephanie Schaum, Beisitzerin der Arbeitsgemeinschaft St. Arnualer Ortsvereine und Kirchengemeinden, Trainerin und Jugendleiterin des FC St. Arnual e.V., Saarbrücken-St. Arnual

Reinhard Schmid, Gemeinwesenarbeiter, Pädsak e.V., Saarbrücken-St. Arnual

Rainer Schmidt, Freiberuflicher Referent und Kabarettist

Frank Schmitz, Sozialplaner, Landeshauptstadt Saarbrücken

Markus Schnapka, Landesrat a.D., Beigeordneter a.D., Bornheim

Constanze Schnepf, Leitung Antidiskriminierungsstelle IBIS e.V., Oldenburg

Ludger Schulte-Remmert, 1. Vorsitzender Dorf mit Zukunft e.V., Lippstadt-Dedinghausen

Thorsten Schuh, Sonderpädagoge, Grundschule Wolperath-Schönau

Melanie Schulz, Rektorin Grundschule Wolperath-Schönau

Katrin Schüring, Montag Stiftung Jugend und Gesellschaft, Projektbereich Inklusion, Bonn

Steffen Schwab, Landesvorsitzender des Schwulennetzwerks NRW

Jürgen Sellge, geschäftsführender Gesellschafter und Gründer der MUTABOR-Mensch & Entwicklung GmbH, Eitorf

Nicole Seyffert, Inklusionsbeauftragte der Stadt Duisburg

Ute Silkens, Besondere Betreuungsmaßnahmen – Koordinatorin für Belange der Menschen mit Behinderung, Bundesstadt Bonn

Ruddi Sodemann, Leiter der Josef Metternich Musikschule der Stadt Hürth, Vorsitzender des Landesverbandes der Musikschulen NRW e.V., Hürth

Annette Sonnenberger, Schulamt, Bundesstadt Bonn – Inklusionsbüro

Franziska Spelleken, Montag Stiftung Jugend und Gesellschaft, Kommunikationsmanagement, Bonn

Wilfried W. Steinert, Bildungsexperte (Fortbildung, Prozessbegleitung, Beratung, Autor), Heiligenhafen

T

Jörg Teckemeier, stellvertretender Leiter der Abteilung 40.4 „Kinder- und Jugendförderung" im Fachbereich Jugend und Bildung der Stadt Gütersloh, Jugendhilfeplaner und Jugendpfleger, Gütersloh

Herbert Temmes, Vorsitzender des Behindertenbeirates der Landeshauptstadt Saarbrücken

Dirk Thole, Vorstand Personal und Finanzen, BTC AG Oldenburg

Daniel Thomsen, Leiter des Fachbereiches Familie, Jugend und Bildung, Kreis Nordfriesland, Husum

Hiltrud Triphaus, Fachbereichsleitung, Jugendfarm Bonn

V

Bernadette Vivier, Schulsozialarbeiterin an einer inklusiven Grundschule, Köln

Yvonne Vockerodt, Beratung und Begleitung innovativer Bildungsprojekte, Hamburg

Inge Voigtländer, ehemalige Leiterin Amt für Teilhabe und Soziales, Stadt Oldenburg

Christiane Völz, Dipl.-Pädagogin, Koordinatorin Projekt Inklusion als Leitidee der Organisationsentwicklung beim AWO Bundesverband e.V., Berlin

Jan Voß, Moderator für inklusive Prozesse, Hannover

W

Heinz-W. Wellner, Herausgeber der Dorfzeitung
Dedinghausen aktuell und 2. Vorsitzender
Dorf mit Zukunft e.V., Lippstadt-Dedinghausen

Holger-Andreas Wendel, Direktor der Verwaltungsschule und des Aus- und Fortbildungszentrums, Freie Hansestadt Bremen

Melanie Werner, Wissenschaftliche Mitarbeiterin,
TH Köln

Thomas Werner, Prozessbegleiter, Berlin

Gabriele Wesselmann, Abteilungsleiterin
Jugendhilfeplanung/Jugendförderung/Inklu-
sion, Bundesstadt Bonn

Johanna Wiedergrün, Projektleiterin des kommunalen Inklusionsprojektes „Mittendrin-voll
inklusiv", Biberach an der Riß

Hilke Wiezoreck, Leiterin Referat Personalentwicklung am Landesinstitut für Schule, Freie
Hansestadt Bremen

Angelika Winter, Frauenbeauftragte, Stadt Trier

Y

Gülcan Yoksulabakan-Üstüay, Referentin für
Diversity Management am Aus- und Weiter-
bildungszentrum für den öffentlichen Dienst,
Bremen

Z

Antje Zeiger, Dipl.-Sozialpädagogin Stabsstelle
Inklusion, Schottener Soziale Dienste gGmbh,
Schotten

Weitere Unterstützer/innen

Wir danken vielen weiteren Menschen, die uns
bei der Erstellung des Buches auf ganz unter-
schiedliche Weise unterstützt haben:
Tim Fecke, Angie Fuchs-Lukas, Maria Gilbers,
Reinhard Greitemann, Karin Hassan, Ute Hüper,
Margarete Klevè, Sabine Luft, Monika Menzel,
Pia Plankermann, Cécile Saint Jean, Ilka Schacht,
Kira Schmahl, Niklas Schmahl, Thorsten Schulte,
Jonas Schüring, Monica Strassmann, Reinhold
Ungar und vielen mehr.

Impressum

Herausgeberin
Montag Stiftung Jugend und Gesellschaft, Bonn

Veröffentlicht im
Verlag des Deutschen Vereins für
öffentliche und private Fürsorge e.V.
Michaelkirchstraße 17/18, 10179 Berlin
www.deutscher-verein.de

Auslieferung über den Lambertus-Verlag:
www.lambertus.de

Druck
DRUCKZONE GmbH & Co. KG, Cottbus

Gedruckt auf 100% Altpapier.
Printed in Germany 2018
ISBN 978-3-7841-2984-6

Veröffentlicht mit Förderung durch das Bundes-
ministerium für Familie, Senioren, Frauen und
Jugend (BMFSFJ)

Fachliche Leitung
Barbara Brokamp, Montag Stiftung Jugend und
Gesellschaft, Projektbereichsleitung Inklusion,
Bonn

Projektleitung
Wiebke Lawrenz, Inklusive Systemische Orga-
nisationsentwicklung und Projektmanagement,
Bornheim

Leitung Text und Konzeption
Caroline Eckmann, Bonn

Steuergruppe und Redaktion
Barbara Brokamp, Caroline Eckmann, Wiebke
Lawrenz
Elena Lazaridou, Moderatorin und Prozess-
begleiterin von Menschen und Organisationen in
inklusiven Veränderungsprozessen, Leichlingen
Frank Schmitz, Sozialplaner, Landeshauptstadt
Saarbrücken

Katrin Schüring, Montag Stiftung Jugend und
Gesellschaft, Projektbereich Inklusion, Bonn
Wilfried W. Steinert, Bildungsexperte (Fort-
bildung, Prozessbegleitung, Beratung, Autor),
Heiligenhafen

Redaktionelle Mitarbeit
Susanne Gerbert, Köln
Lieselotte Rowley, Berlin

Kritische Leser/innen
Donja Amirpur, vertritt die Professur für Migration
und Heterogenität an der Universität Koblenz,
Post-Doc am Forschungsschwerpunkt Bildungs-
räume in Kindheit und Familie, TH Köln
Joachim Barloschky, Quartiersmanager Bremen
Tenever, Lehrbeauftragter der Hochschule
Bremen
Jens Peter Brokamp, Dipl. Sozialarbeiter im
Allgemeinen Sozialen Dienst, Emden
Silvia Buss, freie Journalistin, Saarbrücken
Karl-Heinz Imhäuser, Carl Richard Montag Förder-
stiftung, Vorstand, Bonn
Annika Meinecke, Prozessbegleiterin für inklusive
Veränderungsprozesse, Gleichstellungsbeauf-
tragte der Stadt Verden
Raimund Patt, Entwicklungsbüro Bildung –
Moderation und Beratung inklusiver Prozesse,
Niederkassel

Gestaltungskonzept, Satz und Grafik
Eike Dingler, Atelier für Gestaltungskonzepte
& Typografie, Berlin
Ethel Strugalla, Bureau für Design, Köln

Illustrationen
Pascal Cloëtta, Hamburg